제4차 표준보육과정 반영

보육학개론 3판

제4차 표준보육과정 반영

보육학개론

3판

윤혜경 저

동 문 사

서 문

아동은 부모의 자녀이면서 사회의 자녀

아동은 어떤 존재인가?

아동은 부모의 자녀이면서 동시에 사회가 함께 책임지고 길러야 하는 사회의 자녀이기도 하다. 그러나 무엇보다 중요한 것은 아동이 아동 자신으로 존재한다는 점이다. 이것은 아동을 미래를 담고 있는 한 사람의 인간으로 보는 것을 의미한다.

미국의 유아교육 관계자가 참가하는 단체인 '전미유아교육협회(NAEYC)'에서는 '아동에의 약속'에서 다음과 같은 점을 명시하고 있다(1997). "유아기를 인간의 일생에서 독특한 가치가 있는 단계로 평가한다. 그러므로 유아의 현재 생활의 질이 가치 있는 것이지, 단지 미래의 준비단계로만 바라보아서는 안 된다"라고 하였다. 이와 같은 표현은 유아가 독특한 한 사람 한 사람의 존엄성과 가치와 독자성을 지닌 존재로서 존중되어야 함을 의미한다.

따라서 이 책에서는 다음과 같은 관점에서 아동의 보육과 교육을 바라보고자 한다.

첫째, 아동의 행복(아동의 최선의 이익)이다. 오늘날의 교육은 주로 투자의 대상이 되거나 인재양성의 수단으로 여겨지는 측면이 강하다. 그러한 관점에서는 조기교육이나 재능개발이 주요한 관심사가 된다. 특히 과학경쟁이 더욱 치열해지는 21세기에는 경쟁에서 살아남기 위한 인재양성이 교육의 주요한 과제가 될 것이다.

그러한 흐름 속에서도 아동들의 행복을 보장하는 것은 더욱 중요하다는 점을 간과해서는 안 될 것이다.

즉, 아동보육과 교육이 이러한 상황 속에서도 아동들의 진정한 행복을 외면하지 않고 이들의 행복을 보장할 수 있어야 한다는 문제의식을 느끼는 것이 필요하다. 현장에서 보육과 교육을 실천하는 교사들 한 사람 한 사람뿐 아니라 다음 세대를 키워 나갈 책임을 지닌 부모와 사회 모두가 이 점에 대해 함께 생각하고 노력해야 할 것이다.

둘째, 아동의 인권존중이다.

근대적 아동교육 철학의 핵심은 아동을 독립된 인격체로 바라보면서 자발성과 자율성에 근거하여 아동을 보육하고 교육해야 한다는 생각이라고 할 수 있다. 국제사회가 아동의 인권을 선언한 지도 벌써 반세기가 넘었다. 우리나라의 교육도 그러한 인권사상의 흐름 속에서 민주적 교육으로 발전해 왔다. 그러나 교육현장이나 가정에서 아직도 아동의 인권이 잘 지켜지고 있지 않은 측면들이 있다. 가정 내 아동학대나 교육현장의 인권문제 등 여러 문제가 아직 존재하고 있다.

셋째, 민주적 관점이다.

20세기는 다양한 종류의 차별문제와 투쟁하는 역사였다고 할 수 있다. 이제 21세기는 남녀노소, 문화, 인종의 차이를 초월하는 평등한 정보사회를 실현하기 위하여 전 인류가 나아가고 있는 시대이다. 미래를 살아갈 아동들이 그러한 사회를 만들어 가는 데 주체적이고 자발적인 역할을 담당할 수 있도록 미래를 바라보며 민주적 시민으로 아동들을 키우는 것이 보육과 교육이 해야 할 일이다.

아동을 ‘독자성을 지니고 살아가는 존재’로 바라보아야 한다. 먼저 아동의 관점에서 아동의 보육과 교육을 바라보고, 다음은 양육하는 부모의 관점에서 생각하며, 더 나아가 아동과 관련된 성인과 사회가 무엇을 바라보아야 하는지 생각해야 할 것이다.

2021. 2.

저자 씀

차 례

Chapter 01

보육의 이해

1. 보육의 개념
2. 현대사회의 흐름과 보육의 필요성
3. 현대사회와 아동의 성장
4. 유아교육과 보육의 이원화
5. 우리나라 보육정책의 발전과정

보육이란 무엇인가?

보육을 바라보는 관점은 시대적으로 변화하였고, 그 역할도 넓어지고 중요해졌다. 보육은 아동의 건전하고 바람직한 발달을 지원하고 가족의 복지를 위해 이바지할 뿐 아니라 양성평등과 사회통합이라는 광범위한 사회적 이슈를 포괄적이고 통합적으로 다루는 주제이기도 하다. 즉, 어떻게 하면 영유아를 미래사회에 적합한 자질과 공동체 의식을 가진 성인으로 키울까에 대한 고민과 더불어, 보육정책을 통해 사회의 불평등을 해결하고 평등사회를 구현하는 사회적 이슈까지를 포함하고 있다.

보육에 입문하기 위한 첫걸음은 보육을 어떻게 정의하고 어디까지를 보육의 역할로 인식할 것이고, 그리고 국가적 차원의 정책과 내용이 어떤 과정을 거쳐서 지금에 이르고 있는지를 이해하는 것이 되어야 할 것이다. 따라서 이 장에서는 보육에 대한 기본적인 개념의 이해와 시대적 변화에 따른 제도적 변화과정을 알아보는 것으로 출발할 것이다.

1 보육의 개념

1) 보육의 정의

보육이란 용어는 한자로 풀이하면 '保育', 즉 '보호하여 기른다'는 의미로 해석된다.

'保'라는 한자가 만들어진 원리에는 '사람이 아이를 업거나 안은 형상으로 아이를 보살핀다'라는 의미가 있고, '育'이라는 글자에는 '아이를 몸에 업다'의 의미가 담겨 있다. 결국 '保育'이란 '아직 자립하지 못하는 어린아이를 따뜻하게 안아서 보호하면서 기른다'라는 의미가 담겨 있는 것으로 생각할 수 있다.

한편, 보육을 협의의 보육과 광의의 보육으로 구분하여 생각할 수 있다(小田豊 外, 2003). 협의의 보육이란 성인(부모, 교사 등)이 어린 아동을 대상으로 아동의 생명과 안전을 보장하고 건전한 발달을 의도하는 행위를 하고, 그것을 성립시키기 위한 조건을 만드는 것을 의미한다. 즉, 보육이란 보육시설 등에서 아동을 건강하고 안전하게 보호·양육하고 영유아의 발달특성에 맞는 교육을 제공하는, 보호와 교육이 일체화된 개념이라고 말할 수 있다.

이에 비해 광의의 보육이란 의도적인 행위가 아니더라도 결과적으로 유아의 발달에 크게 영향을 미친다고 생각하는, 아동을 둘러싼 인적 환경(성인들의 삶의 방식이나 사고방식까지 포함한)이나 물적 환경의 광범위한 형성 작용을 의미한다. 이처럼 넓은 관점으로 보육을 생각하게 되면 보육을 담당한 사람은 긍정적 요인뿐 아니라 부정적 요인이 될 수도 있는 범위까지 시야를 넓게 보게 되고 가족이나 지역, 현대사회 전반에까지 그 영향요인에 대한 관심을 넓힐 수 있게 된다.

2) 보육개념의 변화

전통적으로 육아는 어머니에 의해 가정에서 이루어지는 사적 영역이었고, 다른 가족성원이나 이웃의 도움을 받는 형태로 이루어지는 것이 일반적이었다. 그러나 이러한 양육의 형태는 달라졌다.

즉, 다양한 사회의 변화와 더불어 양육의 형태가 사회적 성격을 띠게 되었다. 여성의 사회활동 증가와 핵가족의 진전 때문에 '육아의 사회화'가 세계적인 추세로 바뀌었고, 아동기의 보육·교육이 사회적으로 중요한 과제가 된 것이다.

초기에 보육은 빈곤층의 영유아를 대상으로 보상적 의미가 강하게 시작하였다. 그러나 점차 일하는 어머니가 늘고 아동교육에 대한 사회적 중요성이 커지면서 더 이상 부모의 보호가 없는 아동을 대상으로 하는 것이 아니라, 부모의 경제활동을 도우면서 바람직한 아동의 성장을 촉진할 수 있는 사회적 육아의 개념으로 인식이 바뀐 것이다. 보육은 보호의 개념과 더불어 발달을 돕고 나이에 적합한 교육적 노력을 실천하여, 발달을 최적의 조건으로 이끌어 내는 적극적 의미도 띠게 된 것이다.

결국 보호와 교육은 한참 발달이 왕성하고 양호가 필요한 영유아기의 시기에 아동의 생활 속에서 보호적 양육과 적극적 교육의 작용이 하나가 되어 보다 바람직한 아동의 성장과 발달을 도모하는 방향으로 나아가고 있다.

보호와 교육이 합쳐진 개념인 에듀케어(edu-care, Coldwell, 1991)는 이러한 분리될 수 없는 두 가지 기능을 담고 있는 의미이다. 보육은 양호와 더불어 교육적 개념을 도입하여, 생활 속에서 환경을 통해 이루어지는 놀이 중심의 교육으로 나아가고 있다.

우리나라에서 오늘날과 같은 의미로 '보육'의 개념이 사용된 것은 1991년 최초의 보육 관련 법안인 「영유아보육법」이 시행되기 시작하면서라고 할 수 있다(김경희 외, 2016). 즉, 그동안 '탁아'나 '새마을유아원', '보육소' 등 다양한 용어로 사용되던 보육시설이 '어린이집'이라는 공식 명칭으로 통일되면서 보육의 개념이 통일된 것이다.

이제 보육은 부모의 사회적 계층이나 어머니의 취업 여부와 상관없이 모든 영유아의 건전하고 바람직한 발달을 추구할 수 있도록 국가와 사회 그리고 가정이 공동책임을 갖고 노력해야 하는 사회적 과제가 되었다. 또한 보육은 미래세대의 육성을 위한 바람직한 환경을 제공하고 보호와 아울러 교육을 제공할 뿐 아니라, 보호자의 건전한 사회경제활동을 지원할 수 있는 사회적 차원의 공적 활동이자 책무가 되었다.

2 현대사회의 흐름과 보육의 필요성

보육이 많은 사람에게 큰 관심사가 된 것은 현대사회의 상황과 밀접한 관련이 있다. 첫째, 여성의 사회 진출과 여성인력의 확보를 위한 노력, 둘째, 인생의 출발을 평등하게 시작하게 하고 생애 초기 투자를 통한 사회적 비용의 절감, 셋째, '저출산'의 문제가 그것이다. 그리고 그러한 사회적 인식 속에서 하나의 해결책으로서 영유아보육·교육에 관심을 기울이게 된 것이다. 다음에서 그 내용에 대해 살펴보기로 하자.

1) 여성의 사회 진출과 보육

다른 경제 선진국과 같이 우리나라도 이미 아동의 환경이 복잡하게 변하고 있다. 우리 사회에서 이미 나타나고 있는 기혼 여성의 사회 진출은 상당히 진전되어 있는 상태다. 이에 따라서 가정의 양육기능이 축소되고 가족의 인간관계가 점점 소원화되는 현상은 교육기관에 대한 기대를 더욱 확대하고 있다. 여성의 사회 진출은 산업사회 전반의 변화에 따른 것인 동시에 다양한 욕구를 실현하고자 하는 여성의 권리 확대와도 상관이 깊다. 산업사회의 경제형태가 남성 위주의 노동시장에서 서비스 산업 분야의 성장과 정보화사회로 변화함에 따라 여성의 사회 진출이 활발해지고, 가정과 육아가 남녀 모두의 과업으로 인식되었다. 따라서 사회가 여성인력의 사회적 진출을 공적으로 지원하는 형태의 모습을 띠게 된 것이다. 이러한 사회적 변화는 국가들이 공적인 육아정책을 발전시키는 계기가 되고 있다. 어린 자녀를 둔 여성들이 가정과 일을 조화롭게 병행하기 위해서는 국가나 사회가 신뢰할 수 있는 보육서비스를 제공해야 할 필요가 생긴 것이다.

2) 인생의 공평한 출발을 위한 보육

보육에 대한 국가의 투자가 증가하면서 다양한 계층의 아동에게 혜택이 가지만, 특히 저소득층의 아동에게 효과가 있다. 대부분의 선진국에서는 생의 초기부터 보육과 교육을 무상 혹은 부모의 능력에 맞는 저비용으로 가능하게 하는 보육정책을 시행함으로써 인생의 초기에 평등한 출발을 보장하고 있다. 이는 인생의 초기에 투자함으로써 더 큰 효과를 가져오는 결과를 낳고 있다. OECD의 권고사항을 보면, 특히 저소득층의 아동을 위한 국가 차원의 공적 자금 투자는 이후의 다양한 분야에서의 비용을 절감하는 투자효과를 가져왔다고 보고하고 있다(육아정책개발센터, OECD, 2008). 결국 영유아보육정책은 사회적 정책과 노동, 경제정책, 아울러 교육적 이슈를 동시에 다루어야 하는 복합적인 영역으로서, 국가의 공적인 투자가 부모에게 선택권을 주고 사회의 민주적 가치를 실현하는 데 이바지하는 정책인 것이다.

UN의 아동권리협약 29조에도 다음과 같은 이념이 드러나 있다. "영유아서비스 제도는 민주주의 가치에 기반을 둔다. 평화, 관용, 다른 사람과의 유대, 자연환경에 대한 지식과 존중 그리고 자유사회에서의 책임 있는 삶을 아동이 준비하도록 교육을 주관해야 한다"고 명시하고 있다.

3) 저출산 현상의 대책으로서의 보육

인구 감소 사회의 주요한 요인은 '저출산'이다. 우리나라의 출산율은 1960년대 초만 해도 6.0명으로 매우 높았다. 당시의 높은 인구증가율은 낮은 경제성장으로 감당하기 어려웠고, 출산율 감소가 중요한 정책과제가 되었다.

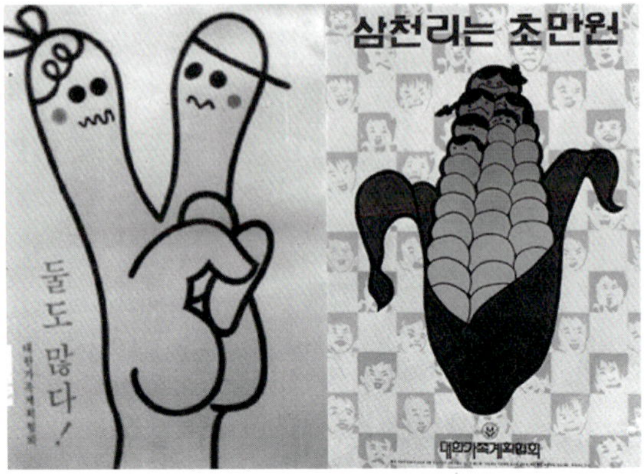

그림 1-1 1970년대 출산 제한정책 포스터

그러나 1980년대 중반부터 1990년대 중반까지 1.6~1.7명으로 출산율이 낮은 수준으로 유지됨에 따라 인구증가 억제정책의 존폐에 대한 논의가 치열하게 이루어졌다. 그 이후에도 출산율은 계속 떨어졌고, 1997년 외환위기를 거치면서 더 빠른 속도로 감소하였다.

출산율은 1998년 처음으로 1.5명 미만으로 낮아졌고, 2001년부터는 1.3명 이하의 초저출산 현상이 지속되었다. 2005년 1.08명 쇼크를 겪고, 2016년에는 1.17명을 기록하였다(통계청, 2017). 이후 2018년 급기야 0.98명까지 출산율이 떨어졌고 이후 좀처럼 증가하지 않는 추세이다.

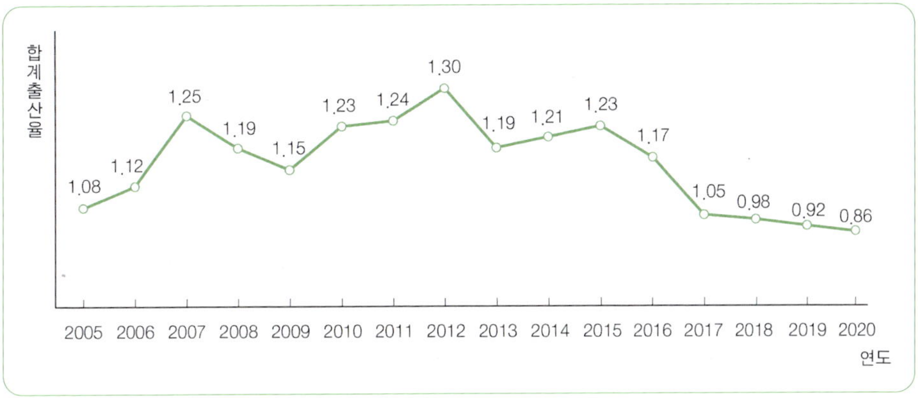

그림 1-2 우리나라의 합계출산율 연도별 추이

(출처: 통계청, 2020)

우리나라의 저출산에 영향을 미치는 경제·사회·문화적 원인은 복잡하다. 크게 전통적 가치관(가족관, 자녀관) 약화, 자녀교육비와 주택 마련 등 경제적 부담, 일·가정의 양립곤란, 실업률 증가와 비정규직 증가 등 고용과 주거의 불안정, 기타 유·사산 및 불임 증가(출산건강수준 저하) 등이다(보건복지부, 2016).

한편 여성의 경제활동 참여 욕구는 증가하고 있으나 육아부담으로 여성의 사회활동이 제약을 받고 있는 현실이다. 특히 우리나라 여성의 경제활동참가율은 지난 19년간 50%대에 머물러 있고, 이는 OECD 평균에 비해 낮은 편이다. 또한 취학 전 자녀를 가진 기혼 여성들이 자녀 육아를 위해 취업을 포기하는 비율이 높은 현실이다. 즉, 출산과 육아를 위해 일과 양육을 병립하는 것을 포기하고 양육을 선택하는 경우가 많은 것이다.

출산율을 일정 수준 이상으로 회복시키기 위해서는 다양한 사회적·정책적 노력이 필요하다는 것은 이미 비슷한 고민을 했던 선진국의 경우를 통해서 알 수 있다. 일부 저출산 국가들의 경험을 비추어볼 때 출산율을 회복시키는 각종 대책은 소수의 특정 정책보다 다면적으로 접근할 필요가 있다는 것을 보여준다. 즉, 인구정책과 가족정책, 여성정책, 복지정책, 보건정책, 교육정책, 고용정책, 주택정책, 조세정책 등 관련 정책들이 유기적으로 통합되어야 한다. 우리나라도 최근 중앙정부가 출산과 양육에 대한 국가와 사회의 책임을 강화하고, 결혼출산 문화 변화와 친결혼과 친가족 가치와 태도 형성에 중점을 두는 종합적인 대책을 강조하고 있다(보건복지부, 2016).

우리나라의 보육정책은 저출산 문제와 완전히 별개로 다루어지기 어려울 것이다. 결국 저출산 문제 해결의 한 가지 방법으로서 믿고 맡길 수 있는 양질의 보육서비스의 사회적 구비야말로 일과 양육의 양립을 위해 필수적인 전제 조건이 되기 때문이다.

어느 시대 어떤 사회이건 아동은 미래를 책임질 중요한 자산이다. 아동은 사회를 유지하고 존속시키는 원동력이 될 뿐 아니라 다음 시대와 사회를 짊어지고 갈 존재이기도 하다. 그러한 의미에서 미래의 사회가 아동의 생명과 발달을 지원하고 양육가정을 지원하는 영유아교사의 손에 맡겨져 있다고 해도 과언이 아니다. 보육의 중요성은 오늘날 점점 더 증대되고 있다.

3 현대사회와 아동의 성장

그렇다면 현대사회의 다양한 특징은 아동의 양육과 구체적으로 어떤 관계가 있는가?

1) 저출산사회와 아동양육

먼저 저출산이 자녀양육에 미치는 영향을 살펴보자.

첫째, 가까운 생활환경에서 자신과 비슷한 또래의 놀이친구가 감소하고 또래들과 보내는 시간이 감소하게 된다. 또래와 함께 숨바꼭질하거나 술래잡기를 하면서 배우는 놀이기술, 장난감을 빌려주거나 차례를 기다리면서 배우는 사회의 규칙들, 다양한 인간관계 형성을 배울 기회 등이 한정된다. 다른 사람과 상대하면서 다양한 갈등을 체험하고 상대방의 기분을 생각해 보는 기회가 줄어든다는 것은 자기중심성이 강화되고, 공동체의 일원이라는 의식을 배울 기회가 줄어드는 것을 의미한다. 즉, '고독한 인간'의 모습이 더욱 심화하는 것이다.

둘째, 저출산은 부모의 양육능력, 가정교육능력의 저하를 불러온다. 아동을 기르는 부모부터 아동들과 함께해 본 경험이 부족하여 아동의 발달과정이나 특성에 관하여 생각하는 힘이 부족하고, 책이나 대중매체의 조언에 지나치게 의존하게 된다. 그러나 만일 아동이 그러한 조언이나 부모의 생각대로 자라지 않으면, 양육에서 자신감을 상실하고 양육 스트레스를 받는 경향이 있다.

셋째, 아동을 소비나 투자의 대상으로 취급할 가능성이 있다.

'적게 낳아 잘 기르자!'라는 조기교육이나 조기재능 발견과 같은 교육산업에 현혹되어 아동을 투자의 대상으로 바라보고, 하나 혹은 둘이 되는 아동에게 모든 것을 걸고 지나치게 과잉 기대하고 투자하는 경향을 낳을 수 있다.

위와 같은 상황에서 보육은 부모를 사회와 공동체의 일원으로 느끼게 하면서 양육의 기쁨과 고민을 함께 공유하고 이해하는 기회를 늘려가는 노력이 필요할 것이다. 그럼으로써 보육은 양육의 동반자로 기능하면서 부모와 함께하는 육아 공동체로서의 역할을 하게 된다.

2) 정보화 사회와 아동양육

오늘날의 사회는 정보와 네트워크의 사회라고 말한다. 실시간으로 모든 정보를 공유하고 전 세계의 인류가 하나의 네트워크로 언제 어디에서든 교류하고 소통할 수 있는 그런 시대가 되었다. 우리 사회가 발을 내디딘 네트워크의 시대에 왕성한 의사소통은 새로운 삶의 패턴을 요구하게 될 것이다. 아동이 텔레비전과 스마트폰을 비롯하여 대중매체와 다양한 인공지능기기의 환경 속에서 자라는 문제에 대해 생각하게 하고, 컴퓨터 등 정보통신기기가 아동의 몸과 마음에 어떤 영향을 주는지에 대한 논의를 지속하고 있다.

첫 번째는 가상세계에 몸을 두고 사는 아동의 모습이다. 인터넷상의 각종 게임과 가상현실과의 접촉은 아동을 가상의 세계에 사로잡히게 하고, 이는 오감을 사용하는 신체의 주변 사물에 대한 감성의 발달을 저해한다는 우려의 소리가 높다.

두 번째는 '기다리지 못하는' 아동을 만들어낸다는 것이다. 아동은 점점 짧게 스쳐 지나가는 영상과 미디어의 세계에 익숙해진다. 눈앞에서 순식간에 변화하는 영상이나 게임의 화면체험은 '말이 필요하지 않은', '인내하지 못하는 즉흥적인' 아동을 만들어낸다고 우려한다. 그래서 아동의 관심을 오래 잡을 수 없고, 단발적이고 말초적인 감각적 자극을 추구하는 아동으로 인식되는 부정적인 이미지가 생기는 것이다.

이상과 같은 정보화 사회의 양육에 대한 우려와 그로 말미암은 아동에 대한 부정적인 이미지는 우리 사회의 보육 혹은 양육에 어떤 과제를 던져주는 것일까?

결국 정보화는 무언가를 전달하고자 하는 의사소통을 추구하고, 상대방과 관계를 맺고자 하는 소통을 의도하는 수단으로 발전되어 왔다. 아동과 함께 놀이하고 생활하는 양육의 현장에서 디지털 시대에 태어난 아동을 이해하고, 그 사실과 정면으로 대면하는 것이 필요할 것이다. 나아가 아동의 새로운 정보 기능을 새로운 생활과 문화의 창조적 가능성으로 연결하는 것이 지금 우리 시대에 요구된다.

3) 도시화 사회와 아동의 성장

도시화는 취업이나 생활의 근거를 도시에 두고 인구가 집중되는 과정을 말하는 것이다. 우리나라는 1970년대 이후 고도 경제성장 시기부터 이러한 경향이 두드러졌다. 농어촌의 인구 감소는 1차 산업을 쇠퇴하게 하고 자연을 황폐하게 했다. 이러한 도시화가 유아의 성장발달에 미치는 영향을 우려하는 소리가 높다.

도시화에서 주목하는 문제는 환경호르몬이다. 환경호르몬은 면역 조직을 파괴하고 뇌와 신경계에 나쁜 영향을 미치면서 생물을 멸종시키는 해로운 화학물질이다. 주변에 자연과 접할 수 있는 환경이 제한되면서 자연을 통해 배우고 경험할 수 있는 다양한 정서적 성장과 발달이 저해된다. 또한 유아의 생활리듬이나 신체운동기능에서도 불리한 면이 많다. 도시화에 따라 부모의 근무시간이나 취업 형태가 다양해지면서 아동을 밤늦도록 자지 않고 활동하게 하는 야간형 인간으로 만들고, 신체의 성장이나 운동능력에서도 지장을 초래하고 있다.

특히 대도시에 있는 아동이 안심하고 놀 수 있는 장소가 줄어들고 있다는 것은 아동이 신체를 움직이면서 활동할 공간이 부족하다는 것을 의미한다. 이는 운동기능을 충분히 발달시킬 수 없게 할 뿐 아니라 바깥에서 에너지를 발산하기 어렵게 함으로써 정서적으로도 부정적인 영향을 미칠 수 있다.

그렇다면 인구 감소가 진행된 농촌과 같은 곳에서는 풍부한 자연과 놀 수 있는 공간이 충분할 것이라고 생각할 수 있다. 그러나 주변에 비슷한 또래의 아동이 줄고 실내에서 지내는 경우가 많아져서 역시 몸과 마음의 건강과 성장을 해칠 수 있다.

이런 것들을 고려하면 아동이 자라는 환경의 문제는 여러 곳에 산적해 있다. 인위적 상업 공간에서 아동을 놀게 하는 놀이환경은 탐구심이나 호기심에 넘쳐서 놀아야 하는 아동의 놀이하는 힘을 박탈하는 우려를 낳는다.

최근에는 유아교육이나 보육기관에서 아동이나 보호자와 함께 자연을 체험하는 캠프 등의 활동을 많이 하고 있다. 자연과 관계를 맺는 것은 아름다운 마음을 갖는 첫걸음이다. 자신에게 주어진 생활환경 안에서 무엇이 가능할까를 생각하면서, 가능한 대안을 찾아 노력하는 자세는 '지금' 우리가 할 수 있는 일을 함으로써 다음 세대의 발전에 이바지하는 길이 될 것이다.

자연을 접할 수 있는 다양한 방법은 교실 속의 작은 화분 하나, 놀이터 주변의 작은 텃밭을 가꾸는 것에서 출발할 수 있다. 주변의 공원이나 산책로를 찾아다니면서 다양한 생명의 변화를 눈여겨보게 하는 것이 좋은 방법이다. 이러한 노력이 도시화된 환경에서 자라는 아동들에게는 자연을 접할 수 있는 감성적 체험의 기회가 될 것이다.

4 유아교육과 보육의 이원화

우리나라는 유아교육과 보육이 이원화되어 운영되는 나라로서 관련법령, 관할기관, 교사양성교육 등 여러 면에서 이런 이원화된 특징을 나타내고 있다. 비교하여 표로 제시하면 표 1-1과 같다.

표 1-1 어린이집과 유치원의 비교

	어린이집	유치원
목적	보호자의 위탁을 받아 영유아를 건강하고 안전하게 보호·양육하고, 영유아의 발달특성에 맞게 교육을 제공하는 기관	• 유아를 교육하고, 적절한 환경을 제공하여 그 심신의 발달을 조장하는 것 • 만 3세부터 초등학교 취학 이전의 유아들을 대상으로 심신의 발달을 조장하기 위해 「교육법」에 의해 설치, 운영되는 교육부 담당의 교육기관

	어린이집	유치원
대상연령	만 0~5세의 취학 전 아동을 원칙으로 하며, 필요한 경우 만 12세까지 연장하여 보육할 수 있음	만 3~5세
시간	종일제	반일제 3~5시간 시간연장제 5~8시간 종일제 8시간 이상
자격	보육교사 1, 2, 3급 자격	유치원 정교사 1, 2급 자격증
근거가 되는 법률	「영유아보육법」	「유아교육법」
관할	보건복지부	교육부
직원배치 기준	만 0세 1:3, 만 1세 1:5, 만 2세 1:7, 만 3세 1:15, 만 4세 이상 1:20	만 3세 1:22명, 만 4세 27명, 만 5세 30명, 시·도마다 다름
종류	설치 주체에 따라 국·공립, 사회복지법인, 법인·단체 등 민간, 가정, 직장, 부모협동 어린이집으로 구분	국공립(단설, 병설), 사립

그러나 이러한 차이점에도 불구하고 보육과 유치원교육은 다음과 같은 공통점을 가지고 있다.

첫째, 보육 및 유아교육의 대상 아동이 비슷한 나이의 아동을 대상으로 한다는 점이다. 이 시기의 아동은 발달적으로 유사한 특징을 가진 시기이므로 보육 혹은 교육의 방법이 놀이 중심의 활동과 일과로 이루어져야 한다는 점에서 공통적이다.

둘째, 비슷한 연령의 아동을 대상으로 하는 까닭에 하루의 일과와 생활은 보호와 양호가 중심이 되어야 하고, 아울러 적절한 발달을 조장할 수 있는 교육의 내용을 함께 담아야 한다는 것이다.

셋째, 부모와 지역사회, 국가의 협조와 지원이 적극적으로 요구된다는 점이다. 특히 부모는 아동의 발달에서 교육기관과 동반자적 관계를 형성하면서 모든 활동에서 적극적인 참여와 공감이 필요한 존재라는 특징이다.

이러한 점에서 오늘날의 보육과 유아교육은 다른 운영체로 진행되고 있으나, 결국은 그 내용이나 전반적인 교육과정 혹은 보육과정이 아동의 복지와 건전한 발달이라는 공통의 목표를 향하여 가는 접점을 가지고 있다. 이러한 흐름의 기저에는 취학 전 시기의 영유아의 발달특성과 현대사회가 요구하는 사회적 공공기관으로서의 보육·교육의 공공성이 있는 것이다.

지금 우리의 현실은 한 사람 한 사람의 아동이나 개개의 가정의 요구에 대응하는 유아교육·보육서비스에 대한 기대가 어느 때보다 높다. 이러한 요구는 유치원과 어린이집 3~5세 아동의 공통교육과정으로서 2013년 누리과정을 시행하게 하는 계기가 되기도 하였다.

그러나 한편으로 저출산의 영향으로 출산아동의 수가 줄어듦에 따라 유아교육·보육시설이 조만간 효율성의 문제에 부딪힐 수 있다는 우려가 있는 것도 사실이다. 대도시에서는 0~2세아를 위한 영유아시설 부족이 문제가 되고 있는 한편에, 지역에 따라서는 유치원과 보육시설이 너무 인접하여 설치된 문제점도 동시에 안고 있는 것이다.

결국 유아교육·보육계가 이원화되어 있다 하더라도 저출산과 가정의 양육기능 저하를 위기로 바라보는 공통의 문제의식을 가지고, 이를 위하여 함께 가정의 양육을 지원하고 대체하는 역할을 해야 하는 책임을 가지고 있다.

이제 유아교육과 보육의 관계의 질이 변화하고 있다. 다양화하는 양육 요구에 대응하기 위해 보육시설과 유치원은 상호 간의 협력을 강화하는 방향으로 나아가는 것이 더욱 중요해지게 되었다.

5 우리나라 보육정책의 발전과정

우리나라의 보육 관련 제도 및 정책은 근본적으로 사회경제적 맥락과 함께 변화해 왔다고 할 수 있다. 특히 급속한 경제성장과 여성의 사회 진출 그리고 저출산의 영향 등이 복합적으로 작용한 것이다. 다음에서 보육의 발달을 초기부터 현재의 정책에 이르기까지 그 주요한 정책적 내용을 중심으로 시기를 구분하여 살펴보고자 한다.

1) 「아동복지법」 이전의 시기(1921~1980): 1980년대 이전

1921년 태화기독교 사회관에서 저소득층 자녀를 위주로 탁아사업을 시작한 것이 우리나라 보육사업의 시작이었다고 여겨진다. 그리고 1945년 이전의 탁아소는 일제 구호령상 사회사업시설의 성격으로 설치되었다. 1950년 6·25전쟁을 겪으면서 많은 전쟁고아가 발생하였고, 피난민이 집결된 부산에서 범일 탁아소를 비롯하여 여러 탁아시설이 설치되었다. 1952년 10월 후생시설 운영요강을 제정하여 빈민아동과 고아에 대한 임시구호사업 성격의 탁아정책이 더욱 강화되었다.

1961년에는 「아동복리법」이 제정되면서 경제개발 5개년 계획에 따라 탁아시설 증설 및 정비의 필요성이 제기되었고 어린이집, 탁아시설 등을 법정 아동복지시설로 규정하고 탁아시설, 어린이집의 설치기준, 직원배치기준, 보육기간, 보호내용 등을 구체적으로 규정하면서 일반 개인의 탁아시설 설치를 제한하였다.

1960년대 후반 정부가 경제개발 정책을 적극적으로 추진함에 따라 취업모가 증가하고, 이에 따라 보육 수요가 크게 늘면서 어린이집 부족현상이 나타났다. 1968년 미인가 탁아시설 임시조치령을 발표함으로써 지방자치단체나 법인이 아닌 민간에 의한 어린이집을 설치 가능하도록 하여 어린이집 운영주체를 확대하고, 탁아소를 '어린이집'으로 명칭을 변경하였다.

2) 「아동복지법」 시기(1981~1990): 1980년 ~ 「영유아보육법」 제정 이전

(1) 「아동복지법」 개정

1981년 4월 「아동복리법」을 「아동복지법」으로 전부 개정하고, 보육의 개념을 종래의 탁아·임시 구호적 성격에서 벗어나 아동이 건전하게 출생하여 행복하고 건강하게 육성되도록 복지를 보장하는 기제로 확대하였다. 법인 외 개인의 보육시설 설치를 허가제에서 신고제로 바꿈으로써 보다 쉽게 어린이집 설립이 가능해졌다.

한편 어린이집의 급격한 증가가 시설환경, 교사자격 등 여러 가지 질적 문제를 불러일으키게 되자 보건사회부는 어린이집의 질적 향상을 위하여 1977년 「사회복지사업법 시행규칙」 제62조항을 개정하여 모든 탁아시설의 법인화를 촉구하면서 '미인가 탁아시설 임시조치령'을 폐기하였다.

(2) 보육과 유아교육의 이원화 정책 유지

1982년 12월에는 「유아교육진흥법」을 제정하여 유아교육과 보육의 진흥을 목적으로 하였다. 종래의 어린이집, 농번기 탁아소, 새마을 협동 유아원, 민간 유아원을 새마을 유아원으로 통합하여 취학 전 유아기관을 유치원(4세~취학 전 유아)과 새마을 유아원(4세 미만)으로 이원화하였다. 유치원과 탁아시설의 이원화에 따라 유치원은 교육, 탁아시설은 아동보호의 기능으로 서로 다른 개념으로 이해되었다. 따라서 이 시기의 보육의 개념은 주로 아동보호의 성격을 가진 것이다.

법제정 및 장학지도는 문교부에서, 시설운영 및 행정지도는 내무부에서, 보건의료는 보건사회부에서 담당하였다.

(3) 보육을 여성경제활동 지원의 관점에서 접근

1987년 12월 「남녀고용평등법」을 제정하여 사업장 육아시설로서 직장탁아시설의 설치 근거를 마련(노동부에서 직장탁아제 도입)하였다.

3) 「영유아보육법」 시대(1991~2005년)

(1) 「영유아보육법」 제정(1991년)

체계적이고 효율적인 보육정책을 추진하고 증가하는 보육수요에 대응하면서 아동보호, 교육 문제에 대한 사회적·국가적 차원의 대처를 강화하고, 분산된 보육관련 법령의 통합과 다원화된 관리체계 강화를 위해 「영유아보육법」을 제정하였다.

이 법은 보육 관련 주무 부서를 보건복지부로 일원화하고, 기존의 새마을 유아원을 어린이집으로 명칭을 변경하거나 유치원 또는 어린이집으로 전환하였다.

보호의 의미가 강한 '탁아'에서 보호와 교육을 통합한 '보육'의 개념으로 전환하여 독립된 영역으로 제도화하고 보육의 범위를 종합 영역으로 구축하였다. 또한 가정양육에 대한 제한된 개입의 원칙을 제시하고 보육비용에 대한 선별적 지원을 실시하였다.

(2) 어린이집 확충 3개년 계획(1995~1997년)

어린이집의 조속한 확대를 위해 어린이집을 설치하고자 하는 민간 법인이나 개인에게 국민연금 기금을 융자하여 어린이집을 설치할 수 있도록 지원하고 민간에 의한 어린이집 확충을 유도하였다.

(3) 보건복지부 내 보육과 신설(1998년)

보육사업 주관부서를 보건복지부로 일원화하였다.

어린이집 설치기준은 법 제정 당시(1991.1)에는 인가제(가정보육시설만은 신고제)였으나, 1998년 7월 신고제로 완화하고, 2004년 1월 인가제로 다시 전환하였다.

(4) 보건복지부에서 여성부로 주관부서 이동(2004년)

여성부로 주관부서를 이동한 것은 보육업무의 해결이 여성으로서 매우 절박한 문제라는 점, 육아와 직업생활을 병립하기 어렵다고 보는 대다수의 여성이 출산을 포기함으로써 출산율이 점점 떨어지고 있는 점, 보육정책을 새로운 가치에서 여성, 아동, 가족, 노동의 문제와 연계해서 다중적인 시각으로 풀어나가고자 하는 의도가 담겨 있었다.

(5) 「영유아보육법」 전면개정(2004년)

개정의 배경은, 보편적 보육 이념으로 전환하고 영유아의 권리 및 이익 최우선의 원칙을 적용하고, 국가·사회의 책임과 의무 등 공공성을 강화, 보육의 전문성 강화, 품질 향상의 제도적 기반 확대 구축 요구에 대응하기 위함이었다.

또한 표준보육과정을 개발·보급해야 함이 명시되어 이를 근거로 2005년에 표준보육과정이 연구·개발되고, 2008년에 제1차 표준보육과정이 보급되었다.

보육대상을 요보호아동 중심에서 모든 영유아로 확대하고, 영유아의 이익 최우선의 원칙을 보육이념에 추가하였다.

개정의 주요 내용은 전달체계 보완, 체계적인 보육정책 수립지원, 보육의 전문성 강화, 지역사회·부모와의 협력 강화, 국가·지자체의 보육부담 원칙, 보육비용 상한선 규제(가격 규제) 등이다.

(6) 제1차 육아지원정책(2004년 6월)

고령화 및 미래사회위원회에서 보육 및 유아교육지원의 공공성 확대에 대한 대책을 발표하였다. 육아부담을 소득에 따라 50% 낮추고, 1년간 육아휴직 보완, 평가인증제도 도입, 보육교사 국가자격제도 등을 시행하였다.

(7) 여성부에서 여성가족부로 재편(2005년)

여성부의 명칭이 여성가족부로 재편되었고 보육의 업무를 담당하였다.

(8) 제2차 육아지원정책 및 고령화 및 미래사회위원회 설치(2005년 5월)

출산율 제고 및 여성경제활동 참가에 대한 대책을 발표하였고, 보육시설 표준보육료, 교육비 산정, 영아 기본보조금제도 시범을 도입하였다.

4) 질적 성장기(2006~현재)

(1) 중앙정부의 중장기 보육정책

중앙정부는 2006년부터 다음과 같이 중장기 보육정책을 수립하였다.

① 제1차 중장기 보육계획(새싹플랜) (2006~2010)

② 아이사랑플랜(2009~2012)

③ 제2기 중장기 보육계획(2013~2017)

④ 제3차 중장기 보육 기본계획(2018~2022)

각각의 내용을 간단하게 표로 제시하면 아래와 같다.

	수립배경	추진과제
제1차 중장기 보육계획 (새싹플랜, 2006~2010)	- 부모의 육아 부담 경감을 위해 공보육 체계구축 필요, 보육정책 수립 과정에서 부모·지역사회 참여의 활성화가 필요, 보육의 패러다임 전환이 요구	- 정책목표: 보육의 공공성 강화, 양질의 보육 서비스 제공 - 정책 과제: 공보육 기반 조성, 부모의 육아 부담 경감, 다양한 보육서비스 제공, 아동 중심의

	수립배경	추진과제
	– 저소득층 위주의 선별적 보육에서 보편적 보육, 공급자 중심의 정책에서 수요자 중심 정책으로 전환	보육환경 조성, 보육서비스 관리체계 강화 등 6개 과제
아이사랑플랜 (2009~2012)	– 저출산 고령화 심화, 출산 및 양육 부담으로 여성 경제활동 저해, 보육시설 이용 아동의 지속적 증가 전망, 다문화 · 한부모 · 장애아동 등 관심 대상의 증가, 보육의 중요성 및 효과성에 대한 기대	▶ 3대 추진방향 – 영유아 중심(영유아의 건강한 성장발달 최우선시) – 국가책임제 보육(보육에 대한 국가 책임 강화) – 신뢰구축(신뢰를 토대로 정책 수립, 추진)
제2차 중장기 보육계획 (2013~2017) 새로마지플랜	– 저출산 고령화 가속화, 주 출산 연령대 나이의 경제활동참가율이 타 연령대보다 대폭 낮아지는 m-CURVE현상 지속, 낮은 경제성장, 영유아보육과 교육 격차 확대	▶ 3대 전략 – 아이의 건강한 성장과 발달에 최우선 – 국가 책임 실현 – 참여와 신뢰의 보육 생태계
제3차 중장기 보육 기본계획 (2018~2022)	– 보육 · 양육에 대한 사회적 책임 강화 – 보육의 공공성과 서비스 품질 향상	– 보육의 공공성 강화 – 보육체계 개편 – 보육서비스 품질 향상 – 부모양육 지원 확대

(2) 보건복지부로 보육업무 이관(2007년)

2008년 여성가족부에서 보건복지부로 보육업무를 이관하였다.

여성가족부의 보육정책국이 보건복지부의 보육정책관으로 조직을 이관하였다.

정책 방향은 보육정책의 질적 수준 향상, 수요자 중심의 보육정책으로의 전환이었다.

(3) 「영유아보육법」 개정(2011년)

2011년 3월 공청회를 거쳐 개정, 고시 예정이었던 '표준보육과정'에서 5세 유아를 위한 보육내용을 제외하되, '5세 누리과정과의 연계를 고려하여 재수정한 0~4세 영유아를 대상으로 한 '제2차 표준보육과정'을 2012년 2월에 고시하였다.

(4) '제3차 어린이집 표준보육과정' 고시(2013년)

2013년 1월에 누리과정을 포함하여 '제3차 어린이집 표준보육과정'을 고시하였고, 2013년 3월부터 전국 어린이집은 0~5세 영유아의 보육을 위해 '제3차 어린이집 표준보육과정'을 적용하여 운영하였다(2013 보건복지부 육아정책연구소).

5) 어린이집 평가제도 시행과 개정된 4차 표준보육과정

(1) 어린이집 평가제도

2018년 12월에 개정된 「영유아보육법」 제30조에 의하여 2019년 6월부터 어린이집 평가제가 시행되었다. 상시적인 보육서비스 질 관리를 위해 주요 핵심지표를 중심으로 질 관리 표준을 제시하고 전체 어린이집에 대한 주기적 평가를 의무화하였다. 평가제 시행은 2005년부터 시행되던 평가인증제도를 평가제도로 전환하여 의무사항으로 바꾼 점에서 의미가 있다. 그럼으로써 보육서비스 품질관리 사각지대를 해소하고 전반적인 보육서비스 수준을 지속적으로 관리하여 국가의 책무성을 강화하고자 한 것이다.

(2) 2019년, 2020년 법개정을 통한 보육의 질 개선

보건복지부는 2017년 12월 제3차 중장기 보육 기본계획(2018~2022)에 의거 '영유아의 행복한 성장을 위해 함께하는 사회'라는 비전을 설정하였으며, 국정과제인 '보육·양육에 대한 사회적 책임 강화'를 실현하기 위해 4개 분야, 즉 보육의 공공성 강화, 보육체계 개편, 보육서비스의 품질 향상, 부모양육 지원 확대를 제시하였다. 영유아의 교육수요 변화 등을 고려하여 누리과정을 개편하고, 이어 0~2세 표준보육과정을 개편함으로써 영유아의 놀이 권리 및 균형발달을 추진한 것이다.

구체적인 내용은 다음과 같다.

① 보육지원체계의 개선

2019년 4월 일부 개정된 「영유아보육법」 제17조에서 보육교직원의 배치 등 보육지원체계의 내용을 수정하였다. 가장 큰 특징은 하루 중에 과도한 업무시간과 휴식시간을 갖기 어려운 근무여건을 개선하여 보육지원을 합리화하고자 한 점이다.

보육과정의 구분에서 어린이집 12시간(07:30~19:30) 운영 원칙은 유지하면서, 어린이집 보육시간(과정)을 2개의 시간으로 구분하였다. 즉, 모든 영유아에게 적용되는 '기본보육시간'과 기본보육시간 이후 돌봄 공백이 우려되는 영유아에게 적용되는 '연장보육시간'으로 구분한 것이다.

또한 과정별 개별 지원체계를 통해 각 보육과정에 대해 비용지원방식을 별도 적용하여 충실히 운영될 수 있도록 어린이집 지원방식을 합리화하였다. 특히, 연장보육시간에 안정적인 보육이 제공되도록 전담교사를 배치한 점을 특징으로 한다.

이렇게 기본보육과 연장보육으로 구분하고, 연장보육 전담 교사를 배치할 경우 영유아에게는 낮 근무로 피로한 당번교사가 아니라 고정된 전담교사가 돌봄으로써 안정감 및 보육질을 향상할 수 있게 되었다. 부모에게는 연장보육이 필요한 부모가 안정적으로 연장보육 서비스를 이용할 수 있고, 어린이집 입장에서도 장시간 보육 운영 부담을 완화하게 된다. 무엇보다 교사 입장에서 업무 부담 및 근무환경 개선의 효과를 누릴 수 있게 된 것이다.

② 개정 누리과정

기존의 유치원교육과정과 표준보육과정을 통합한 3~5세의 누리과정을 개정함으로써 2020년부터 개정 누리과정이 시행되었다. 이는 유아가 놀이를 통해 심신의 건강과 조화로운 발달을 이루고, 바른 인성과 민주시민의 기초를 형성하고자 하는 목적을 갖는 것으로 유아 중심, 놀이·중심의 보육을 실현하고자 함이다.

③ 제4차 표준보육과정 고시

2019년 말 어린이집에 다니는 0~5세 대상 보육과정 중 3~5세를 위한 보육과정(누리과정)은 이미 개정되었고, 0~2세는 어린이집에만 해당되므로 보건복지부 주관으로 0~2세 보육과정의 개정이 필요한 상황이었다. 이에 0~1세 보육과정과 2세 보육과정의 영역별 내용을 개정하여 2020년 4월 9일에 ‘제4차 어린이집 표준보육과정을 고시하였다. 그리고 2020년 9월부터 시행하였다. 이로써 0~1세 보육과정, 2세 보육과정, 3~5세 보육과정(누리과정)으로 완성함으로써 기존의 개정 누리과정과 균형을 맞추게 되었다.

MEMO

Chapter 02

아동의 발달과 보육

1. 발달이론과 보육
2. 영유아기의 발달적 특징
3. 유아의 정신발달이론
4. 놀이의 발달적 의미

아동을 이해하고 그 발달을 지지하고 촉진하는 것은 보육의 사명이다. 특히 문화적·경제적으로 불충분한 생활환경 아래서 기회를 박탈당한 아동에게 적절한 보육을 실천하고, 교육환경을 부여하고, 발달을 지원하는 것은 보육의 중요한 과제이다. 발달적 시점으로 아동을 이해한다는 의미는 발달을 지원하기 위한 기능적 의미뿐 아니라 인간의 존재 자체에 대한 이해와도 연결되는 것이다. 또한 발달 역시 함께 살아가는 공동체 속에서 기능하는 것이라는 폭넓은 시점에서 발달을 이해하는 것이 필요하다.

이 장에서는 아동발달의 기본적 이론과 그 이론들이 바라보는 보육에 대한 견해와 방법에 대해 개괄적으로 살펴보게 될 것이다.

1 발달이론과 보육

인간은 무엇에 의해 어떻게 발달하는가? 연구와 실천을 통해 얻은 여러 발달의 가설을 총합하고 체계화한 것이 발달의 이론이다. 발달이론은 인간의 현재 발달 모습을 통해 과거의 발달 모습을 추측하거나 이후의 방향을 예상할 수 있게 한다. 또한 이론이 가정하고 있는 발달의 요인을 체계적으로 정비하고 제공함으로써 발달을 지원하는 역할을 하기도 한다. 다양한 발달이론이 다양한 보육의 방법을 이끌어 낸다.

오늘날까지 가장 대표적인 발달의 이론과 그러한 이론들이 보육에 임하는 관점이나 방법을 간단히 소개하면 다음과 같다.

1) 성숙주의 이론

성숙주의는 인간의 생득적인 능력이 시기에 따라서 자연적으로 전개되어 간다고 생각한다. 따라서 보육은 아동에게 본래 내재하고 있는 능력이 자연스럽게 전개되도록 추측하고, 적절한 환경을 제공하는 역할을 해야 한다. 학습할 수 있는 몸과 마음의 준비(준비성, readiness)가 완성되도록 기다리고, 준비성이 형성된 다음에 교육적 작용을 하는 것이 좋다고 믿는다.

이러한 이론적 입장은 게젤(Gesell, A.L., 1880~1961)이 대표적이다. 게젤은 나이별 표준 행동목록의 준거를 제공하여 유아의 신체적, 정서적, 지적 발달에 대한 성숙 정도를 객관적으로 파악할 수 있게 한 것으로 유명하다. 성숙주의 이론을 따르는 구체적인 보육실천은 유치원이나 보육시설에서 여러 형태로 다양하게 이루어지고 있다. 즉, 아동의 발달수준을 넘어서 과도한 작용을 하거나 가르치려는 것은 효과가 없다고 생각하고, 기본적으로 놀이를 중심으로 아동의 활동을 지원하는 자세를 취하는 것이다.

2) 행동주의 이론

행동주의는 인간이 환경으로부터의 자극과 그에 대한 반응 그리고 그 반응에 대한 환경으로부터의 피드백을 통해 다양한 행동을 학습한다고 생각한다. 아동은 환경으로부터의 작용을 수동적으로 받아들이는 존재이므로, 환경을 준비하는 성인(교사)이 적절한 행동의 방향을 제시하지 않으면 안 된다.

이런 입장은 왓슨(Watson, J. B., 1878~1958)을 시작으로 하고, 교육이나 보육의 현장에서는 스키너(Skinner, B. F., 1904~1990)의 응용행동분석에 의한 행동수정기법이 사용되고 있다. 이때 보육담당자나 교사는 바람직하다고 생각하는 아동의 행동을 형성하는 것을 목적으로 한다. 교실에서는 바람직한 행동에는 보상을 주고, 부적절한 행동에는 타임아웃이나 놀이시간의 박탈 등의 벌을 주는 등, 상벌을 사용한 행동의 조작이 이루어지기도 한다. 보육현장에서는 벌을 주는 경우는 드물지만 의욕을 높이기 위해 보상을 사용하는 경우는 자주 있다.

3) 몬테소리 이론

몬테소리(Montessori, M., 1870~1952)는 지식은 감각을 통해 마치

흡수되듯이 획득되는 것이라고 생각하였다. 이를 위해 몬테소리는 아동의 감각을 자극하는 감각교재를 사용하였다. 아동은 감각교구를 조작하면서 논리적 질서가 담긴 감각체험을 통하여 주의력, 집중력, 순수성을 획득하여 간다. 몬테소리보육에서 보육시설은 생활의 장이다. 따라서 놀이보다도 사물과의 활동이 중요하게 다루어진다. 예를 들어, 엄마놀이를 하기보다는 실제 나이프를 사용한 실제의 조리활동이 이루어진다(日本保育学会, 2016). 따라서 몬테소리의 교실은 다양한 사물들과 교구들로 가득 찬 가장 복잡한 교실이다.

4) 구성주의 이론

구성주의는 물리적 환경과의 상호작용을 통해 인지구성이 이루어진다고 믿는 이론이다. 아동이 활동을 통하여 스스로 지식을 구성해 간다고 믿고, 아동의 능동성을 중시하는 것이다. 아동은 환경으로부터 온 정보와 자신이 가진 인지적 틀(쉐마) 사이에 차이가 있는 경우, 인지적 갈등을 해소하려고 한다. 이것을 균형화라고 부른다. 인지발달은 이때 이루어지는 동화(환경정보를 자신이 가진 쉐마에 맞추어 해석한다.)와 조절(환경정보에 맞추어 자신의 쉐마를 바꾼다.)의 작용 속에서, 특히 조절에 의해 이루어진다.

이런 입장은 피아제(Piaget, J., 1896~1980)의 이론에 기초한다. 성숙이론처럼 단순히 성장을 기다리는 수동적 자세는 아니지만, 행동주의이론처럼 성인이 바람직하다고 생각하는 방향으로 개입하려고 하는 관점도 취하지 않는다. 발달의 주체는 어디까지나 아동 자신이고, 교사는 아동의 현재의 인지발달단계를 이해하고, 그것보다 조금 위의 수준의 인지적 갈등을 이끌어 내도록 과제를 제시한다. 환경과 현재의 인지적 수준과의 차이가 새로운 균형화의 작용을 이끌고, 아동의 인지발달을 촉진한다고 생각한다. 이를 위해 교사는 항상 아동의 사고를 촉진하려고 작용한다. 예를 들어, 6인분의 접시를 가지고 오게 하고 싶은 때에 '6개 가지고 와라'라고 말하는 것이 아니라 '사람 수만큼 가지고 오렴'이라고 말한다. 이러한 보육에서는 수수께끼나 카드게임 등 지적활동을 촉진하는 활동을 도입한다. 그럼으로써 아동의 인지적 갈등을 가져오고 발달을 촉진하는 것이다(Kamii & Deveris, 1997).

5) 사회구성주의 이론

사회구성주의는 발달 주체가 활동을 통하여 지식을 구성해 간다는 유기체의 능동성을 중시하는 점에서 구성주의와 공통된다. 그러나 아동 개인이 혼자 힘으로 갈등해결을 통해 인지발달을 이루어간다고 믿는 구성주의에 비해, 이 입장은 근접발달영역에서 성인으로부터의 작용을 통하여 인지발달이 이루어진다고 생각한다. 근접발달영역은 아동이 자력으로는 불가능하지만, 성인의 조력(스캐폴딩)이 있다면 가능해지는 능력의 영역을 말한다. 일단 성인의 도움을 받아서 가능하게 되고 나면, 다음에는 자신의 힘으로 가능해지고 근접발달영역은 더욱 전진한다. 이러한 틀은 아동의 발달을 촉진한다고 생각될 수 있다.

이 입장은 비고츠키(Vygotsky, L.S., 1896~1934)의 이론에 의한 것이다. 이탈리아 레지오 에밀리아 시의 보육은 이러한 입장을 따른 것으로 주목되고 있다(Edward et al., 1998). 레지오 에밀리아의 보육에서는 프로젝트라고 불리는 공동의 탐구활동이 전개된다. 매력적인 프로젝트 테마(예: 그림자, 몸의 움직임, 물 등)가 제시되면 아동은 프로젝트를 또래와 공동으로 전개한다. 문제에 직면할 때는 또래나 교사 혹은 아뜨리에스타라고 불리는 미술전문가로부터 조언을 받으면서 해결해 간다. 이것은 바로 근접발달영역에서의 작용이 된다. 우리나라의 보육에서도 프로젝트 활동의 응용이 활발하게 이루어지고 있다.

6) 아동의 발달 이해와 보육실천

아동은 크게 변화하는 존재이다. 그 안에서도 영유아기는 인생에서 변화가 가장 큰 시기이다. 보육실천의 가장 큰 기본은 아동을 이 큰 변화의 흐름, 결국 발달이라고 하는 과정에서 다루고 이해하는 것이다. 보육은 아동의 현재 상태를 다루고, 그것에 대응하는 적절한 보육환경을 설정한다. 동시에 보육은 아동의 발달을 지원하고 더 나아가 촉진한다는 의미도 있다. 아동에게 의미 있는 체험을 부여함으로써 외부에서 볼 수 있는 변화뿐 아니라 내면의 변화를 촉진하는 것이다.

발달을 촉진하는 것은 종적인 시점과 횡적인 시점이 모두 필요하다(日本保育学会, 2016). 종적인 시점이란 발달을 나이나 발달단계 등 아동의 생활의 흐름이나 연결 속에서 다루는 것으로 어떻게 지금의 상태에 이르렀는가, 또한 앞으로 어떻게 될 것인가를 이해하고자 하는 시점이다. 한 시기의 체험이 이후의 발달에 영향을 주는 것이다. 또한 종적 시점을 통해서 미래의 방향을 예측하는 것도 가능하다. 이와 같은 시점을 가지기 위해서는 발달이론을 이해하는 것이 필요하고, 또한 동시에 많은 아동의 발달과정을 보면서 획득한 실천적 지식도 중요하다.

한편 횡적인 시점이란 한 시점에서 아동이 가지고 있는 인지, 언어, 신체, 사회성, 정서 등과 같은 다양한 측면을 이해하는 것이다. 이것들의 각 측면을 분석적으로 이해하는 것과 동시에 그들 간의 상호작용에 대해 이해하는 것도 중요하다. 언어의 발달이 다른 사람과의 관계 등의 사회성과 연관이 있고, 사회성은 감정의 제어나 사고의 발달을 촉진하도록 하는 등 한 시점에서 각 측면들은 상호의존성이 있기 때문이다.

또한 발달을 개체 내의 변화뿐만 아니라 환경, 결국 주위와의 관계 속에서 다루는 것도 중요하다. 다른 아동이나 집단 속에서 그 아동의 위치를 이해하는 것을 비롯하여 교사나 학급 또래와의 관계와 보호자가 그 아이를 어떻게 보고 있는가를 아는 것도 중요하다. 이들 주위의 시점이 아동을 고정화하여 발달을 방해하고 있거나, 아동 본래의 특성을 살리지 못하게 하고 있을지도 모르기 때문이다.

아동을 이해하는 것이란 이들 다양한 시점을 종합하여 총합화하는 것이다. 그것을 통해 지금 여기서 아동이 보여주는 행동이나 그 의미를 다룰 수 있게 된다. 여기서 주의해야 하는 것은 아동의 발달은 결과가 아니라 과정이고, 변화할 가능성이 있는 것으로 바라보아야 한다는 점이다. 아동 개개인의 발달을 촉진하고 지원하는 것은 보육의 중요한 측면이다.

2 영유아기의 발달적 특징

1) 잠재적 능력을 갖춘 존재

인간은 생명력을 가지고 세상에 태어나며, 잠재적 능력을 갖추고 그것을 꽃피워 가는 존재이다. 태어난 후 1년이 되기까지 이 어린 생명은 걷고, 말하고, 생각하는 능력을 차츰 획득하게 된다. 20세기에 들어와서 유아기의 연구가 매우 활발하였고, 최근에 뇌과학의 발달로 더 많은 인간의 잠재적 능력과 발달에 대해 이해하게 되었다. 다양한 연구활동을 통해 유아가 가진 가능성과 그 능력이 조금씩 구체적으로 밝혀지게 되었다.

그렇다면 인간의 발달에서 잠재적 가능성이란 무엇을 의미하는가? 인간은 두 발 보행을 가능하게 하는 발과 다리 근육의 기능을 가지고 태어났다. 그러나 실제로 서서 걸을 수 있게 되는 것은 발과 다리 근육의 발달만으로 이루어지는 것이 아니고 그 이상의 것을 요구한다. 두 발로 걸어다니는 인간사회의 환경이나 '도움을 주는 누군가의 손!' 즉, 주변 사람의 도움 그리고 걷고자 하는 '아기의 의욕'이 있어야 한다. 즉, 경험을 통한 학습이다.

또한 청각이나 발성기관도 인간사회에서 언어를 듣고 이해하고 사용할 수 있게 하는 중요한 도구가 된다. 그러나 실제로 말을 하게 되고 언어를 배우는 것은 주위 사람들로부터의 언어적 자극과 반응 그리고 유아에게서 나오는 '인간과 상호작용하고자 하는 의욕'에서 비롯된다고 할 수 있다.

'인간과의 상호작용을 추구하는 잠재적 능력'을 증명하는 고전적인 실험이 있다. 판츠(Fantz, 1961)는 생후 3,4개월경의 아기들에게 사람 얼굴 그림과 다른 도형 패턴을 섞어서 보여주었을 때 아기들이 사람 얼굴의 그림을 다른 그림보다도 더 오래 주시한다는 것을 밝혀냈다. 이는 인간이 태어나면서 기본적으로 사람들과 상호작용함으로써 생존하고자 하는 잠재적 능력을 갖추고 있다는 것을 의미한다.

인간은 태어날 때 성인과 같은 수인 1,000억 개의 뉴런이라는 뇌세포를 가지고 태어난다. 그 이후 다양한 경험과 환경과의 상호작용을 통해서 뇌세포 간의 회로가 연결되고 활성화 혹은 강화되는 변화와 발달의 과정을 거치게 된다. 즉, 유아가 인간사회 속에서 환경과 열심히 접촉하고 경험해 감으로써 뇌세포 간의 연결이 활성화되고 다양한 학습이 이루어지는 것이다.

유아는 3세경이 되면 자신의 두 발로 자유로이 걸어 다니면서 주변을 탐색하고, 주변 사람들과의 상호작용을 통해 환경을 적절하게 조작하게 된다.

이처럼 인간은 감추어진 많은 능력을 갖추고 태어나서, 생후 인간사회라는 환경 속에서 열심히 그러한 능력을 꽃피워 간다. 전 생애를 통한 긴 인간발달의 과정 중에서 영유아기는 특히 발달이 현저히 일어나는 시기이다. 영유아가 무언가를 배울 때마다 영유아의 뇌는 다른 무언가를 배우기 쉽도록 도와주는 방식으로 변화한다. 즉, 어린 시절이 중요한 것은 그 시기에 학습한 내용이 다른 학습을 위한 기반이 되기 때문이다.

2) 환경과 자발적으로 상호작용하는 존재

유아는 자발적으로 환경과 상호작용하면서 환경으로부터 배우고 그것을 다루어 간다. 그러면서 급속한 정신발달을 이루어 가는 것이다. 유아의 이런 '자기활동'을 중시한 몬테소리는 유아는 내부에 '생명의 계획'을 가지고 있고, 자발적으로 환경과 상호작용하는 것을 통하여 자신의 정신세계를 외부에 드러낸다고 생각하였다. 몬테소리는 유아가 환경에 민감하게 반응하고 사물에 집중하는 현상을 일컬어 유아의 정신의 '민감기'라고 하였다. 유아는 주변의 세계에 대해서 충만한 흥미와 관심을 두고 자발적으로 환경에 상호작용을 시작하는 자발적 존재이다.

그런 예를 찾아보면 유아는 자신의 가까이에서 자주 말을 걸어 주고 돌봐주는 사람과 그렇지 않은 사람을 구별한다. 그리하여 특별한 접촉이 계속 일어나는 사람과의 '상호관계'를 유지한다. 접촉이 자주 일어나는 사람에게는 미소를 지어 주기도 하고, 두 손을 들어 안아달라고 요구하기도 하고, 눈에 안 보이는 곳으로 사라지면 울고 뒤따라가는 등의 행동을 보여준다.

그뿐만 아니라 주위의 사물에 대해서도 활발한 탐색을 시작한다. 사물을 쳐다보면서 손을 내밀고, 스스로 움직일 수 있게 되면 차례로 물건을 손에 잡아 입으로 가지고 가면서 세상과 소통하고자 한다. 이러한 모든 행동은 유아가 세상과 소통하고 세상을 탐색함으로써 자신의 인지세계와 세상에 대한 적응능력을 키워 가려는 자발적이고 적극적인 존재임을 의미하는 것이다.

3) 인간 형성의 기초를 만드는 영유아기

정신분석의 창시자인 프로이트(Freud, S., 1856~1939)는 신경증의 치료를 진행하다가, 신경증의 소인이 유아기 부모·자녀관계의 초기 경험에 있다고 생각하였다. 프로이트는 유아기에도 성적인 욕망이 존재하고, 이성의 부모에 대한 애착과 동성의 부모에 대한 경쟁심이 무의식 속에 억압되어 있다가, 그러한 억압이 이후의 신경증의 원인이 된다고 말하였다. 여기에서의 초기 경험은 성적 욕구를 반영하는 부모·자녀관계의 경험이다.

동물들과 같이 생활하면서 동물의 생태를 연구했던 로렌츠(Lorenz, K., 1903~1989)는 새끼오리가 어미를 뒤쫓아 다니는 '추종행동'에 관하여 연구하였다. 부화된 지 얼마 안 되는 오리에게 어미오리와 같은 행동을 하는 대상물을 제공하면, 오리는 이러한 대상물을 쫓아다니는 행동을 하는 것이다. 로렌츠는 생후 얼마 되지 않은 시기에 나타나는 이러한 종류의 학습을 '각인(imprinting)'이라 하였는데, 이러한 오리의 학습은 부화 후 16시간이 결정적인 것을 알게 되었다(Lorenz, 1970).

그림 2-1 로렌츠의 오리의 추종행동 실험

프로이트처럼 초기의 경험을 강조했던 이론가들이나 동물행동학, 동물실험 등의 심리학자들은 보편적으로 초기 경험의 중요성에 대해 강조하고 있다.

"세 살 버릇 여든 간다"라는 우리나라 속담이 있듯이, 인격의 중심 부분은 세 살 때까지의 자각이 없는 시기에 만들어진다. "유전인가 환경인가?"의 고전적인 논의가 아니라도 이 시기에 이미 사람의 얼굴이 다른 것처럼 다양한 사람들의 개성이나 기질의 차이가 드러난다.

예를 들면, 열 명의 아기들이 이미 열 가지 색깔의 다른 개성을 갖고 있다는 의미다. 젖을 열심히 잘 빨고 잘 자는 아기, 사람에게 잘 반응하는 아기, 주변 사람의 움직임에 별로 반응하지 않는 아기, 예민하고 잘 자지 않고 조금씩 자주 먹는 아기, 잘 울고 달래기 어려운 아기 등 특성상에 다양한 차이가 나타난다.

3세가 되면 어린이집의 담임교사가 유아 한 사람 한 사람에 대해 자세히 설명할 수 있을 정도로 유아의 개성이 이미 확실하게 표현된다. '○○는 다른 사람에게 매우 상냥하다. 사람에게 민감하므로 자신을 자제하고 기가 죽는 경향이 있다', '○○는 관심이 너무 제한적이어서 다른 아이의 일에 무심하다. 자신의 세계에 빠져 있다', '○○는 사람이나 사물에 대해 호기심이 많다. 그래서 활동적이고 운동량도 많다'라고 말하듯이, 한 사람 한 사람의 개성이 명확히 드러날 수 있다. 그리고 이러한 파악은 교사들 사이에 크게 빗나가지 않는다.

그러나 이처럼 개성이 서로 다르다는 것은 이미 언급한 것처럼, 여든까지 변화하지 않는 것이라고는 말할 수 없다. 이 시기에 유아들은 자신의 개성을 드러내면서 부모나 교사와 상호작용하고, 그런 가운데 조금씩 자기를 변화시켜 간다고 말할 수 있다. 결국은 타고난 개성에 기초하고, 생후의 다양한 경험에 의해 한 사람의 인간이 형성되는 것이다.

4) 영유아의 개성 · 기질의 개인차와 양육

얼굴이나 형태가 제각기 다른 것 같이 유아도 나름대로 개인의 생득적인 차이가 존재한다. 운동을 좋아하는 유아, 노래 부르기에 자신 있는 유아, 그림 그리기가 좋은 유아가 있는 것같이 원래 가지고 태어난 개인의 차이가 있다. 아기라도 우는 소리가 힘찬 경우와 소리 없이 우는 경우가 있고, 계속 칭얼거리면서 오래 우는 아기와 얼러주면 금방 그치고 바로 진정하는 아기도 있다. 이처럼 아기에게도 개성이 있다.

토마스와 체스(Thomas & Chess, 1956)는 뉴욕종단연구에서 영아 141명을 대상으로 기질에 대한 선구적인 연구를 실행하였다. 그들은 '인간의 조기에 나타나는 체질에 근거한 행동경향으로, 외부에 반응하는 일제의 행동 패턴'을 '기질'이라고 정의하였다. 이러한 기질은 여러 가지로 다양하게 반응하는 아동과 양육자 간의 적합성이나 아동과 부모와의 애착형성, 인간관계의 발달에도 관계가 있는 것으로 이해된다. 그뿐만 아니라 영아들은 나름대로 각자의 특성에 맞는 양육을 요구한다고 한다.

기질을 결정짓는 카테고리는 다음과 같은 아홉 가지 항목으로 나뉜다. 활동성, 규칙성, 접근/회피, 적응성, 반응의 강도, 기분, 지구력, 주의산만성, 반응의 역치(사람이 느낄 수 있는 자극의 최소량, 영아의 반응을 유발하는 데 필요한 자극의 최소량) 등이다.

이러한 아홉 개 항목에 의해 아동의 기질을 순한 기질의 아동(외계에 길들기 쉬운 아이, 양육자 기준으로 다루기 쉬운 아이), 까다로운 기질의 아동(외계에 길들기 어려운 아이, 양육자 기준으로 다루기 어려운 아이), 반응이 느린 기질의 아동(천천히 반응하는 아이, 양육자 기준으로 기다려 주지 않으면 안 되는 아이), 기타 등으로 구분된다.

표 2-1 토마스와 체스의 뉴욕종단연구에 의한 아동 분류

순한 기질	40%	잠을 잘 자고, 혼자 잘 놀며 규칙적인 생물학적 시간에 따라 수유와 수면이 이루어진다. 낯선 사람에게도 미소를 보이며 새로운 생활 습관에 쉽게 적응하며 좌절에 순응한다.
까다로운 기질	10%	잘 울고 생물학적 기능이 불규칙하다. 불행해 보이고 적대적이며 조그만 좌절에도 강한 반응을 보이며, 새로운 사람이나 상황에 적응하는데 시간이 오래 걸린다.
느린 기질	15%	수동적이고 새로운 상황에 대해 움츠러드는 경향이 있다.
기타	35%	

일반적으로는 아동의 40%가 쉬운 기질의 아동이고, 까다로운 기질의 아동은 10%를 넘지 않고, 반응이 느린 기질의 아동은 15%를 차지한다.

양육자가 아동의 기질을 알아두고 적절히 대응할 수 있다면 아동과의 관계가 나빠지는 경우가 적어진다. 특히 까다로운 기질의 아동들은 가족이나 양육자의 끊임없는 인내와 보호가 필요하다. 그러나 원래 까다로운 기질의 아동인 것을 인식하지 못하면 다루기 어려운 아동으로 이해하고 부정적인 감정을 가지게 될 수 있다. 양육자 자신은 스스로 육아능력이 없는 것으로 느껴서 좌절감에 빠질 수 있다. 보육기관에서도 아동의 기질을 인식하면서 대응하는 것은 아동과의 상호작용 형성에 매우 중요하다.

5) 뇌신경계의 발달과 양육

성인의 뇌중량은 약 1,300그램 정도이지만, 출생 시에 신생아는 400그램 정도밖에 되지 않는다. 그러나 생후 6개월이 되면 출생 시의 2배가 되고, 3세경에는 3배, 5세가 되면 성인의 뇌중량과 비슷한 정도까지 증가한다.

인간의 발달은 여러 가지 신경기능의 발달, 즉 신경세포의 발달과 밀접한 관계가 있다. 신경세포 뉴런은 수상돌기와 축색돌기로 이루어져 있고, 그 수가 증가하여 다른 신경세포와 결합해 가면서 발달한다. 그리고 신경세포의 축색돌기 주위에 수초라고 하는 초가 형성되는 현상이 일어나는데, 이것을 수초화라고 부른다. 이것에 의해 정보의 전달이 이루어진다. 이것을 뉴런의 네트워크 형성이라고 한다. 신경세포들의 결합 부위를 시냅스라 하고, 시냅스의 연결을 통하여 여러 가지 자극을 전달하고 있다. 네트워크의 형성이 진행되면 신경활동도 발달하여 더욱 고도의 활동이 가능하게 된다.

이러한 네트워크의 형성은 유아의 발달과 일치하여 진행된다. 인간의 뇌는 무언가를 배울 때마다 변한다. 세포가 추가되지 않지만, 새로운 내용을 배우면 그때마다 뉴런 사이의 연결 상태가 달라지면서 가소성을 가진다. 이러한 변화는 성인이 된 이후에도 계속되는데 새로운 기술이나 지식을 습득할 때마다 뇌는 수시로 변한다. 어떤 부분에서 훈련을 많이 한다면 그 부분에 해당하는 뉴런들이 더욱 강력하게 연결된다. 태어날 때 상당수의 뉴런은 무작위로 연결되어 있으나, 태어난 후 주변 환경과 상호작용하면서 특정 연결 부위가 강화되는 것이다.

한참 왕성하게 성장하는 과정에 있는 신경계에 필요한 최선의 교육이란 어떤 것일까? 그것은 결국 오감의 전부를 자극할 수 있는 교육일 것이다. 유아기의 교육은 모든 감각기를 최대한 자극하고 그것을 사용하도록 하는 것이 매우 중요하다. 놀이를 통해 다양한 경험을 쌓음으로써 감각기가 자극받고 뇌의 발달이 촉진된다. 결국 유아기에는 놀이가 무엇보다도 중요하고 '놀면서 배우기'를 하는 것이다.

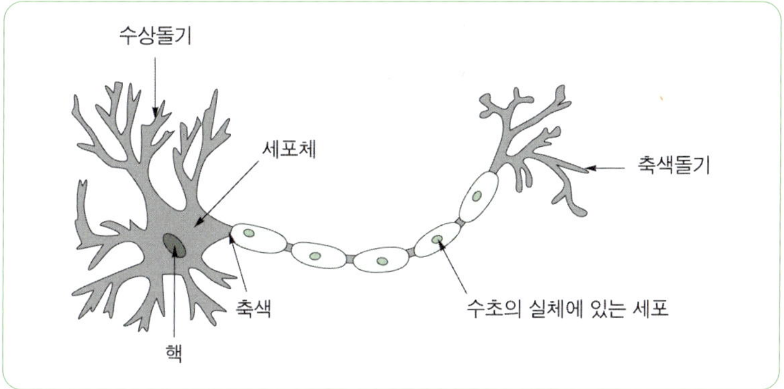

그림 2-2 **수초를 가진 신경세포(뉴런)**

3 유아의 정신발달이론

1) 유아의 정신발달

아기는 처음에는 자기 몸을 뒤집지도 못하고 젖을 먹고 자고 울기만 하다가, 배를 땅에 대고 기고 앉다가 마침내 서게 되고 걷기 시작한다. 이것은 눈에 보이는 한 편의 드라마 같은 변화이다. 이러한 신체운동발달의 드라마 속에는 눈에 보이지 않으나, 한층 더 드라마 같은 정신적 발달이 전개되고 있다.

정신의 발달과 신체운동의 발달이 얼마나 밀접하게 연결되어 있는지 살펴보자.

앉을 수 있게 된 아기는 누워 있을 때와 비교하여 시야가 한층 넓어져서 양손으로 장난감을 쥘 수 있다. 독자적으로 이동할 수 있게 된 아기는 지금까지 도달하지 못했던 사물을 눈으로 좇고 자신의 몸을 이동하여 그것을 만져보는 것이 가능하게 된다. 걸을 수 있게 된 유아는 환경을 살피고 탐색하고 사물을 넘어뜨리고 누르고 잡아당기고 붙이고 끌어당겨 보면서 사물의 성질을 시험하고 있다. 환경과 상호작용하면서 지적 발달을 이루어 가고 있는 것이다.

그러나 정신의 발달은 부모나 교사가 직접 눈으로 볼 수 있는 것이 아니다. 아동의 '정신세계'도 '외부의 사물이나 사상을 인지하는 정신'과 '기뻐하고, 슬퍼하고, 감동하는 정신', '사람과의 관계를 맺는 정신' 등 여러 가지 정신세계의 영역이 있다.

지금까지 유아와 관계하는 전문가나 교사나 연구자는 유아를 이해하고 유아와 함께 성장하기 위해 다양한 방법으로 유아의 정신세계를 설명하려고 하였다. 다음에서 유아의 정신세계에 대해 설명한 여러 이론 가운데 특히 영유아의 교육과 관련하여 중요한 이론이라고 여겨지는 이론을 중심으로 유아의 정신발달을 살펴보자.

2) 피아제의 유아 인지발달 이론

피아제는 성인과 다른 유아의 정신구조를 발생학적 인식론에 따라 연구함으로써, 20세기 아동심리학에 큰 업적을 남긴 인물이다. 피아제의 연구방법은 측정이나 검사 같은 것이 아니라, 있는 그대로의 상태에서 아동을 면접하고 아동과 말을 주고받아 가면서 아동의 생각을 탐구하는 임상적인 방법이었다.

피아제는 아동의 정신(지적)발달은 아동의 마음과 외적 세계(환경)와의 상호작용에 따라서 결정된다고 보았다. 피아제는 발달이란 외부의 대상을 마음속에 이미 가지고 있던 도식(쉐마 schema)에 '동화(assimilate)'하는 작용과 외부의 대상을 가지고 들어와 그것에 적합한 내적 도식을 '조절(accommodate)'하는 작용으로 이루어지고, 그 두 과정을 통해 '균형(equilibrium)'을 이루고, 단계를 따라 새로운 구조를 구축하는 것이라고 하였다.

피아제의 인지발달단계는 표 2-2와 같다.

표 2-2 피아제의 인지발달단계

인지발달단계		나이
감각운동단계		0~2세
전조작적(자기중심적) 단계	상징적 사고단계	2~4세
	직관적 사고단계	4~7, 8세
구체적 조작단계		7, 8~11, 12세
형식적 조작단계		11, 12세~

(1) 감각운동단계 – 대상영속성 획득

감각운동단계는 유아의 언어 이전 지능의 단계이다. 태어나자마자 아기는 생득적인 반사행동을 한다.

우연히 흔들어진 딸랑이에서 소리가 난다는 경험을 하면, 아기는 그런 기분 좋은 경험을 다시 만들어 내기 위해 딸랑이를 여러 방법으로 변화시켜 본다. 그리하여 '쥐고 있는 딸랑이를 흔들면 소리가 난다'라는 것을 감각으로 깨닫는다. 앉을 수 있게 되면 유아는 손이 닿지 않는 장소에 있는 장난감을 막대기를 이용하여 건드려서 넘어뜨릴 수 있다. 감각운동단계의 마지막 시기인 1세 6개월 즈음에는 교사가 '교실로 돌아가서 간식을 먹읍시다. 그 모래 놀이세트는 상자 안에 정리합시다' 등과 같이 부탁하면, 잘 들어 두었다가 그렇게 행동하는 것이 가능하게 된다.

이 단계의 지적 발달의 또 하나의 중요한 지표로서 피아제 등이 제시한 것은 '대상영속성(permanence of object)'에 대한 인식이다.

앉을 수 있는 아기 앞에 아기가 좋아하는 장난감에 보자기를 씌워서 감추면, 그 장난감에 흥미를 보이던 아기는 곧 보자기를 걷어 젖히고 장난감을 찾는다. 장난감이 눈앞에서 보이지 않게 되어도 장난감이 보자기 밑에 존재한다는 것을 알기 때문이다. 천으로 만들어진 작은 인형을 통 속에 집어넣었다가 그 속에서 장난감이 나오는 것을 보았던 1세 유아는, 작은 인형을 통 속에 넣으면 곧 나왔던 통 안을 보면서 찾아내려고 한다. 장난감 기차가 터널에 들어가면 그것을 보고 있던 1세 유아는 터널의 출구방향으로 시선을 옮긴다. 이것은 기차가 그 출구로부터 나온다는 것을 예측하고 있다는 것이다. 2세경에 이르면 눈앞에서 두 개의 거꾸로 놓인 불투명한 컵의 하나에 장난감을 넣어 그것을 찾아내라고 하면, 컵을 여러 번 이동시켜도 장난감이 들었던 컵을 정확하게 맞힐 수 있게 된다.

(2) 전조작적 단계의 상징적 사고 – 표상기능의 중요성

피아제에 의하면 2세 이상의 유아는 감각운동적 사고와는 다른 표상적 사고의 단계에 들어간다. 표상이란 사물이나 사상을 머릿속에서 재현하는(represent) 것을 말한다. 사물이나 사상을 구체적인 심상(이미지)으로 마음속에 재현하는 것이다. 그러나 아직 이 단계에서는 개념이나 논리를 마음속에 표상하는 것은 불가능하다. 2세경부터는 이러한 상징적 표상의 기능이 생기게 되고, 유아의 지적 세계는 비약적으로 넓어진다. '자장, 자장'이라고 말하면서 인형을 재운다든지, '맘마, 맘마'라고 말하면서 소꿉놀이 숟가락과 밥그릇으로 인형에게 무언가를 먹이는 시늉을 한다. 이러한 행동은 1세 말기 무렵부터 관찰된다. 이처럼 '흉내'나 '비유'를 따라 행동하는 것은 상징적 표상기능을 사용하고 있음을 나타내는 것이라고 할 수 있다. 예를 들면, 현실에서 경험하고 있는 식사장면을 머릿속에서 재현하여 '맘마'라는 말과 결합하고, 인형을 유아에 '비유'하여 밥을 먹이는 '흉내'를 내고 있는 것이다. 유아는 점차로 언어를 통한 표상을 사용해 가는 것이다.

(3) 전조작적 단계의 직관적 사고 – 유아의 독특한 사고방식

직관적 사고의 단계에서 유아는 일반적인 성인들의 사고와는 다른 방식으로 외부세계를 보고 있다. 즉, 유아의 사고는 유아 자신의 신체, 지각이나 활동에 제한되어 있다. 예를 들면, 다음과 같다.

A, B의 두 개의 컵에 같은 양의 물이 들어 있는 것을 유아에게 확인시킨다. 그런 뒤 유아의 앞에서 A, B의 물을 좁고 긴 C의 컵에 이동시키고, 'A의 물과 C의 물이 같은가? 둘 중에서 어떤 것이 많은가?'라고 물으면, 5~6세의 유아는 'C의 물이 많다'라고 대답

한다. 왜 그렇게 생각하는지를 물으면 아동은 'C가 더 높기 때문이다'라고 말한다. B의 물을 넓은 D의 컵에 옮기면, 'D가 낮으므로 적다'라든가', 'D가 넓으므로 많다'라고 대답을 바꾼다. 유아는 수면이 높은가 낮은가와 같은 컵 크기의 지각에 사로잡혀서, '물은 다른 컵에 옮기면 모양이 바뀔 뿐 양은 변화하지 않는다'는 논리를 이해할 수 없다.

하얀 유리구슬 10개와 그 아래 파란 유리구슬 10개를 같은 간격으로 늘어놓고, 유아로 하여금 같은 수인 것을 확인하게 한 후, 파란 구슬의 간격을 넓게 변화시키고 유아의 앞에서 어느 쪽이 더 많은가를 물으면, 5~6세의 유아는 '파란 구슬이 많아요. 여기부터 저기까지 있으니까'라고 대답한다. 이번에는 파란 구슬을 뭉쳐서 둥글게 모아 놓고 어느 쪽이 더 많은가를 물어보면, '파란 구슬이 많아요. 왜냐하면 이렇게 가득 있으니까요'라고 대답한다. 이것은 '수를 증가시키거나 감소시키지 않으면 수는 변하지 않는다'라는 논리가, 공간을 점유하는 길이나 밀도의 직관에 의해 묻히고 있는 것을 보여준다.

피아제는 컵의 물의 예를 '양의 보존', 구슬의 예를 '수의 보존' 이라는 논리 구조로 이론화하였다. 그리고 이외에도 유아기 전조작기의 정신적 특성을 피아제는 '자기중심성(ego-centrism)'이라고 정의하였다.

피아제는 이외에도 길이, 무게, 부피의 보존 개념, 공간, 시간, 속도의 개념, 생명관, 인과성, 도덕적 판단 등의 다양한 인식 영역에 관하여 유아에게 독특한 사고 방법을 연구하여 이를 이론화하였다.

태양과 나무와 꽃과 산도 자신과 같이 생명을 가지고 있다는

'애니미즘'의 생명관, '강이 사람을 태워서 배를 움직이기 위해 흘러가고 있다'라는 인과성의 이해, '어머니를 괴롭히기 위해 일부러 접시 한 장을 깨뜨린 것보다, 도와드리다가 접시 다섯 장을 깨뜨린 쪽이 나쁘다'와 같이 동기보다 결과에 따라 판단하는 도덕 판단 등은 모두가 전조작기 유아의 독특한 사고방식이다.

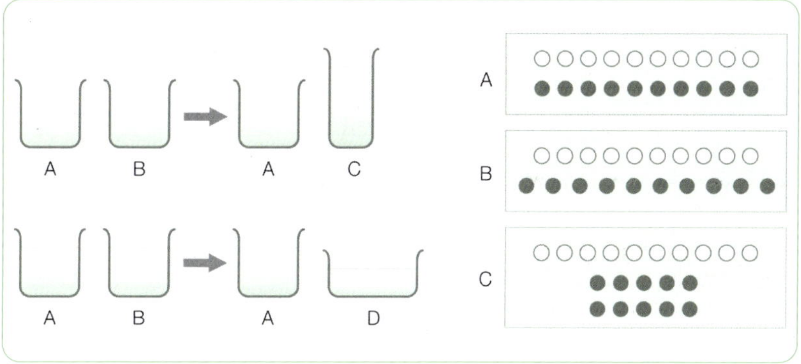

그림 2-3 **양의 보존과 수의 보존 개념의 예**

3) 브루너의 나선형 교육과정 이론

피아제는 유아의 자기중심성을 거의 모든 유아가 이 단계에서 나타내는 정신적 특성이라고 말하였다. 그러나 브루너(Bruner, 1966)는 문화를 가진 인간사회의 유아의 정신발달을 훨씬 다른 각도에서 파악하여 독자적인 발달이론을 전개하였다. 브루너는 구체적인 것에서부터 추상적인 것으로 나아가는 나선형 교육과정에 관하여 언급하였다. 즉, "어떠한 교과라도 그것의 지적 성격을 그대로 두고, 표현만 달리하면 발달의 어떤 단계에 있는 아동에게도 효과적으로 가르치는 것이 가능하다"고 대담하게 진술하였다.

브루너는 피아제의 '양의 보존' 개념을 채택하여 다음과 같은 실험을 하였다. 즉, 같은 양의 물을 옮겨 담을 때는 수면이 보이지 않도록 스크린으로 수면을 감추었다. 그리고 유아에게 'A컵 물과 B컵 물이 같은가, 아니면 어느 쪽의 물이 더 많은가?'를 예측하게 하였다. 유아는 '같다'라고 대답하지만, 물을 이동시킨 스크린을 걷으면, B의 수면이 올라가 있는 것에 놀란다. 그때 유아는 'B컵이 좁아서 물이 이렇게 올라갔네'라고 자신이 발견한 것을 언어로 표현했다. 이와 같은 경험이 쌓여 가면서 유아는 언어화를 통해 자기중심적인 사고를 탈피할 수 있다고 브루너는 주장한다.

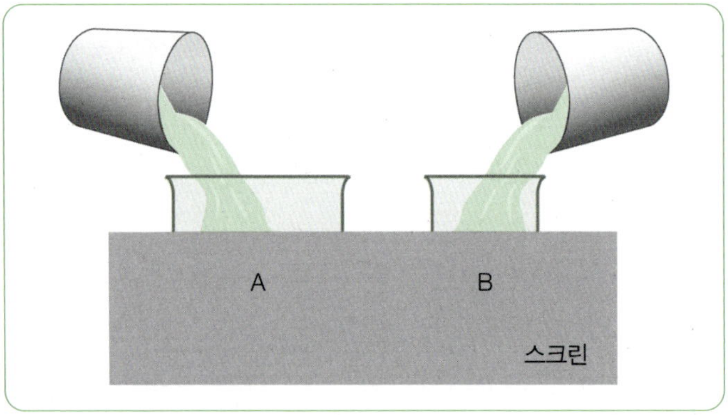

그림 2-4 브루너의 스크린을 사용한 실험

4) 비고츠키의 '근접발달영역'

피아제가 개인적, 능동적 인지발달을 주장한 것에 비해 비고츠키는 정신발달을 사회문화적 관점에서 파악하였다. 즉, 인지발달이 자신보다는 사람들과의 사회적·문화적 상호작용을 통해서 촉진되고 발달한다고 주장하였다.

그리고 그는 지능검사가 생물학적·자연주의적 발달관에 기초하고 있다고 지적하였다. 예를 들면, 지능검사에서 두 사람의 아동이 똑같이 7세용의 문제까지 풀고, 8세용의 문제를 풀지 못했다면 지능연령은 두 사람 모두 7세가 된다. 그런데 한 아이는 주변으로부터 힌트를 얻어서 8세용 문제를 풀었으나, 다른 한 아이는 같은 힌트를 주어도 풀 수 없었다. 비고츠키는 이럴 때 두 명의 지적 능력이 같다고 말할 수 있는지 의문을 던졌다.

비고츠키는 아동이 전부 획득하고 있는 안정된 발달수준(지금의 발달수준)의 주변에 교사나 자신보다 나이가 많은 아동으로부터 도움을 받으면 가까운 장래에 실현하게 될 발달수준을 상정하여, 두 수준 사이의 영역을 '근접발달영역(Zone of Proximal Development)'이라고 하였다.

교육은 아동이 자연히 성숙하는 것을 기다리기만 하는 것이 아니라 근접발달영역으로 목표를 좁혀서, 내일의 발달수준을 오늘의 발달수준으로 전환하여 새로운 근접발달영역을 만드는 것이라고 하였다. 아동 스스로 발달을 이루어 가는 것에서 더 나아가 주변의 성인이 '스캐폴딩(scaffolding)'해 주는 것의 중요성에 대해 이후로 논의가 전개되어 갔다.

이러한 발달이론은 이후 영유아교육의 다양한 프로그램에서 중

명되었고, 이러한 접근 방법은 오늘날 영유아교육의 중요한 발달의 전제가 되고 있다.

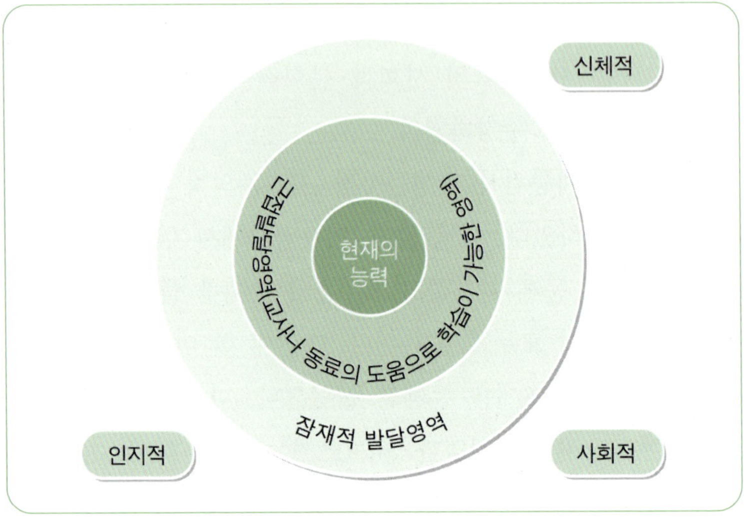

그림 2-5 **비고츠키의 근접발달영역**

4 놀이의 발달적 의미

인간은 아기부터 성인에 이르기까지 놀이를 하는 존재이다. 그러나 아동의 놀이와 성인의 놀이는 그 성격에서 크게 다르다. 아동에게 놀이는 '삶' 그 자체라고 말할 수 있으나, 성인의 놀이는 현실생활과는 별도의 '기분전환', '오락', '휴양', '레크리에이션'인 경우가 많다. 아동의 '놀이'에는 아동의 발달과 관련된 중요한 의미가 담겨 있다.

1) 교육적 놀이의 등장

근대에 이르러 '아동'과 '놀이'를 연결하기 시작하면서, '아동 놀이'에 대해 그 의미나 가치를 묻는 교육적인 관심이 증가하게 되었다. 차츰 '아동'은 교육받아야 하는 존재가 되었고, 따라서 아동의 '놀이'에 대한 교육적 효과가 중요하게 논의되었다. 놀잇감이란 본래의 의미에서는 '갖고 노는 것'으로서, 놀이하는 사람을 유인할 생각으로 다루어지는 것이었다. 그런 놀이도구인 장난감이나 읽을 것들, 놀이의 내용이나 방법, 놀이의 시간이나 장소가 아동 교육에 어떤 의미나 가치가 있는 것인가를 기준으로 선택되게 되었다.

유아교육이나 아동에 대한 연구는 '놀이'의 교육적 의미를 확장시켰고, '놀이'를 통하여 유아의 학습이나 발달을 이루어 나간다는 생각을 보급시켰다.

1840년 독일에서 유치원을 창설한 프뢰벨(Fröbel, F., 1782~1852)은 '은물'이라는 교육용 놀잇감을 발명하였다. '은물'을 통하여 놀이하면서 감각적으로 지적인 활동을 유도하고 유아에게 신의 존재를 가르치려고 하였다.

1880년대 미국에서 홀(Hall, C., 1884~1952)이 시작한 아동연구는 20세기 초의 유아교육 개혁 운동에서 놀이를 중심으로 하는 교육 방법과 내용에 대하여 과학적인 근거를 부여하는 역할을 담당하였다.

오늘날에는 '놀이'에서 교육적 의의를 요구하는 것이 너무나 당연한 것이 되었다. 그러나 성인들이 생각하고 있는 교육 목적에 지나치게 제한하여 아동 놀이의 의의를 논의하는 경우가 많은 것

또한 사실이다. 즉, 놀이를 수단적인 기능이나 가치, 중요성으로서만 해석하고, 지나치게 목적적으로 바라본다는 점을 지적할 수 있다.

다음에서 '놀이'의 본래의 의미로 돌아가서 놀이를 생각해 보고자 한다.

2) 유아의 놀이 활동의 본래 의미

유아놀이의 본질을 다른 활동과의 차이점에서 본다면 다음과 같다. 놀이는 타인으로부터 강요받지 않는 자유로운 활동, 자발적인 활동, 활동 자체에 목적이 있어 상벌이 필요하지 않고 내발적 동기에 따르는 활동, 아동 자신의 흥미나 관심에 기초를 둔 활동이라고 말할 수 있다.

공원의 모래놀이터에서 장난감 벽돌을 진열하고 있는 5세 아동은 자신의 옆으로 벽돌을 하나씩 차례차례 옮겨 가면서, 열 개 스무 개를 나란히 진열해 간다. 아무도 칭찬하지 않는데도 '진열된 형태를 만드는 것' 자체를 즐기면서 묵묵히 계속한다. 이와 같은 놀이 활동을 통하여 유아는 무언가를 배우고 있는 것이다.

'놀이를 통한 학습'을 생각한다는 것은 놀이를 학습이나 교육에 종속시켜 교육의 목적을 달성하고자 하는 하나의 수단으로 삼는 것을 의미하는 것이 아니다. '놀이를 통한 배우기'는 아동의 구체적인 놀이가 어떠한 인지적·사회적·윤리적 실천에 연결될 가능성을 갖고 있는가를 통찰하고 탐구하는 것이라고 말할 수 있다.

3) 유아의 놀이와 학습

프뢰벨은 오늘날의 블록놀이의 원형을 만들었다. 프뢰벨이 유치원에서 실천했던 것처럼 블록으로 '테이블'이나 '의자'를 만든다거나 산책 중에 발견한 '건물'이나 '다리' 등을 만드는 것은 유아에게 학습을 유도하는 것이다. 유아는 자신이 보았던 것을 그림으로 그리거나 접거나 자른 종이를 붙여서 작품을 만드는 등의 활동을 한다.

블록놀이는 블록이라고 하는 반구상 물건으로 '집'이나 '아파트' 같은 실물을 재현한다. 예를 들어, 프뢰벨의 블록으로 놀이하면서 5세 유아가 '공원이 있는 고층 아파트'를 만들었다. 그 아이는 '우리 집은 여기 5층에, 친구는 여기에 살고 있어요'라고 말한다. 여기서 유아는 표상(represent) 기능을 발동시키는 것이다.

여기서 말한 블록놀이는 유아기의 풍부한 놀이의 한 예에 지나지 않는다. 유치원이나 어린이집에서는 유아들이 실제로 여러 가지 놀이를 하고 있다. 대형 블록을 쌓아서 '집'을 만들거나, 정원의 화초나 못 쓰는 냄비를 사용하여 '식당'놀이를 하거나, 다양한 그릇을 사용하여 소꿉놀이를 하기도 한다. 모래놀이터에서는 '강과 댐 만들기', '모래로 밥 짓기'를 하는 등 놀이의 종류는 끝이 없다.

이러한 놀이를 통해 유아들은 환경과 상호작용하고, 대상물을 변화시키고, 결과를 관찰하고, 사물을 재현하고, 상상력을 동원하고, 결과로서의 사물이나 사상의 본질을 배우고 있는 것이다. 유아는 놀이를 통하여 배우고, 몸과 마음의 발달을 쌓아가고 있다.

4) 놀이에서 성인의 역할

유아의 어떤 활동을 놀이라고 보는가는 바라보는 시각에 따라 많이 달라질 수 있다. '~놀이'라고 이름 붙여진 것이 아니면 놀이가 아니라고 보는 견해도 있으나, 그런 자세는 유아의 창의성을 제한할 가능성이 있다.

소꿉놀이, 모래놀이, 그리기, 귀신놀이, 줄넘기놀이, 말타기놀이 등 성인의 눈으로 봐서 이해할 수 있는 활동을 하고 있을 때만 '놀이하고 있다'라고 생각하는 경향이 있다. 그러나 텅 빈 허공을 올려다본다든지, 친구의 놀이를 옆에서 지켜보고만 있다든지, 모래를 흩뜨리고만 있고 아무 모양도 만들고 있지 않는다면 '놀고 있지 않다'라고 생각하게 된다.

그러나 어떤 활동을 하고 결과물을 만들어야만 의미 있는 놀이를 하고 있다고 한정할 수 없다. 유아가 뜰의 구석에 앉아서 아무것도 하지 않고 있는 듯이 보일 때도, 하얀 종이를 앞에 두고 아무것도 그리지 않으면서 주위 유아들의 그림을 두리번거리며 보는 것을 즐기고 있는 상태도 역시 유아들에게는 놀이와 관련된 시간일 수 있다. 방향성이나 형태도 보기 어려운 놀이이지만, 유아의 주체적인 움직임이 있는 중요한 시간이다. 유아는 지금 다음의 행동을 생각하면서 준비하는 것일 수 있다. 교사나 보호자는 이를 지켜보고 기다려 줄 필요도 있는 것이다.

한편, '자발적인 활동은 모두 놀이다'라고 생각한다면 유아가 시작하는 활동이 전부 중요한 놀이라고 생각할 수 있다. 즉, 유아가 하고 싶어 하는 그때의 기분이나 놀이의 계획을 깨뜨리지 않도록, 아무것도 말하지 않고 마냥 기다려야 할 것이다. 멈추게 하고 싶은 활동이 있어도 유아가 스스로 시작한 활동이기 때문에 '무언가 의미 있는 것임에 틀림없어'라고 하는 딜레마를 느끼게 되는 경우도 많이 있다.

그러나 아무것도 하지 않는 것만이 유아의 주체성을 존중하는 것은 아니다. 유아의 활동이 정체되어 더 이상 전개가 이루어지지 않은 경우나 활동의 방향성에 도움이 필요하다고 느껴지면, 교사는 유아가 방향 전환을 할 수 있도록 힌트를 주는 것도 때로는 필요하다.

유아가 자발적으로 놀이하는 상황에서 여러 가지 창의적인 놀이가 전개될 수 있는 싹이 있는 것이다. 거기에 교사가 어떠한 배려나 정서적·지적 도움을 주는가는 그때의 교사의 상황 이해에 크게 의존한다.

'놀이'의 접근 방법을 고정하고, 거기에 아동을 맞추고 이끌어 가려고 하는 것이 아니라, 아동에게 주체적인 활동성과 놀이를 전개해 나가는 힘이 있다는 사실을 이해하는 것이 중요하다. 거기에는 교사의 다양한 감성과 경험을 현재의 실천에 살려내는 지성 그리고 유아를 이해하는 통찰력이 필요하다.

Chapter 03

보육의 역사

1. 근대사회와 보육
2. 유치원교육의 역사
3. 보육시설의 역사
4. 세계적인 유아교육, 보육 프로그램

근대에 이르러 사회경제적 발달과 더불어 공교육이 제도화하였다. 문화전달과 사회화를 목표로 교육은 모든 아동을 대상으로 확장되었다. 근대 교육제도를 정비하게 된 배경은 아동 자체에 대한 관심이 높아졌을 뿐 아니라 아동에 관한 교육사상이 널리 보급되었던 점을 들 수 있다.

이 장에서는 오늘날의 보육에 영향을 주었다고 여겨지는 보육·교육 사상가의 철학을 살펴보고, 아울러 보육과 유아교육 사상의 원류가 되는 철학이 어떤 전개 과정을 거쳐 오늘날에까지 영향을 주게 되었는지 그 역사적 전개를 살펴볼 것이다.

1 근대사회와 보육

아동은 미숙하고 무방비한 상태에서 태어나, 보호받고, 자라고, 함께 살아가는 가운데 기본적인 삶의 방식을 몸에 익혀 간다. 생활을 유지하기 위한 다양한 기술과 지혜는 먼 옛날부터 사람들 사이에 이어져 세대에서 세대로 전수됐다. 그러나 그와 같은 아동기의 양육(보육)이 사색의 대상이 되거나 조직적·계획적으로 이루어지거나, 특별한 방법으로 가르쳐 보급하게 된 것은 그리 먼 옛날의 일이 아니다. 대략 17, 18세기 서구의 일이다(米山兵廣, 由田新, 2013).

근대사회는 개인의 욕망을 규제하는 힘이 약한 사회였다. 부나 권력을 추구하는 활동이 활발하게 전개되는 한편, 18세기에 시작한 산업혁명은 물질의 생산이나 유통을 비약적으로 증대시키고, 사람과 사물과의 관계나 사람과 사람과의 관계를 변화시켰다. 많은 사람이 공장의 기계 밑에서 일하는 임금근로자가 되었고, 직업을 구하기 위해 농촌·어촌을 떠나 광공업지대로 이동하였다. 도시가 발전하고 도시의 인구집중은 19세기 후반부터 20세기 초에 걸쳐 가속화되었다. 급속하게 비대해진 도시에서는 비위생, 범죄, 빈곤 등의 사회문제가 분출하였다. 이러한 도시화에 따르는 도시 빈민문제의 대책이나 치안유지, 아동의 사회화 등을 공교육에 의존하게 되었다.

보육과의 관계에서 보면 이 기간에 몇 가지의 주목할 일이 일어났다.

첫째, 아동에 대한 관심의 증대이다. 그것은 아동관의 변화와, 비교적 자유로워졌지만 예측 곤란한 미래에 대비하여 다음 세대를 어떻게 키워야 할 것인가라는 과제와 관련 있다. 아동은 그 안에서 가능성을 충분히 개화시켜야 할 교육의 대상이 되었다.

둘째, 근대적 가족의 탄생이다. 한 쌍의 부부와 직계로 구성된 혈연집단은 오늘날 우리에게 익숙한 가족의 모습이지만, 그 당시에는 새로운 가족(근대가족)이다. 일반적으로 몇 세대가 함께 살고 있던 전근대사회의 촌락에서는 공동체가 구축한 규범이나 조직이 중요하게 여겨졌으나, 그것을 떠나 도시에 살기 시작한 사람들은 자신의 가족만이 대부분 삶의 터전이 되었다. 가족은 서로 간에 애정으로 뭉치고, 구성원의 안녕과 장래에 대해 절대적 책임을 지는 관계가 되었다.

셋째, 일과 가정의 분리로 인한 여성 지위의 상대적인 저하이다. 서구 근대사회는 신분제가 폐지되었으나, 모든 사람이 평등한 인권을 가지게 된 것은 아니었다. 성인 남성만을 권리의 주체로서 인정하고, 여성과 아동을 그 보호 감독 아래에 두었다. 남성의 사회적·정치적 권리는 시대와 함께 확대되었으나, 여성과 아동의 종속성은 더 강해졌다. 육체적, 정신적 능력의 부족을 이유로 직업에서 소외되고, 가사와 육아라고 하는 가정에서의 책임이 강화되었다.

이렇게 근대사회에서 양육은 가정 안에 한정되고, 특히 어머니에게 전심과 헌신을 요구하는 일이 되었다. 동시에 보육은 사회나 국가가 공적으로 지원할 필요가 있는 일이 되었다. 만족스러운 양육이 불가능했던 빈곤한 가족이 방치되지 않을 때까지 보육의 역할이 증대되었기 때문이다.

근대에 탄생한 다양한 보육시설은 이런 관점으로 볼 때 두 개로 분류할 수 있다. 하나는 양육에 전념하는 어머니나 양육담당자가 가정에 있는 것을 전제로 한 보완적인 시설, 다른 하나는 그것이 불가능한 가정의 유아를 대상으로 한 보호적인 시설이다(広岡義之, 2013).

이것이 오늘날의 유치원과 보육시설의 발달로 이어지게 되었다.

2 유치원교육의 역사

근대과학의 발달은 산업 발전과 도시화를 초래하여 노동력을 담당하는 서민의 자녀들에게도 독서산(읽기, 쓰기, 셈하기) 교육을 요구하게 되었다. 초등학교의 시작은 유아교육의 발전과 상호관계가 있다. 아동의 발달단계에 맞는 교육의 필요성, 놀이를 중심으로 하는 유아의 독자적 교육의 필요성은 코메니우스 이후 지속적으로 지적되었던 것이다. 초등학교의 확산 이후 초등학교에 다니는 형이나 누나를 따라서 초등학교에 나가는 동생들이 많았었다. 따라서 초등학교교육을 효과적으로 실시하기 위해서도, 유아기의 발달특성을 고려하는 이유에서도 유아기의 아동을 초등학교에 통학시키지 말아야 한다는 생각이 확산되었다. 또한 초등학교와는 대상 아동과 내용이 다르지만 초등학교의 준비단계로서 기능해 줄 수 있는 교육기관을 기대하고 있었다.

이때 어린 아동에게 독서산 교육을 하는 데에 대한 비판의 소리와 함께 '놀이'를 중심으로 하는 프뢰벨주의의 유아교육은 세계적으로 전개되어 가고 있었다. 아동에 대한 새로운 인식과 아동교육의 발전은 하나의 사상으로서 체계화되어 갔다.

다음에서는 '아동관의 전환'을 가져왔다고 여겨지는 교육사상을 대표적인 교육사상가를 중심으로 탐구해 보고자 한다.

먼저 유치원교육의 역사적 전개를 살펴보자.

1) 코메니우스 – 근대 교육학의 출발

코메니우스(Comenius, J. A., 1592~1670)는 교육의 이론화를 시도하였던 최초의 인물로서, '근대 교육학의 아버지'로 알려졌다(Schafer, 1987). 그의 저서 '대교수학(Comenius, 1657)'은 유아를 포함하여 남녀 아동에 대한 교육을 구상하고 있다. 교육 내용은 광범위하고 폭넓은 지식과 도덕 그리고 신에 대한 존경이 중심이 되었다. 교육의 장소인 학교는 연령단계별로 그 특징에 맞춰서 어머니 학교, 모국어 학교, 라틴어 학교, 아카데미아의 4개로 구상하고 있다. 이것은 현대의 학교제도에 많은 영향을 미친 것으로 평가된다.

코메니우스
(1592~1670)

코메니우스는 6세까지의 유아기를 다음의 학습단계를 위한 준비기로 생각하고, 부모에 의한 교육을 구상했다. 코메니우스는 아동은 모방하면서 배우기 때문에 도덕적 규범을 보여주는 것이 중요하다고 하였다. 또한 감각이나 직감, 생활경험을 통하여 배우기 때문에 감성에 호소하는 것이 중요하다고도 지적하였다. 그의 직감교육 이론은 '지식은 감각에서 시작한다'라는 말로도 표현되어 있다. 실제 그는 시각적으로 사물을 배우는 교재로서, 세계 최초의 그림이 들어간 교과서라 불리는 '세계도회(Orbis Pictus, 1658)'를 저술하였다.

그림 3-1 세계도회

코메니우스가 구상했던 교육은 아동의 각 나이 단계에 맞추어 상세하게 제시되어 있다. 코메니우스는 후세의 아동관과 그 교육의 발달에 큰 영향을 주었다고 평가되는 인물이다.

2) 루소 – 자연주의 교육

루소
(1712~1778)

루소(Rousseau, J. J., 1712~1778)는 '아동관의 전환'을 불러온 대표적 인물이라고 평가된다. 그는 당시 교육의 주요한 과제가 아동을 성인사회에 적응시키고, 장래를 준비하는 것에 있다고 비판하였다. 그는 저서 '에밀(1762)'에서 아동이 성인과 다른 독자적인 존재인 것을 날카롭게 지적하였다. 이는 오늘날 우리가 근대적 아동관이라고 부르는 새로운 아동관의 핵심적인 가치라고 말할 수 있는 중요한 사고의 전환이다.

아동은 독자적인 존재이므로 아동에게 지식을 적극적으로 가르칠 필요가 없다고 하였다. 교육은 오히려 아동 자신의 현실에서부터 출발해야 한다고 강조하였다. 그의 '소극적 교육론'은 아동의 고유한 본능을 따를 것을 강조한다. 그리하여 간섭이나 강제를 부인하고 아동 자신이 자연적으로 법칙에 따라 경험하고, 놀고, 배우는 것을 존중하고 있다. 자연에 따르는 그의 교육론에 의하면 아동은 자기를 충분히 억제하고 동시에 이성에 기초하여 행동하고 판단하는 자연인으로서 점차 성장한다는 것이다. 루소의 이런 생각은 후에 페스탈로치에게로 이어졌다.

3) 페스탈로치 – 빈민교육

페스탈로치
(1746~1827)

페스탈로치(Pestalozzi, J. H., 1746~1827)는 루소의 영향을 받았는데, 특히 '자연으로 돌아가라'라고 한 말에 감동을 받고 빈민교육을 위해 노력했던 인물이다. 당시 산업혁명에 의해 사회구조가 크게 변화하였는데, 이는 특히 농촌에서 빈곤을 초래했다. 페스탈로치는 빈곤으로부터 탈출하기 위하여 아동이 자신을 개선하는 수단으로서 교육을 받아야 한다고 주장하였다.

그는 교육은 스스로 본질(인간으로서 살아가는 수단)을 '직감'하게 하도록 도와주고, 사회에 적응하기 위한 지식과 기술을 제공하는 것이라고 생각하였다. 그의 교육방법론은 저서 '게르트루드는 어떤 방법으로 그녀의 아이를 가르치는가?(How Gertrude teaches her Children?(1801)' 등에 자세히 전개되어 있다. 그는 아동 자신의 경험을 강조하고 활동을 중요한 것으로 생각하였다. 거기에서 쌓이는 신뢰관계를 바탕으로 아동의 도덕성이나 생활과 관련된 지식, 신체가 조화롭게 발달하는 것이라 보았다.

4) 프뢰벨 – 유치원교육

프뢰벨
(1782~1852)

세계 최초로 유치원을 설립한 프뢰벨(Fröbel, F., 1782~1852)은 페스탈로치의 학교를 방문 관찰하고 그것을 직접 배운 사람이었다. 그리고 자신의 시대와 환경의 요청에 따르는 교육사상과 실천을 전개하였다.

유치원(킨더가르텐)이란 1840년에 독일의 프뢰벨이 설립한 보육시설의 명칭이다. 프뢰벨의 유치원은 그 이름에서 알 수 있듯이 '아동의 뜰'이었다. 프뢰벨은 아동을 식물에 비유하고 교사는 정원사와 같은 존재라고 생각하였다. 아동은 식물과 같이 자연스럽게 성장하는 존재다. 성인은 정원사처럼 말을 많이 하지 않고, 아동의 발달 방향에 맞춰가는 원조자 역할을 한다. 프뢰벨은 아동에게는 신성이 잠자고 있어서 근본적으로 선하다고 생각하였다. 그래서 아동의 자발성을 존중하고, 아동의 발달에 대응하는 교육을 해야 한다고 생각하였다.

자발성 원리와 발달의 원리를 전제로 하는 프뢰벨 교육의 특징은 놀이를 중심으로 하는 교육이었다. 구체적인 놀이의 내용이나 교재도 아동의 발달을 자세하게 관찰해 가면서 개발되었다. 프뢰벨은 아동이 창조적이고 활동적으로 놀이하면서 배울 수 있도록 하는 교육용 놀잇감인 '은물(Gabe)'을 제작하였다.

프뢰벨의 실천의 장은 유아를 대상으로 할 뿐 아니라, 성인과 아동이 함께 생활하면서 공부하는 곳이기도 하였다. 유치원에는 어머니와 여성이 함께 모여 배우고, 교사가 양성되고, 가정과의 연락도 적극적으로 이루어졌다. 페스탈로치처럼 프뢰벨도 역시 아동과 함께 놀고 생활하였다.

5) 듀이와 홀 – 유치원 운동의 세계적 전개

듀이
(1859~1952)

프뢰벨이 죽은 후 그의 이론과 실천은 제자들에게 계승되어 세계 각국에 유치원이 설립되기에 이르렀다. 세계적으로 '유치원'에 대한 지지가 높아지고, 각국에서 조직적인 유치원 운동이 전개되었다.

미국의 예를 들어보자. 미국에서는 피바디(Peobody, E., 1804~1894)에 의해 1860년 미국 최초의 영어 유치원(독일계 이민 슐츠 (M. Schurz)에 의해 설립했던 유치원에서는 독일어가 사용되었다)이 설립되었다. 또한 1877년에는 미국 최초의 전국 규모의 유치원 전문 조직이 만들어져 유치원 보급에 주력하게 되었다.

당시의 교육 행정 관계자들도 빈곤 등 사회문제의 해결 방법으로 유치원 교육기관을 주목하여 유치원의 공교육제도 도입을 추진하였다. 현재 미국의 많은 초등학교는 유치원 학급이 초등학교 1학년 전 단계의 학년으로 부설되어 공교육제도에 편입되어 있다.

19세기부터 20세기에 걸쳐 세계에서 전개되었던 신교육 운동은 유치원 운동에도 큰 영향을 주었다.

예를 들어, 아동 중심주의 사상의 대표적 인물이라고 일컬어지는 듀이(Dewey, J., 1859~1952)는 놀이를 중심으로 하는 유아교육의 중요성을 제창한 사람이기도 하다. 또한 자신의 실험학교에 유치원 학급을 두어 그 실천에도 이바지하였다.

과학적 아동연구 창시자의 한 사람으로서 발달심리학의 아버지라 칭해지는 미국의 심리학자 홀(Hall, G., 1846~1924)은 1880년 세계 최초로 아동교육에 활용하기 위한 목적으로 아동을 대상으로 설문조사를 실시하였다. 이 조사에서는 유치원 교사도 협력하였다. 홀은 아동에게 독자성이 있으므로 그 독자성을 알고, 그 지식에 기초하여 보육이나 교육을 해야 하는 것을 역설하였다. 이러한 자세는 많은 교사나 부모, 교육자의 공감을 얻어 수많은 보육담당자가 홀의 이론적 기초 아래서 배우게 되었다.

듀이와 홀은 프뢰벨의 이념과 사상을 강하게 지지하면서, 은물을 중심으로 형식주의에 빠져 있던 당시의 프뢰벨주의의 보육 실천을 비판하였다. 그들은 아동에 관한 지식을 얻는 것, 다시 말해 아동연구의 성과를 공부하는 것, 그리하여 자신이 아동을 알기 위해 실제에서 관찰하거나 연구하는 것, 그리고 그 성과에 기초하여 교육을 실천하는 것이 중요하다고 계몽하였다. 연구자로서의 그들의 교사상은 지금까지도 널리 영향력을 미치고 있다(広岡義之, 2013).

6) 아이작스 – 과학적 탐구학습

아이작스(Isaacs, S., 1885~1948)는 듀이를 따르는 실험적 교실을 더 발달시켜서 대규모의 아동관찰기록을 통해, 발달과 교육의 관계를 추구하였던 영국의 심리학자이자 교육자였다. 그녀는 1924년 작은 실험학교를 맡아서 유아의 주변 환경에 대한 지적 흥미를 가능한 한 충족시키려고 노력하였다. 아동에게는 적당하지 않다고 여겨졌던 내용도, 아동이 원한다면 선입관이나 선례에 사로잡히지 않고 대담하게 가르치려 하였다. 예를 들어, 인체의 내부가 보고 싶다는 유아의 욕구에는 죽은 사육동물을 해부하게 함으로써 이에 응했다. 물질의 화학변화에 흥미를 보이면 직접 유아 자신에게 연소실험을 시켰다.

아동들의 흥미는 가정생활이나 주변의 자연에 한정되지 않고 과학기술의 세계, 상품생산과 유통, 교통이나 통신 시스템 등 다방면에 걸쳐 있었다. 그들은 가설을 세우고 조사나 실험을 하고 결과를 토의하였다. 학교를 방문한 피아제는 그 모습을 보고, '작은 과학자'라고 평하였다고 한다(Isaacs, 1989: 米山兵広, 由田新, 2013 재인용). 아이작스 자신도 과학이야말로 유아기에 적당한 보육내용이라고 확신하였다. 교사의 역할에 대해서는 '놀이친구', '활동모델', '공동탐구자'의 세 가지를 들었다. 그중에서도 아동을 유인하여 주변 환경을 탐구하게 하는 '공동탐구자'의 역할은 중요하였다.

이상과 같이 아동 중심주의 사상의 확장과 더불어 의학, 심리학, 위생학 등 아동에 관련된 여러 학문이 한층 더 발전되었다. 유아기에 관한 과학적 연구의 발전은 유아기의 중요성을 사람들에게 널리 알리게 되었고, 유아기의 중요성에 대한 인식은 유아교육제도의 보급과 방법의 발전을 한층 더 촉진하는 계기가 되었다.

유치원 운동은 유치원의 의의를 알리고 유치원을 설립 및 보급하도록 하는 운동에서 시작되었다. 그리고 더 나아가서 과학적 지식과 아동 중심주의의 사상을 배경으로 그 질적 유지를 위해 힘쓰게 되었다. 또한 유치원 교육관계자에 의한 아동연구, 교육내용의 개선 및 교재개발에서도 진전이 이루어졌다. 현재에는 세계 각국에서 국제조직들이 유아교육의 질적 향상을 목표로 조직적으로 활동하고 있다.

7) 우리나라 유치원의 역사

우리나라 최초의 유치원의 기점을 어디로 하는가는 학자마다 의견의 차이가 있다. 그러나 대체로 유치원이라는 명칭을 갖고 처음 설립된 것으로서, 1897년 부산 유치원을 유치원 설립의 효시로 보고 있다. 하지만 이는 일본인에 의해 일본인을 위해 설립된 유치원이었다.

따라서 1913년 설립된 경성유치원이 한국인에 의해 설립되고, 한국인 자녀를 대상으로 한 최초의 유치원이라 말할 수 있다. 그러나 이 유치원도 조선총독부의 지원 아래 설립되었다는 점에서 순수하게 한국인의 민족정기를 고취하고 계승하고자 하는 목적은 아니었다고 할 수 있다.

순수한 목적의 유치원 효시는 1916년 박희도에 의해 설립된 중앙유치원을 들어야 할 것이다. 이 유치원의 설립 정신은 '장래의 조선을 위하여 일 잘하고 잘 싸울 용사를 양성하는 기관을 설치'

하는 것이었다(김형목, 2010).

해방되고, 미군정시대가 되자 군정법령 제64호에 의해 문교부 보통교육국 초등교육과에 유치원 담당업무를 규정하게 되었다. 그 후 미군정시대가 끝나고 대한민국 정부가 수립되게 되면서, 1949년에 「교육법」에 따라 유아교육의 법적 근거를 마련하였고, 1952년에는 유치원 설립인가에 관한 법적 준거를 마련하게 되었다. 그러다 1969년에 이르러서야 최초로 언어, 사회, 건강, 자연, 예능의 교과영역으로 구성된 최초의 유치원교육과정령이 제정되게 되었다.

그러나 1970년대까지 유치원 취원율은 2% 수준에 머물렀다. 1981년 제5공화국의 시대에 접어들어서야 유아교육을 활성화하는 정책적 지원에 힘입어 유치원의 수가 급증하였고, 1982년에는 유치원교육의 진흥을 위한 의회의 입법으로 「유아교육진흥법」을 제정, 공포하게 되었다. 1986년도에는 취원율이 57.1%(5세 유아)에 이르는 큰 성장을 보였다. 그 이후 유치원교육과정은 7차에 걸친 교육과정 개정(2007년)을 거쳐 2015년부터 누리과정으로 운영되고 있다.

3 보육시설의 역사

1) 오벨랑과 오웬 – 보육시설의 기원

세계 최초의 탁아시설은 18세기 후반 목사 오벨랑(Oberlin, J. F., 1740~1826) 등에 의해 설립되었다.

프랑스의 빈곤한 지역에 목사로 부임한 오벨랑은 지역의 활성화를 위해 힘을 기울였다. 농업기술을 향상시키고, 도로를 설치하며,

가내공장 건설에 힘을 쏟았다.

또한 빈곤의 근본적 개혁에는 교육이 가장 중요하다고 생각하여 학교제도를 정비하고자 노력하였다. 그는 교과교육뿐 아니라 농업이나 산업과 관련된 실제적 교육을 하는 초등학교를 정비하였다. 가난한 가정의 아동이 어린 동생 돌보기로부터 해방되어 초등학교에서 공부할 수 있게 하려고, 그리고 방치되어 있던 취학 전 아동의 교육이 가능하도록 보육시설을 설치하였다.

오벨랑 부부는 당시 자택에서 가까운 아동들에게 뜨개질을 가르치고 있던 사라의 협력을 얻어 어린 아동을 교육하고, 아동을 돌보는 여성의 교육도 동시에 실천하는 시설을 교구 내에 설립하였다. 여기서는 성경책 들려주기, 노래 부르기, 산책하면서 자연 관찰하기, 그림카드에 의한 언어학습, 뜨개질 등이 이루어졌다.

한편 산업혁명 이후 도시에서도 빈곤문제가 심각한 과제가 되었다. 급격한 인구의 증가나 도시화, 기계화와 함께 노동시간이 연장되고, 임금은 낮고 노동조건은 매우 열악하였다. 공장에서는 여성이나 6세 이상의 어린 아동이 저임금의 노동수단으로 고용되었다. 또한 아동의 높은 사망률과 과도한 노동, 범죄의 저연령화 등이 사회문제가 되고 있었다.

영국의 사회개혁가이자 성공한 사업가였던 오웬(Owen, R., 1771~1858)은 이러한 사회문제를 해결하면서 비참한 아동의 상황을 개선하기 위해서는 교육이 중요하다고 생각하고, 가난한 아동을 위한 보육시설을 설립하였다. 1816년에 오웬이 경영하던 공장 내에 '성격형성학원'을 설립하

오웬
(1771~1858)

여, 그 안에 5세 이하의 유아를 대상으로 하는 '유아학교'를 개설하였다. 이는 유치원 창설의 아버지라고 불리는 프뢰벨보다 먼저 취학 전 아동을 위한 학교를 실천한 것이라고 할 수 있다. 오웬은 아동의 성격형성은 교육환경에 의한 것이라고 생각하였다. 그는 실제적인 교육을 중시하여 구체적인 활동, 자유로운 놀이를 도입하였다. 오웬은 또한 영국 아동복지의 개선을 위하여 수립되었던 「공장법」의 개정에도 노력하였다. 그는 의회 등에서 아동의 환경 그리고 교육의 중요성을 주장하여 아동을 가혹한 노동으로부터 해방하고 보호하고자 노력하였다.

2) 몬테소리 – 보육시설의 확산

몬테소리
(1870~1952)

보육시설은 초창기에 아동의 보호를 목적으로 초등교육을 준비하고 사회적응을 촉진하는 시설로 시작되었다. 그러나 유치원 운동과 마찬가지로 아동에 관한 과학적 연구 성과가 쌓이고 독자적인 존재로서의 아동관이 확산했던 19, 20세기 전환기에는 보육시설도 새로운 전기를 맞이하게 되었다.

이탈리아 여성으로서 최초로 의학박사를 취득한 몬테소리는 빈민가의 어린이 보육에 주력하여 그 발전에 공헌하였던 중요한 인물의 한 사람이다. 몬테소리는 이탈리아 로마의 빈민가에 개설된 보육시설 '아동의 집(Casa dei Bambini)'에서 보육을 실천하였다. 그녀는 당시의 최신 생태학과 의학 지식을 활용하면서 아동에 관한 관찰과 조사에 기초하여 독자적인 보육방법을 실천하였다.

몬테소리의 철학은 개인의 자발성과 자기통제에 기반하는 것을 특징으로 한다. 아동은 스스로 성장·발달하는 힘을 가지고 성장해 간다는 신념을 지니고 있었다. 그러므로 성인(부모나 교사)은 아동의 요구를 받아들여 자유를 보장하고, 아동들의 자발적인 활동을 도와주는 존재에 머물러야 한다고 생각하였다. 즉, 몬테소리 교육방법은 자기교육(self-education)을 기본으로 한다. 교사가 특수한 '교수자료'를 마련해서 설명하기도 하지만, 교사는 기본적으로 뒤에 남아 있고 아이들이 스스로 그것을 조작하게 한다. 아이들에게는 특정 나이에 '민감기(Periods of Sensitivity)'가 있는데, 이때의 흥미와 지적 능력은 어떤 지식과 기능을 획득하는 데 가장 적합하다.

또한 몬테소리는 교구를 활용한 교육방법을 전개하였다. 아동에게 맞는 크기의 가구, 아동의 자연적 발달을 촉진하는 자유로운 분위기, 아동의 주의력이나 집중력을 키우는 교구, 아동의 상호작용을 촉진하기 위한 혼합 연령의 반 편성 등 환경에 대한 배려에 특히 힘을 기울였다.

몬테소리의 이념은 세계적으로 널리 공감을 얻어 1929년에는 국제몬테소리협회가 설립되었다. 현재는 몬테소리 방식에 의한 학교나 프로그램과 교원양성, 교재가 세계 각지에서 널리 활용되고 있다.

3) 맥밀란 – 보육학교

오웬의 유아학교 창설로부터 100년 후 20세기 초 영국의 여러 도시는 빈민으로 넘쳐났다. 공중위생은 매우 빈약하였고, 인구밀

집지에 사는 유아의 사망률은 두려울 정도로 높았다.

1914년 런던의 슬럼가에 너서리스쿨(nursery school, 이하 보육학교)이 설립되었다. 설립자 맥밀란(Mcmillan, M., 1860~1931)은 가난한 노동자 가정의 실정을 잘 아는 여성으로 기존의 유치원에는 만족하지 못했다.

보육학교의 보육시간을 9시간 반으로 늘렸고, 보육내용에도 독특한 특징이 있었다. 등원 직후 매일 실시하는 목욕, 건강진단, 낮잠, 하루에 3회 양질의 급식, 이 닦기 등의 위생지도, 호흡기관의 단련 등 건강증진과 생활 습관 형성에 관한 내용이다. 의료기관과도 밀접한 연락을 취하였다. 이후 이것을 모방한 시설이 널리 퍼지게 되었다.

보육학교의 생활은 더러웠던 아동들의 신체를 깨끗하게 씻겨 줬고, 거칠었던 피부는 본래의 부드러운 촉감으로 되돌아왔으며, 생기 없었던 얼굴에는 빛나는 표정이 돌아왔다. 맥밀란은 '빈곤층의 아동들은 불행하고 빈약해서 다양한 방법의 좋고 나쁨의 시금석이 된다'고 하였다. 가장 혜택 받지 못한 아동을 풍부하게 키우는 방법이야말로 모든 아동에게 최고의 방법이라고 믿었던 맥밀란의 신조를 잘 나타내고 있다.

또한 맥밀란은 보육학교가 지역주민의 공동보육실이 되는 것을 희망하여 '어머니회'를 조직하였고, 다양한 문화활동에 어머니들을 참여시키도록 노력하였다. 극심한 공장노동과 생활고때문에 인간다운 감정이나 칭찬이 모자란 부모에게 이런 방법이야말로 그들의 아동에 대한 기대를 키우는 것이라는 신념을 지니고 있었다.

맥밀란은 이러한 '희망으로서의 아동'의 사상을 다음과 같은 언어로 이야기하고 있다.

> "아동이 만드는 진실한 예술은 부모의 마음에 소박한 노력으로 호소하고, 그것이 이끌어 내는 공감은 …… 생활에서 음악이 소멸하고, 친밀한 집단에 대한 갈망을 상실하였던 그 철의 손(공업기계)의 중압을 녹여주고, …… 위대한 전도자나 자선사업가들이 되돌려 놓지 못했던 인간다운 생활과 언어가 아동들 때문에 되돌아왔다(Mcmillan, 1904, pp. 195~196)."

그리하여 지역이 부모의 인간성을 풍부하게 하지 못한다면 아동의 행복은 없다고 생각하고, 부모의 인간성은 아동의 빛남을 통하여 회복된다고 믿었다. 이것이 맥밀란이 말한 사회의 공동체 재생의 길이었다.

4) 우리나라 보육시설의 기원과 전개

우리나라에서는 1921년 최초로 서울의 태화기독교 사회관에서 탁아 프로그램을 시행한 것이 보육시설의 기원으로 여겨진다. 이후 여러 부처의 이동, 명칭의 변경 등을 거치다가, 1991년 「영유아보육법」의 제정·공포 덕분에 '어린이집'이라는 명칭으로 정착되었고, 그 후 다양한 변화와 발전을 거치게 되었다.

자세한 내용은 1장의 우리나라 보육정책에서 다루었으므로 여기서는 생략하겠다.

4 세계적인 유아교육, 보육 프로그램

유아를 가정 밖의 시설에서 교육 혹은 보육하게 된 역사는 대략 200년이 가까워 온다. 지난 2세기 동안 여러 유형의 보육·교육 프로그램이 생겨났고, 어떤 것은 지금도 진행 중이다. 여기서는 그러한 프로그램들 가운데서도 현재의 프로그램의 원형이 된 것과 현재도 진행 중인 프로그램을 다루어 보고자 한다.

1) 프뢰벨 유치원

최초 프뢰벨의 유치원에서 실행된 교육내용은 크게 나누면 교구(가베: Gabe, 하나님이 내려주신 거룩하고 은혜로운 선물이라는 의미로 프뢰벨이 붙인 이름이다)에 의한 놀이와 작업교구를 가지고 하는 활동, 노래에 따라 신체표현이나 공을 사용하는 운동놀이, 화단에서 채소, 곡물, 꽃 가꾸기, 산책, 이야기 나누기 등이 있었다.

교구를 가지고 하는 놀이는 아동의 나이에 따라 체계화된 것이다.

제1가베는 아기부터 가지고 놀 수 있는 끈이 있는 면실공 같은 교구이고, 제2가베는 구나 육면체, 원기둥 같은 것을 통해 기본적인 형태의 성질과 차이점을 알게 하는 교구이다. 제3가베부터 제6가베는 육면체와 삼각기둥 같은 적목이다. 프뢰벨은 적목놀이를 세 가지 계열로 생각하였다. 첫 번째는 적목을 여러 가지로 쌓거나 놓는 방법으로 조작하여 수량의 인식을 키우는 놀이, 두 번째는 유아가 생활에서 발견한 것을 적목으로 재현하는 놀이, 세 번째는 적목으로 다양한 모양을 만드는 놀이였다. 7~9가베는 다양한 도형이나 막대 그리고 원 같은 형태를 통해 신비한 수학적 규칙과 아름다움을 배울 수 있게 하는 교구였다(김연진 외, 2016).

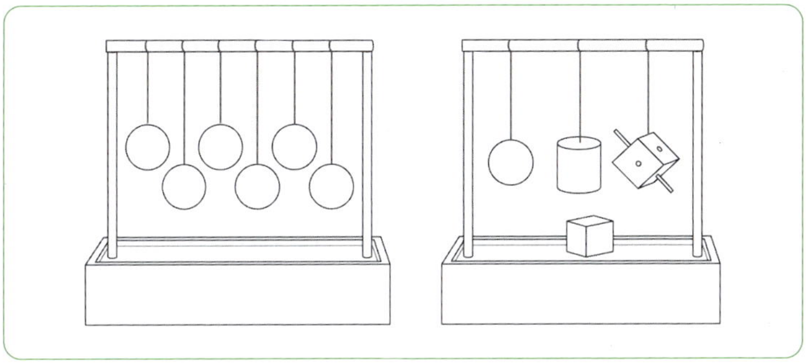

그림 3-2 초기의 은물

한편 작업교구를 가지고 하는 활동은 놀이를 통하여 장래의 직업으로 연결하는 것을 기대하는 활동으로 구성되어 있었다.

운동놀이는 둥글게 모여 노래하고 신체동작을 하는 활동으로 오늘날의 '신체표현'에 그 형태가 계승되고 있다.

프뢰벨의 유치원에서는 유아들이 성인과 함께 화단 만들기를 실천하였다. 오늘날 대부분의 유치원에 화단이나 텃밭이 있어서 식물이나 화초를 키우는 것을 볼 수 있다. 이것도 프뢰벨의 유치원에서 계승시킨 것이다.

유아들은 동네를 산책하면서 가까운 자연과 호흡하고, 산책에서 경험했던 것을 놀이로 재현하거나, '이야기 나누기'에서 다루곤 하였다.

유치원이 독일에서부터 세계 각지에 보급되면서 보육의 형태와 보육내용은 그 지방의 문화와 융합하면서 조금씩 변용되어 갔다.

프뢰벨의 유치원이 훨씬 더 활발하게 보급된 곳은 미국에서였다. 1870년대 초에 슈타이거 출판사가 유치원 관련 출판물과 '20은물(twenty gifts)'의 제조판매에 나서게 된 것이 미국의 유치원 운동에 박차를 가하는 계기가 되었다(白川蓉子 外, 2004). 초창기 우리나라의 유치원은 독일의 프뢰벨에서 시작된 것을 미국의 유치원 운동과 일본을 거쳐 전해진 것이라고 말할 수 있다.

2) 몬테소리 아동의 집

프뢰벨의 킨더가르텐으로부터 67년 후인 1907년 이탈리아 로마의 빈곤계층 지역(산 로렌초 지구)에 있는 공동주택에서 몬테소리가 '아동의 집(casa dei bambini)'을 개설하였다. 이곳의 독특한 프로그램과 성과는 세계의 주목을 받았고, 제2차 세계대전을 지나서 현재까지도 그녀의 사상을 따르는 실천이 계속되고 있다.

아동 정신발달의 기초에는 감각기관의 발달이 있다고 막연하게 생각하고 있던 몬테소리는 장애아의 교육에서 성과를 얻었던 이타르(Itard, J., 1774~1838)와 세강(Seguin, E., 1812~1880)의 저서를 공부하고, 특히 장애아들을 위한 감각교구를 참고하여 교구를 개발하였다.

'아동의 집'에는 시각, 청각, 촉각 등의 감각교육부터 독서산, 실제 생활의 연습에 이르는 다양한 교구가 교실 선반에 놓여 있어서 아동이 자유롭게 선택하고 배우게 되어 있었다.

'아동의 집'은 아동들이 하루를 완전히 보내는 곳이기 때문에 보육에 맞는 시설이라 할 수 있었다. 아동이 주인공으로서 생활할 수 있도록 청소, 세탁, 식사 등의 요구나 설비가 아동에게 맞게 제작되어 있었다. 아동은 '읽기·쓰기·셈하기' 등과 관련된 다양한 교구를 가지고 활동을 하다 보면 자신도 모르게 스스로 학습하게 되었다.

'아동의 집'의 프로그램은 1세기가 지난 오늘날에도 세계 각지에서 실천하고 있다. 몬테소리교육의 본질적인 원리는 아동의 정신을 활동적인 것으로 파악하고, 그 활동 욕구에 일치하도록 환경을 구성하고 아동의 정신 활동이 요구하는 바를 만족하게 할 수 있는 교구를 고안한 것이었다. 아동의 정신이 자발적으로 환경과 상호작용한다는 것은 오늘날의 정신발달이론에서도 증명된 것이다.

교구는 환경의 하나이다. 순서대로 크기가 배열된 둥근 기둥을 꼭 맞는 구멍에 집어넣는 교구를 예로 들어보자. 아동은 둥근 기둥을 전부 꺼내서 구멍에 맞추어 놓는 활동을 시작한다. 이는 규칙에 맞게 제대로 넣고자 하는 아동의 내적 욕구이기도 하다. 크기가 맞지 않는 원기둥을 구멍에 넣을 때는 교구가 아동에게 잘못을 가르치고 정정하도록 요구한다.

아동의 요구와 일치하는 교구(환경)를 우연히 마주친다면 아동의 마음은 환경에 집중한다. 몬테소리는 이것을 '집중현상(mind concentration)'이라 하였다. 아동은 이런 교구에 집중하게 되고, 이것을 완전히 통달하고 나면 다른 교구를 찾아 나선다. 이런 식으로 자기학습(self-directed learning)이 일어나는 것이다.

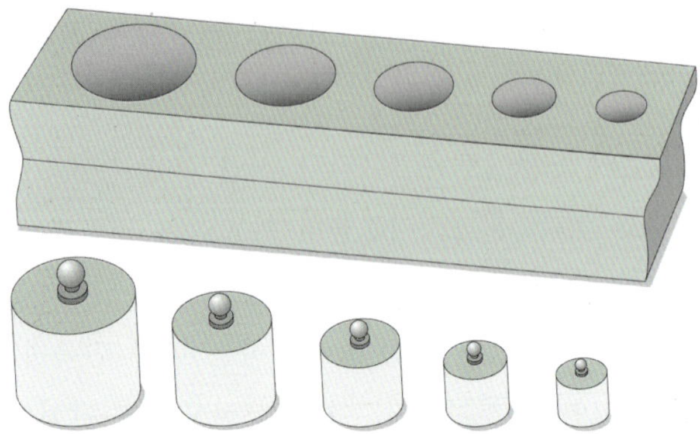

그림 3-3 원기둥 교구 그림

아동이 스스로 환경을 조작할 수 있게 되면 생활의 기술을 획득하게 되는 것이다. 이렇게 하여 아동은 자기선택과 자기학습을 할 수 있는 자립적인 힘을 가진 아동이 된다.

그림 3-4 몬테소리 활동사진–촉감교구를 통해 물체를 파악하는 학습과정

3) 미국의 개방교육

미국에서는 1950년대 말부터 1960년대에 걸쳐 연방정부의 '빈곤과의 전쟁' 정책의 하나로 '헤드스타트 프로그램'이 진행되었다. 이것은 유아교육 운동이 확산하는 발단이 되었다. 또한 이를 계기로 빈곤계층이나 소수민족 유아의 지적 발달을 촉진하고 학업능력을 향상하기 위한 여러 가지 프로그램이 개발되었다. 몬테소리의 교육방법도 재평가되어 각지에서 시행되었다.

그러다가 1970년대에 들어와서는 일부 유아를 대상으로 단기적으로 큰 성과를 올리는 프로그램보다는 많은 아동이 주체적으로 학습하는 힘을 기를 수 있는 전인적 프로그램을 요구하게 되었다. 그때 등장한 것이 개방교육(오픈 에듀케이션)이다. 이즈음의 초등학교에서는 아동을 책걸상에 앉혀 두고 획일적으로 가르치는 수업이 일반적으로 시행되고 있었다. 초등학교의 저학년에 포함된 유치원 학급도 이러한 활동이 주를 이루었다.

이에 비해 개방교육은 아동을 외부 환경에 대하여 개방적인 존재로 바라본다. 여기서는 아동의 배우는 힘을 존중하고, 학습내용을 가르치되 한 사람 한 사람이 자기학습을 계속할 수 있게 만들어 간다. 또한 여기서 목표로 하는 아동상은 지적으로 우수할 뿐 아니라 정서와 사회성 측면도 발달해 있고, 자기표현을 할 수 있는 전인적 발달(total development)을 지향해 가는 아동이다.

개방교육은 그 이름이 말해 주듯이 닫혀 있던 교실공간을 가능한 한 개방시키고 넓은 공간에서 자유롭게 활동할 수 있게 한다. 그리고 그곳에 센터 혹은 영역이나 코너를 설치하여 아동이 스스로 선택한 영역에서 활동하도록 하는 교육 방식을 택하고 있다.

아동의 활동은 놀이(play)이기도 하고, 일(work)이기도 하다. '역할놀이 영역'에는 여러 다양한 의상이나 소도구가 있고 여기서 아동은 이야기 속의 인물처럼 옷을 입고 놀이한다. '목공놀이 영역'에서는 나뭇조각, 나무못 등이 준비되어 있어서 아이들이 만들기를 한다. '언어 영역'에서는 책꽂이에서 좋아하는 그림책을 꺼내 와서 그림을 그리거나 책을 읽기도 한다. '과학 영역'에서는 자석이나 저울 등을 갖고 실험을 하는 유아들이 있다.

교사는 이때 모든 영역의 상황과 각각의 아동을 파악하고, 아동의 도움이 필요한 때를 관찰하고 있다가 적절한 지도를 한다. 하루의 일과가 끝날 때가 되면 아동들은 함께 모여서 어떤 영역에서 어떤 활동을 했고 무엇이 가능하였는지 함께 이야기한다. 교사는 아동의 하루 활동을 파악할 뿐만 아니라 정확하게 평가하여 다음에 어떤 영역을 아동에게 권장할 것인가를 생각한다. 그리고 그에 따라서 아동의 학습 상황을 준비하고 연구한다.

1970년대에 시작된 개방교육의 프로그램은 학교의 상황에 따라서 완전히 개방된 방식에서 약간 개방된 것까지 여러 가지였다. 이 방식은 유아기의 학습과 교육에 맞는 것이었기 때문에 오늘날의 유아교육에서 굳이 '오픈 에듀케이션'이라 이름 부를 필요도 없을 정도로 일반적인 프로그램으로 널리 퍼져 있다. 바꾸어 말하면 5, 6세 아동을 책상과 의자에 앉혀서 획일적으로 가르치는 방식은 낡은 교육형태로서 더는 통용되지 않게 된 것이다.

4) 영국의 비형식교육

영국은 일찍부터 유아를 유아학교에 입학시켜 독서산교육과 도덕교육을 실시해 온 오랜 역사를 가진 나라였다. 그러다가 유아기에 맞는 보육·교육 프로그램이 19세기 말부터 20세기 초의 신교육 운동의 일환으로 전개되었다.

맥밀란은 유아의 건강을 위한 보호와 놀이를 통한 교육을 합친 보육학교(nersery school)를 창설하여 보육학교 운동을 일으켰다.

1967년부터 정부의 자문위원회는 초등교육개혁에 관하여 정리한 '프라우덴 보고'에서 유아기의 교육에 적합한 것으로 비형식교육(informal education)을 지지하였다.

비형식교육이란 '전인적 존재로서의 아동(the whole child)'의 자아형성을 목적으로 다양한 형태의 아동의 주체적인 학습을 촉진하는 교육을 말한다. 교육내용은 아동의 나이에 맞춘 독서산 교재에 의한 개별학습, 자연과학과 사회과학 분야에서의 탐구학습, 극놀이, 연극, 음악, 신체 운동, 그리기 등에 의한 표현활동 등이다. 환경구성은 가능한 한 개방된 공간에서 활동 내용별로 코너나 테이블을 설정하여 놀잇감이나 교재를 준비하고 아동 자신이 활동을 이끌어 가게 되어 있다.

개방교육과 비형식교육은 같은 방향을 목표로 한 프로그램이다. 미국의 개방교육 운동이 영국의 초등교육 개혁으로부터 영향을 받은 것이라고 할 수 있다(白川蓉子 外, 2004).

5) 이탈리아의 레지오 에밀리아 교육

영유아교육 프로그램은 유아가 현실의 사회문화적 환경과 주체적으로 상호작용하면서 유아 나름의 방법으로 외부 환경을 배울 수 있도록 해야 한다. 이러한 관점에서 새롭게 주목받은 것이 이탈리아의 레지오 에밀리아 시의 실천이다. 그리고 그것을 미국의 유아교육 프로그램에 적용하기 위하여 모색하고 있는 것이 프로젝트 접근법이다.

이탈리아 북부의 레지오 에밀리아 시에서 3~6세의 아동을 대상으로 한 유아교육 실천이 1980년대부터 1990년대에 걸쳐 유럽이나 미국의 이목을 집중시켰다. 이것은 간단히 말하면 아동 중심(child-centered) 프로그램이다. 교사는 아동이 자연스러운 체험학습, 신체감각을 활용하는 상징적 표현을 통해 배우도록 하는 프로그램을 전개해 간다.

레지오 에밀리아 시의 실천을 유명하게 만든 '점토로 사자 석상 만들기' 프로젝트의 예를 들어보자.

레지오 에밀리아 시의 중심 광장에 자리하고 있는 낡은 교회의 석단에는 사자 석상이 세워져 있다. 아동들은 자주 광장에 나가기 때문에 시장이나 사자 석상에 친숙해져 있었다. 이 거리는 로마시대의 요새로 오랜 역사를 가진 곳이다.

아동들은 레지오 에밀리아 시의 광장에 있는 사자상을 관찰하러 가고, 직접 이것을 소묘하게 된다. 관찰을 위하여 여러 가지 아이디어를 도입한다. 바라보거나, 올라가 보거나, 만져 보거나, 쓰다듬어 보거나, 측량하거나, 그림자를 종이에 비쳐 묘사하거나, 사자 석상에 말을 걸거나, 질문하는 아동도 있다. 아동들은 다양한 방법으로 아무에게도 제한받지 않고 탐색을 이어간다. 유아들은 '백 가지 언어(hundred languages)'를 사용하여 대상을 표현해 가면서 대상의 본질에 관해 배운다.

관찰 및 조사 결과를 집으로 가지고 가는 아동들은 더욱더 흥미를 넓혀간다. 서로의 생각을 이야기하고 토론한다. 사자 석상 만들기에는 여러 도구가 사용되었다. 빵 반죽이나 점토, 종이, 연필, 그림도구 등이다. 또한 그림자 그림, 동작을 창작하기도 하였다. 그 작품은 상당히 세밀한 부분까지 묘사되었다. 작업과정에서는 아동들, 교사, 그 외에 예술교사(아뜨리에스타: 레지오 에밀리아 시의 유치원에 배치된 예술전문교사)가 서로의 대화를 잘 듣고, 자신의 의견을 자유롭게 함께 이야기하고, 질문이나 의견을 교환한다.

이런 활동이 가능한 배경에는 아동의 표현하고자 하는 동기에 대응할 수 있는 다양한 교재와 환경이 준비되어 있다는 점이다. 그리고 그 위에 전문가에 의한 기술적 지원이 있었다는 점을 간과해서는 안 된다. 또 아동이 다양한 의견을 자유로이 말하고, 서로의 의견을 듣고, 서로가 솔직하게 질문하는 것이 가능한 긍정적인 분위기, 자신과 다른 표현을 존중하는 환경이 있다.

이탈리아와 사회문화적 배경이 다른 미국은 레지오 에밀리아 시의 방식을 도입하여 프로젝트 접근법으로 적용하고 있다. 그리고 이것을 미국의 생활문화에 맞는 방식으로 시험하고 실천하고 있다. 우리나라에서도 이러한 프로젝트 접근법이 유치원이나 보육시설에서 환경이나 조건에 맞게 나름의 방식으로 적용되고 있다.

6) 프로젝트 접근법

프로젝트 접근법이란 개별 유아 또는 소집단의 유아들이 교사의 지도와 안내를 받으며, 학습할 가치가 있는 특정 주제에 대해 심층적으로 공동 연구하는 교수 학습방법을 말한다(Katz & Chard, 2000). 이것은 1920년대 듀이의 제자였던 킬패트릭(Kilpatrick, W., 1871~1965)이 제안하였다.

그러다가 1990년대 이탈리아 레지오 에밀리아 시의 유아교육 실천을 미국의 유아교육 프로그램에 적용하기 위하여 캐츠와 차드가 새롭게 모색하게 된 것이 프로젝트 접근법이다. 캐츠(Lillian G. Katz)와 차드(Sylvia Chard)는 프로젝트 접근법의 교육목표를 지식과 기술을 획득하고 성향과 감정을 배양하는 것이라고 하였다.

프로젝트 접근법에서는 긍정적인 감정을 키워 가는 것을 목표로 하는데, 이때의 긍정적 감정이란 수용감, 자신감, 소속감, 안정감, 유대감, 상호의존감 등과 같이 집단생활을 하는 가운데 주관적으로 느끼는 긍정적 정서 상태를 말하는 것이다.

프로젝트의 진행은 다음과 같은 세 가지 단계로 이루어진다.

첫째, 계획 및 시작단계이다. 프로젝트 활동을 하기 위한 주제 선정의 단계이다. 교사는 유아들과의 토의과정을 통해 유아가 관심과 흥미를 느끼고 있는 것들을 충분히 파악한 후 유아들이 공동 연구를 통해 해결할 수 있는 적합한 주제를 선정한다.

둘째, 탐색과 표상활동단계이다. 주제를 해결하기 위해 주변 환경을 탐색하고, 탐색한 내용을 유아 상호 간 토의활동을 통해 확인하고, 확인된 결과를 표상활동을 통해 나타내는 단계이다. 유아들은 지역사회의 특정 장소를 견학한다거나, 사물이나 사건 등을 직접 관찰하고 탐색한다. 탐색하고 발견된 내용은 그리기, 쓰기, 읽기, 그래프, 도면, 도표, 벽장식, 모형 만들기, 극놀이 등 다양한 방법으로 표상하여 나타낸다.

셋째, 마무리 전시 및 평가단계이다. 즉, 프로젝트를 마무리하고 최종 결과물을 발표하고 평가하는 단계이다. 프로젝트 활동을 통해 학습한 결과물을 교실의 벽이나 선반에 전시한다. 유아들은 프로젝트 수행에서 얻은 결과물을 전시하면서, 초대된 사람들에게 프로젝트 활동을 하는 동안 무엇을 배우고 어떻게 배웠으며, 어떠한 절차를 밟았는가를 설명한다. 이런 과정에서 유아는 상호 교류 및 정보공유의 시간을 가진다.

프로젝트는 비교적 구조적인 접근 방법이다. 그러나 그 구조는 융통성이 있다. 교사와 아동이 상호작용하는 가운데 이루어지는 여러 가지 구조적 특성에 따라 아동의 흥미와 요구에 부응하는 것이 될 수 있다. 즉, 프로젝트 접근법이란 각 아동이 실생활에서 가져오는 경험과 관심뿐 아니라 교사의 관심과 전문성까지 반영되는 것이라고 할 수 있다. 트럭, 나비, 잠자리, 수돗물, 올림픽 등 어떠한 경험이나 관심도 주제로 도입될 수 있다.

프로젝트 접근법은 모든 교육과정을 대체하기보다는 유아를 위한 교육과정의 일부분으로 보완적 기능을 하는 방향으로 도입되고 있다. 또한 비교적 나이가 많은 유아를 위해 의미 있는 경험을 위한 접근법으로 발전된 것이었으나, 점차 영아들에게도 적용가능성이 확대되고 있다.

Chapter

04 영유아교사

1. 교사에게 기대하는 역할
2. 교사의 전문성
3. 교사의 전문성 향상을 위한 노력
4. 바람직한 교사상

교사는 보육의 일선에서 아이들과 함께 생활하면서 아이들의 성장에 관여하는 사람이다. 따라서 교사에게는 다양한 역할이 기대되고, 그를 위해 다양한 자질과 자기 함양이 필요하다. 영유아교사의 전문성이란 무엇일까? 다양한 사회 체계 속에서 그리고 한 사람의 개별적 인격체와 만나는 교육현장에서 그 답은 한 가지일 수 없다. 교사는 전문적인 지식과 아울러 따뜻한 인성, 영유아와의 공감력, 희망적이고 긍정적인 사고, 원만하고 조화로운 대인관계 능력, 몸과 마음의 건강 등의 개인적인 자질과 교육기술, 보육에 자부심을 느끼는 전문적인 자질도 갖추어야 한다.

이 장에서는 보육교사에 대한 기대와 교사가 되고자 하는 사람에게 필요한 자질과 자세에 대해 주로 살펴볼 것이다.

1 교사에게 기대하는 역할

영유아교사는 영유아의 성장, 발달의 자연스런 과정에서 신체적·사회적·정서적·지적 발달을 균형 있게 격려할 수 있도록 교육방법을 연구하고 적용하며 교실환경을 구성하고 영유아를 가르치는 교육자이다.

「영유아보육법」에는 '보육교사는 영유아의 보육, 건강관리 및 보호자와의 상담, 보육시설의 관리운영 등의 업무를 담당한다'(「영유아보육법」 제2조 제2항)고 제시되어 있다. 또한 보육교사의 자격 종류와 보육교직원의 배치 기준, 자격 교과목의 기준을 법으로 지정하고 있다(부록 p. 365~370 참조).

교사는 아동이 원에 있는 동안 아동과 생활을 함께하고 아동의 놀이를 지도한다. 아동의 기본 생활 습관, 즉 인사, 손 씻기, 정리정돈, 식생활 습관, 배변훈련 등을 몸에 익히도록 지도하고, 놀이를 통하여 아동이 스스로 배우도록 환경을 정비하고, 보육계획안을 준비하여 실천한다. 유아의 안전과 건강을 배려하는 데도 소홀해서는 안 된다. 이처럼 교사는 하루 동안 많은 일을 책임지지 않으면 안 된다.

아동이 하원한 후에는 회의 등으로 교직원들과 상호 연락하고, 교실환경의 정비, 교육내용의 기획과 준비 그리고 보육기록 등을 작성한다. 나아가 부모들이 걱정 없이 안심하고 사회경제활동을 할 수 있도록 부모와 정보교환이나 의사소통을 통해 교사나 어린이집에 대한 신뢰감을 형성하도록 하는 역할을 담당하기도 한다.

이렇게 여러 역할을 담당하고 있는 교사에게 현대사회가 기대하는 역할을 아동, 부모, 사회의 측면에서 살펴보기로 하자.

1) 아동

아동은 교사를 좋아하고 따른다. 아동은 교사에게 많은 기대를 하고 있다. 아동은 자신을 칭찬하고, 인정하고, 격려하고, 지지하고, 때로 인도해 주고 많은 도움을 주는 교사이길 바란다. 또한 자신과 함께 즐겁게 놀이하고 새로운 경험을 중시하고 성장해 가는 교사이길 바란다. 아동에게 교사는 자신에게 제일 가까운 성인 중 한 사람이다.

2) 부모

기대와 불안 속에서 아동을 양육하고 있는 많은 부모의 입장에서 바라보면 교사는 부모와 함께 아동을 양육하고 아동과 생활을 함께 하면서 아동을 보호하고 교육하는 역할을 담당해 주는 사람이다. 특히 부부가 함께 일하는 부모의 경우 교사는 장시간에 걸쳐서 부모를 대신하는 양육자의 역할을 담당한다. 따라서 교사는 부모들의 다양한 생활 방식에 맞추어 다양한 교육의 기대에 부응하지 않으면 안 된다.

3) 사회

일반적으로 교육에 대한 사회의 기대는 문화전달, 사회화라고 말할 수 있다. 문화전달이란 기본적인 생활 습관, 언어, 과학적 지식 등을 말한다. 사회화를 위해서는 사람에 대한 기본적인 신뢰관계를 비롯하여 긍정적인 인간관계를 맺을 수 있고 생명을 귀하게 생각하는 마음, 평화를 소중하게 생각하는 마음, 환경을 지키고 보호하는 마음을 기르는 것 등이 필요하다고 할 수 있다.

더 나아가 변화하고 발전하는 현대사회에서 미래의 사회에 적응하고 이끌어 갈 창조적인 인재를 양육해 줄 것을 기대한다고 할 수 있다.

또한 저출산 고령화 사회가 도래하면서 교사에게 부모 및 지역사회의 양육을 지원하고 지도해 주는 새로운 사회적 역할이 기대되고 있다. 이처럼 시대와 개인의 입장에 따라서 그 기대는 변화하기도 한다.

결론적으로 교사는 아동의 욕구, 보호자의 기대 그리고 그 위에 사회의 기대를 알고 자신의 역할을 해 나가는 것이 필요하다. 현대는 저출산 고령화가 진행되면서 가정이나 지역사회의 교육기능은 현저하게 저하되고 있다. 대신 어린이집이나 유치원에 대한 교육적 기대가 점점 커가고 있다. 보육시간은 연장되고, 영유아교육기관에 다니는 아동의 나이도 점점 낮아지고 있다.

정서교육이나 기본적 인성의 함양, 개성을 길러 주는 개별성이 배려된 교육, 정보화 사회에서 창의적인 미래를 이끌어 갈 주체적인 인성 등 그 내용도 점점 넓어지고 있다. 교사는 무엇보다도 아동을 중심에 두고 교육에 대한 다양한 기대를 고려하면서 이에 부응할 것이 요구된다.

2 교사의 전문성

교사뿐 아니라 목사, 의사, 변호사 등 많은 전문직이 확립된 시점은 일반적으로 19, 20세기인 것으로 이야기되고 있다(McClelland, 1993). 이 시기에 많은 전문직에 관하여 면허제도나 양성체계가 정비되고 역할과 의무의 영역도 명확해졌다. 전문직에 대한 많은 연구가 진행되면서 전문직의 전형적 지표가 제시되었다. 그중에 한 가지로 전문직의 구성요인을 ① 체계적인 지식기반과 사회성, 윤리성을 기반으로 하는 서비스의 공공성, ② 서비스 독점성, ③ 전문직업적 활동을 할 때 독자적인 판단을 할 수 있는 자율성, ④ 사회적 권위, ⑤ 제도화된 교육, ⑥ 전문가 조직을 통한 전문직 문화, ⑦ 자격증 제도 등을 들고 있다(Greenwood, 1980: 조남신, 2012 p.15~16 재인용). 이 가운데 특히 교사의 전문성 요건에 맞는 요인은 윤리성을 기반으로 한 서비스의 공공성과 독자적인 판단을 할 수 있는 자율성이라고 할 수 있다.

참고로 전미유아교육협회(NAEYC, 1997)가 표명하고 있는 '아동에의 약속'을 소개해 보기로 하자. 이것은 지금까지 축적되어 온 유아교육연구의 집대성이고, 현재 널리 수용되고 있는 아동에 대한 사고방식을 반영한 것이라 말할 수 있다. 아동과 직접 접촉하면서 아동의 양육에 힘쓰는 전문가인 교사에게는 다음과 같은 전문성이 기대되고 있다고 말한다.

> "실제로 교사에게는 무엇보다도 아동을 이해하는 것이 필요하다. 그 다음에는 아동에 대한 이해에 기초하여, 학습을 계획하고, 실행할 수 있는 실천력이 필요하다."

교사에게 필요한 여러 전문성의 요인 가운데 가장 핵심적인 것을 아동이해와 실천력이라고 보고 있다. 실제로 교사에게는 무엇보다도 아동을 이해하는 것이 필요하다. 그런 다음 아동에 대한 이해에 기초하여 학습을 계획하고 실행하는 능력을 필요로 한다.

앞에서 말한 교사의 전문직 기준을 근거로 하여 교사의 전문성을 두 가지로 나누어 생각해 보자.

1) 이론(아동이해)에 대한 지식과 기술

전문적 지식의 가장 기본은 아동을 이해한다는 것이다. 아동을 이해하는 것은 교사에게 꼭 필요한 필수 덕목이다. 아동을 이해하는 것으로부터 새로운 보육이 생겨나고, 그 상호작용 속에서 아동도 교사도 성장하는 것이다. 아동을 이해하는 것을 통해서 교사는 인간에 대한 이해를 깊게 하고, 자신의 인간관, 아동관, 보육관을 구축할 수 있게 된다.

교사가 아동을 이해하려면 아동이 환경과의 상호작용을 통하여 발달하는 존재라는 점과 아동의 발달에 일정한 법칙이 있다는 점을 인정하는 것을 전제로 해야 한다. 이 전제를 바탕으로 아동에 대한 이해는 크게 세 가지 측면에서 생각해 볼 수 있다.

첫째, 아동을 그 자체로서 이해한다는 점이다. 아동의 개별적 발달과정과 학습의 고유한 진행과정 그리고 아동의 독특한 개별적 성격을 이해하는 것이다. 그리고 아동과 함께하는 각각의 상황에서 아동의 감정과 아동의 생각을 이해한다. 여기에는 일반적인 지식과 아동을 통찰하는 기술이 필요하다.

둘째, 아동과 그의 사회환경의 이해이다. 아동을 둘러싸고 있는 사회환경이나 생활환경에 관한 지식을 갖고, 그것을 통찰하는 기술이 필요하다. 아동은 환경 속에서 자라고, 자신이 환경에 작용하고, 환경을 만드는 존재이기도 하다는 것을 충분히 인식해 둘 필요가 있다

셋째, 아동과 그의 인간관계에 대한 이해도 중요하다. 아동을 둘러싼 인간관계는 복잡하다. 부모·자녀관계, 또래관계, 대인관계 등의 특징을 알고 개개의 아동발달을 촉진할 수 있는 환경을 발견하는 힘이 교사에게 필요하다. 유아를 둘러싼 인간관계를 이해하기 위해서는 보호자와의 연락도 중요하므로, 어떤 자세로 보호자와 마주하는 것이 중요한가에 대해서도 생각해 보아야 한다.

이상과 같은 아동에 대한 이해를 바탕으로 전문적 지식기반으로서 발달에 대한 지식이 매우 중요하다. 우리나라를 포함한 세계 각국의 영유아교육 실천의 지침에서 연령이나 단계에 따른 아동의 발달과정이 지표로서 제시되고 있다. 그러나 아동 개개인의 개별성을 배려하기 위해서는 아동의 개인차를 존중하는 교사가 한층 더 많아지지 않으면 안 된다.

판단하고 실천하는 교사에게 발달의 과정에 관한 표준지식(발달지식)은 없어서는 안 되는 필수적인 것이다. 또한 실천의 과정에서 체험적으로 아동 개개인으로부터 배우는 개별 지식도 중요한 부분이다.

영유아교육 분야의 실천에서 중요한 것은 발달지식을 어떻게 활용하는가이다. 일반화되고 표준화된 발달지식은 아동을 지체아나 문제아로 낙인찍는 지침서로서 기능하는 것이 아니라 교사가 아동의 발달을 이해하는 가이드라인으로 활용돼야 한다.

2) 실천에 관한 지식과 기술

교사는 아동의 흥미와 관심 및 요구를 파악하고 환경을 정비해야 한다. 그런 뒤 아동에 대한 통합적 이해에 기초하여 교육을 실천해야 한다.

실천에 관한 지식과 기술에는 환경정비와 지도계획 작성처럼 교육을 위해 사전에 준비할 수 있는 내용이 있다. 동시에 아동의 요구에 대응하여 이루어지는 지원, 아동이 창출해 내는 놀이의 보조, 또래들과의 인간관계를 도와주기 등과 같이 그때그때 판단을 해야 하고 지원하는 내용도 있다.

교사가 아동을 지도하기 위해서는 학습의 내용에 관한 지식과 더불어 경험적으로 쌓아갈 수 있는 기술도 필요하다.

일반적으로 DAP(Developmentally Appropriate Practice)에서 교사에게 요구하는 실천적 교사역할의 가이드라인은 다음과 같다(NAEYC, 2009).

1. 학습자를 위한 보호공동체를 창출하기
2. 발달과 학습을 향상시키는 교육하기
3. 중요한 목표를 달성하기 위해 보육과정을 계획하기
4. 아동의 발달과 학습을 평가하기
5. 가족과 상호관계를 수립하기

요약하면 교사는 전문적인 지식과 기술을 이용하여 아동을 이해하고, 실천을 계획하고, 아동과 상호작용하면서 아동과 함께 실천해 나가는 존재이다. 따라서 교사는 '판단을 내리고' '실천하는' 전문가라고 말할 수 있다.

이 '판단'은 아동 한 사람 한 사람이 개별성을 가지고 있기 때문에 공식화하기 매우 어렵다. 그러므로 한층 더 좋은 실천을 위해 교사는 실천을 반성하고 스스로 연구를 계속하는 것이 절대적으로 필요하다. 즉, '반성적 실천가'가 되어야 한다.

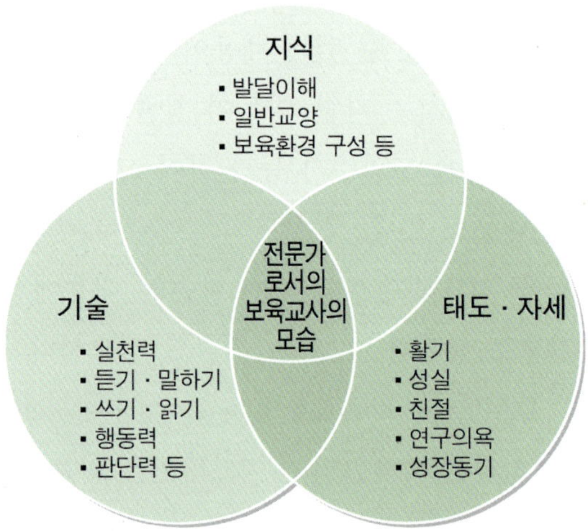

그림 4-1 교사에게 요구되는 자세

3 교사의 전문성 향상을 위한 노력

교사의 탐구와 자기 발전의 노력은 끝이 없다. 교사는 항상 배우면서 교육의 현장에서 자기계발을 위해 힘쓰며 생활해야 한다. 더욱 좋은 교육의 실현을 위해서는 교사들뿐 아니라 유아교육·보육에 힘쓰는 모든 사람이 쉬지 않고 공부하는 것이 중요하다고 말할 수 있다.

1) 교사의 연수

교사가 끊임없이 연구하고 성장할 수 있도록 현행 「영유아보육법」에서는 연수 등을 통해 교사가 학습을 계속하도록 장려하고 있다.

교사의 연수는 원내외에서 이루어지는 연구수업과 행정이나 교육기관 혹은 전문조직에 의해 기획·시행되는 연수가 있다.

원내외의 연수를 통해서 교육실천을 관찰하고 평가함으로써 다른 교사의 판단과 아이디어를 배울 수 있게 된다. 또한 실천하면서 스스로 안고 있던 의문이나 불안을 함께 나누고 함께 실천을 모색해 보는 귀중한 경험이 된다.

한편 행정이나 교육기관, 전문조직에 의해 기획·시행되고 있는 연수에는 교직경험에 대응하여 시행되는 연수(초보교사를 위한 연수, 주임연수, 원장연수)와 주제별(아동학대, 부모지원 등) 연수를 들 수 있다.

보육교사의 종사자교육은 보수교육과 승급교육으로 나누어져 있고, 승급교육은 교직 경험에 상응하여 이루어지도록 하고 있다. (부록 p. 370~375 참조)

2) 보육실천의 성찰 – 보육의 기록

보육현장에서 보육을 실천하면서 그 전문성을 향상하고, 아울러 더욱 발전적인 실천을 가능하게 하는 것은 무엇일까? 그 답의 하나는 꾸준히 배우고 반성적 사고를 계속하는 것이다.

영유아교육에서는 접촉하는 아동 개개인이 개별적이므로 그 교육내용과 결과가 여러 가지로 나타나고, 따라서 불확실한 요소가 많다. 같은 나이, 같은 성, 같은 장면에서 같은 이야기 나누기를 해도 아동에 따라 그것을 받아들이는 방법은 매우 다르다. 아동의 이해를 깊게 하고, 더 좋은 교육을 실천하기 위해서 교사는 하루도 빠짐없이 꾸준히 배워 나가야 할 필요가 있다.

매일매일 실천으로부터 반성적 사고를 지속하기 위해 교사가 해야 하는 중요한 방법으로 기록이 있다. 기록은 전문직에서 반드시 필요한 과정이다. 기록 작업은 업무내용을 명확하게 하고, 책임의 소재를 명확하게 하는데도 꼭 필요하다. 동료교사들 간의 전달에도 기록은 필요하다.

보육현장에서 이루어지는 기록에는 보육계획안, 보육실천을 기록하는 보육일지, 그날의 반성을 기록하는 일기 등이 있다. 기록은 생각하게 하는 과정이기도 하다. 기록을 읽고 반성함으로써 다음 교육을 위한 힌트를 얻을 수도 있다.

미국의 철학자 숀(Schon, 1930~1997)은 그의 저서(1983)에서 '반성적 실천가(reflective practioner)상'을 제시하였는데, 교사교육, 건강전문가, 건축디자인 등의 분야에서 특히 필요하다고 했다. 그는 행동하는 가운데 자신을 반성하고, 행동하며 생각하는 전문가상을 제시하였다. 교사에게도 자신의 행동에 대한 반성과 지속적인 학습이 매우 중요하다.

체험을 기술한다는 것은 단순히 행동이나 있었던 일을 나열하는 것이 아니라, 마치 문화인류학자처럼 제3자로서 당사자의 체험이 생생하게 보일 수 있게 그 상황을 기술하는 것이다. 그렇게 함으로써 다른 사람에게 보여주고 교정받는 것도 가능하고, 교사 자신이 자신의 체험을 돌아보고 수정하는 것도 가능해진다. 이러한 기록은 보육일지나 실습일지를 통해서 현장에서 실천하고 있다.

또한 체험을 기술하는 것은 그 과정 자체로도 매우 유의미한 작용을 한다. 체험을 기술하는 과정에서 성찰이 이루어지기 때문이다. 즉, 기술하는 과정에서 더욱 새로운 깨달음을 얻게 되고 이해가 깊어지게 된다. 따라서 체험을 기술하는 것은 실천하는 가운데 연구를 수행하는 교사에게 매우 유익하고 중요한 방법이다.

숀은 '반성적 실천가'라는 견해에서 '행위과정에서의 성찰(reflection in action)'이라는 개념을 이야기하고 있다(1983). 이 점에 대해서 숀은 다음과 같이 말한다.

> '일상생활에서의 행위는 의식하지 못하는 사이에 일어나고, 직관적인 행동이다. 일상생활의 행위에서 우리는 어느 특별한 방법으로 잘 알고 있는 것같이 행동한다. 그러나 우리가 아는 것이 무엇인지는 말하지 않는 것이 많다. 오히려 우리들의 지혜의 형성은 행위의 <가운데(in)>에 있다고 말해도 좋다. 행위의 가운데서 성찰할 때 실천하는 과정에서 연구자가 된다. 이미 확립된 이론이나 기술의 카테고리에 의존하지 않고, 행위 속에서의 성찰을 통해서 독자적인 사례에 대한 새로운 이론을 구축하는 것이다.'

앞에서 말한 것과 같이 보육실천은 아동과의 일상생활을 통하여 이루어진다. 그 생활은 무언가 특별한 일(행사나 큰 문제 등)이 없다면 일상적인 일로서 하루하루 담담하게 지나가는 것이 일반적이다. 그리하여 보육실천의 일상성(어떤 의미에서 매너리즘성)이 증가할수록 교사의 행위는 의식 없이 직관적으로 이루어질 가능성이 커진다. 그러나 그때 교사가 어떤 지적인 활동을 하지 않는다는 것은 아니다. 교사는 일상의 행위 속에서 사고를 하는 것이다. 이것은 숀이 말하는 '행위과정에서의 성찰'에 해당한다. 이와 같이 생각한다면 교사의 전문성에서 '행위 가운데, 이른바 과정에서 성찰하는 힘'이란 것도 큰 의미가 있는 것이다.

4 바람직한 교사상

아동을 보육할 때 한 사람 한 사람의 아동을 잘 보고, 느끼고, 생각하는 것은 그 자체가 인간에 대한 통찰과 이해를 깊게 하는 행위이고, 그 결과로서 교사 자신의 인간관, 아동관, 보육관 등을 수립하게 되는 것이다. 결국 아동을 위한 노력은 아동이해를 깊게 하는 것만이 아니고, 교사 자신의 자기교육과도 연결된다.

보육은 교사의 인생관, 인간관, 아동관이 반영되고 교사의 인간성에 좌우된다. 아동을 이해하고자 할 때 교사는 아동을 단순히 보육의 대상으로서가 아닌, 한 사람의 인간으로서 보는 태도가 요구된다. 상호 간의 존재를 중시하고, 배워 가고, 성장해 가는 보육을 실현하는 것이 무엇보다 중요하다.

다음에서 바람직한 교사에게 어떤 자세가 필요한지 살펴보고자 한다.

1) 수용과 공감의 시선을 가진 교사

아동을 이해하고자 할 때 가장 기본이 되는 중요한 것은 아동 한 사람 한 사람을 잘 보는 것이다. 그러나 단순히 아동을 보고 있는 것만으로는 아무것도 알 수 없고, 아동을 이해하는 것으로 연결되지 않는다. 교사가 아동을 볼 때 중요한 것은 한 사람 한 사람의 있는 그대로를 수용하는 것, 결국 아동을 수용적인 눈으로 보는 것이다. 아동은 자신을 받아들여 주는 누군가가 확실하게 이 세상에 있다는 것을 배우지 않으면 안 된다. 있는 그대로의 자신을 받아들여 주는 존재, 그런 장(場)이 있다면 아동은 마음 놓고 다양한 세계로 한 걸음 내딛고, 주체적으로 살아갈 수 있게 된다. 자신을 수용해 주는 사람이 있다는 안심감은 아동에게 있어서 매우 큰 힘이 되고, 자기를 표현하는 힘, 미지의 세계로 나가는 원동력, 살아가는 힘이 된다.

'이 아이는 지금 무엇을 생각하고, 무엇에 흥미를 느끼고, 무엇에 실패하고 있는가?', '무엇을 하고자 하고, 어디에 재미를 느끼고, 무엇을 요구하고 있는 것일까?' 교사는 한 사람 한 사람의 아동의 모습, 표정, 행위로부터 아동이 무엇을 고려하고 있는가, 또한 무엇을 생각하고 있는가를 읽어낼 필요가 있다. 이런 것들이 쌓여서 조금씩 아동이 보이게 되는데, 거기에는 교사가 한 사람 한 사람을 소중하게 보고자 하는 자세가 전제된다.

'보다'에는 보기, 진단하기, 관찰하기, 간호하기, 눈으로 보기 등 다양한 것이 있고, 교사가 아동을 잘 본다고 말할 때 이런 다양한 시점이 포함된 시선으로 아동을 보는 것이다. 아동활동의 모양이나 표정, 목소리의 톤, 뒷모습 등의 아주 사소한 것으로부터 교사는 아동의 마음의 움직임을 느끼지 않으면 안 된다. 특히 아동은 자신의 생각이나 사고를 언어로 충분히 표현하기 어려우므로 교사는 아동의 비언어적인 표현을 관찰하는 것이 중요하다. 결국 아동을 본다는 것은 단순히 아동의 표면적인 부분만이 아니라, 한 사람 한 사람의 내면적인 생명을 보는 것이고, 아동의 모습으로부터 아동의 마음을 제대로 들여다보는 것이다. 만일 교사가 자신의 견해만 고집하게 된다면 아동과 마음이 통하고 맞추어 가는 것이 어렵게 된다. 그럴 때는 자신의 견해를 잠시 옆으로 내려놓고 아동의 견해, 생각하는 방식을 우선 이해하고자 하는 것이 중요하다.

그렇게 하는 교사에게 아동은 더 많은 것을 보여주게 된다.

'수동'과 '수용'이라는 단어는 많이 다르다. 교사는 '능동적'으로 '수용'하는 존재이다. '수용'이라는 단어는 상담이나 카운슬링 등에서 사용하는 개별 상담의 기초적인 원칙이기도 하다. 그러나 이 '수용'이라는 말은 주의하여 사용할 필요가 있다. 보육실천에서 아동의 상황을 통찰해야 하는 상황이나, 아동의 생각을 추론해야 하는 상황에서 이를 방해하는 '수용'은 단지 수동적인 '수용'이 될 뿐이다. 예를 들어, 아동이 '싫어'라고 하는 거부의 소리를 '자아의 싹이 나온다'라고 쉽게 '수용'하고 그 뒤에 감추어진 아동의 의도, 예를 들어 교사와 상호작용하는 방법에 대한 거부, 가정에서의 학대 등을 통찰해 내지 못하고 지나친다면 문제가 아닐 수 없다. 교사에게는 능동적인 아동의 '수용'을 위하여 통찰하는 힘, 다양한 가능성과 선택을 생각하는 힘이 필요하고, 이를 위해 지속적인 연구와 노력이 필요하다.

2) 상호협력을 통해 성장하는 교사

교사가 자기 역할을 하는 과정에서 필요한 상호협력은 크게 두 가지라고 할 수 있는데, 그것은 다른 분야와의 상호협력과 가정 및 지역사회와의 연계협력이다.

(1) 다른 분야와의 상호협력과 교류

영유아교육의 전문성 향상을 위해서 다른 영역과의 상호 협조가 점점 중요해지고 있다. 이는 유아교육과 보육 영역이 다른 영역과 상호협력하는 것, 다른 영역에 대해서도 의미 있는 공헌을 할 수 있는 것 등을 말한다.

실제로 오늘날은 여러 전문 영역과 협력체제(collaboration)를 통하여 영유아교육의 질적 향상을 이루어 가고 있다. 유치원과 어린이집의 연계, 유치원과 초등학교의 연계, 소아의학과 유아교육·보육의 연계 등 영역의 경계를 넘어선 협력이 이루어지고 있다.

결국 영유아교육의 하위 시스템과 그 밖의 휴먼 시스템과의 연계를 통하여 현재의 가정과 교육의 문제점이 해결될 가능성을 발견할 수 있다. 예를 들어, 유치원이나 어린이집에서 부모와의 협력체제나 장애아보육과의 연계나 통합교육의 시도, 양육지원 등을 들 수 있다. 이러한 협력과 연계를 통하여 단독으로 달성할 수 없는 목표를 함께 해결해 가고자 시도하는 것이다.

또한 복수 영역에 대한 학습도 진행되고 있다. 대학원 등에서 더욱 전문화된 내용을 공부한다거나, 유치원교사나 보육교사 자격에 더하여 특수교사, 음악치료사, 미술치료사 등의 자격을 취득하는 등 전문성의 향상을 추구하는 경향이 여러 각도에서 활발하게 나타나고 있다.

(2) 가정이나 지역과의 연계와 협력

최근에는 유아교육·보육기관의 가정과의 협력, 지역사회와의 협력 등의 사회적 역할이 강조되고 있다. 이것은 특히 보호자와 가족을 영유아교육의 협력자로 보는 것을 의미한다. 이러한 협력관계는 어린이집이나 유치원이 가정에 일방적으로 요구하는 것이 아니며, 역으로 개개의 가정의 교육 욕구에 어린이집이나 유치원이 전면적으로 대응하도록 하는 것도 아니다.

가정이나 지역과의 연계를 촉진하는 전제는 아동 개개인의 발달이 개별적이라는 것과 마찬가지로 각 아동의 가정이 개별적으로 독특하다는 것과 지역에 따라 유아교육·보육에 대한 욕구가 다르다는 것을 인식하는 것이 될 것이다. 중요한 것은 아동과 함께 교사와 보호자가 신뢰관계를 구축하고, 함께 양육을 위한 배움의 기회를 갖는 것이다. 따라서 각 가정과 지역사회가 정보를 교환하고, 실천을 통하여 의견을 교환하고, 양육의 즐거움이나 어려움을 확인하고 공유하는 것이 필요하다.

어린이집과 가정이 신뢰관계를 갖는 것이 중요하다는 것을 알 수 있는 사례를 들어보자.

어린이집에서 사고가 났을 경우 교사가 어떤 대응을 해야 할까? 사고가 발생하였을 때 다음의 두 가지 사항에 대응해야 한다. 첫째, 아동의 안전을 확인하는 일이다. 아동의 안전을 우선 확인한 후 아동에게 무슨 일이 일어났는지 그 사실을 확인한다. 둘째, 설명의 책임이다. 사고의 정확한 처리를 위해서도, 재발방지를 위해서도 그리고 교사, 보호자, 누구보다도 아동과의 신뢰관계를 유지하기 위해서 사실을 설명해야 하는 책임이 있다.

사고는 일어나지 말아야 하지만 언제든지 일어날 가능성이 있는 것이다. 집단생활 속에서는 모든 아동의 행동을 파악하는 것이 어려운 때도 있다. 또한 아동의 신체발달과 그것을 판단하는 교사의 인식이 차이가 있으면 사고를 유발하게 되는 때도 있다. 혹은 기후나 전염성 질병 등 불가항력의 사고도 있다. 사고를 유념하고 사고의 가능성을 생각하여 환경을 정비하고, 사고가 일어나면 적절하게 대처해야 한다. 이것은 가정이나 지역과의 신뢰관계의 구축과 연결되는 문제이고 사고에 대한 대응이라고 생각할 수 있다.

3) 교사의 여유의 중요성

교사는 아동의 활동, 행동이 눈에 보이게 변화하고 성장하는 것을 교사로서의 보람, 기쁨으로 느끼고 생각한다. 그러나 보육·교육의 결과는 금방 나타나는 것이 아니다. 결국 아동의 모습을 지켜보고 기다리는 것이 교사에게 요구되는 것이다.

한 사람 한 사람의 아동이 다양한 속도로 성장해 가는 모습을 옆에서 지켜보고 지지하기 위해서는 교사 자신의 아동에 대한 신뢰와 여유가 없으면 안 된다. 교사는 혼자서 몇 사람의 중요한 생명을 맡아서 그 성장을 보장해 가지 않으면 안 되는, 시간상으로도 정신적으로도 힘든 역할을 하는 것이 사실이다. 그러나 그렇기 때문에 교사에게 여유가 없다면 아동은 신뢰관계를 구축하지 못한다.

또한 교사가 여유를 가지고 자신의 보육을 돌아보는 시간을 갖는 것은 매우 중요하다. 이 시간적 여유를 통해 교사가 자신의 보육을 바라보고, 아동과 자신의 관계를 직시할 수 있게 된다. 그래서 자신의 보육에 대한 성찰을 쌓아가면서 조금씩 아동과 상호작용할 때 무엇이 중요한가가 확실해지고, 교사의 아동에 대한 상호작용에도 여유가 생길 수 있다.

보육실천에는 일회성의 성격이 있다. 한 번 일어난 일이 완전히 똑같은 형태로 반복되는 일은 보육실천에서는 거의 없다고 할 수 있다. 교사는 그러한 임기응변에 대응하는 것이 요구된다. 그렇기 때문에 교사에게는 항상 사고의 정지 없이 자신의 실천을 성찰하는 자세가 무엇보다도 중요하다.

영유아교육의 주된 목적은 아동으로 하여금 학습에 대한 호기심과 의욕을 발달시키고 자신의 학습에 대해 자신감을 가지게 하는 것이어야지 특정한 지식과 그것을 숙련하도록 하는 성취가 목표가 되어서는 안 된다(Martin-Kopi, 2005). 따라서 영유아교육자는 아동에게 특정한 나이의 표준에 도달하도록 요구해서는 안 되고, 서두르지 않고 여유를 가지고 영유아교육에 접근해야 한다.

MEMO

Chapter 05

보육내용

1. 보육의 목표와 내용
2. 연령별 보육내용의 핵심

다양한 시기나 상황, 아동 한 사람 한 사람에게 맞는 보육내용이란 어떤 것일까?

'아동의 성장을 위한 보육'이라고 하는 배경에는 지금까지 축적되어 온 그 아동 나름의 경험을 토대로 보육내용이 다루어져야 한다는 점이 전제된다.

아동의 성장을 '발달과정'이라는 단어를 사용하여 표현할 수 있다. 그러나 이것은 같은 나이의 아동의 평균적인 발달 기준으로 볼 것이 아니라, 한 사람 한 사람의 독특한 성장의 과정으로 이해해야 한다. 결국 한 사람의 아동 모습은 그때까지의 성장의 연속성 가운데 있는 것으로, 결코 한 시기의 모습만으로 생각할 수 있는 것은 아니라는 것이다.

교사는 아동의 모습을 지금까지의 발달의 연속성으로 다루고, 거기에 더하여 앞으로의 '자람'에 어떻게 공헌할 수 있을까를 생각하고 보육내용을 다루어야 한다.

이 장에서는 아동의 성장에 도움을 주는 보육내용이 어떤 의미이고, 연령별로 어떤 점에 유의하여 보육내용을 생각해야 하는지를 다루게 될 것이다.

1 보육의 목표와 내용

보육의 목표는 어린이집에서 키워질 것으로 기대되는 지식, 태도, 기술 등이고, 내용은 목표를 달성하기 위해 지도하는 것이다. 다시 말해 보육내용은 유아발달의 여러 측면을 다룬 것이기도 하다.

1) 국가 수준의 보육목표와 보육내용

우리나라에는 국가 수준의 보육과정인 '표준보육과정'이 있다. 이는 그동안 축적된 과학적 연구와 실증적 자료를 바탕으로 영유아에 대한 관점, 영유아와 환경과의 관계, 학습과 발달에 대한 관점 등을 중심으로 개발된 것이다(여성가족부, 2006).

우리나라만이 아니라 일부 국가에서도 0~6세를 위한 교육적 구성 틀이나 공식 교육과정을 개발하였는데, 덴마크는 2004년, 영국은 2006년, 핀란드는 2003년, 스웨덴은 1998년에 개발이 이루어졌다. 이러한 교육과정은 여러 연령집단 간에 보다 동일한 질적 수준을 보장하고, 현장에서 교직원을 지원하고, 부모와 교직원 간의 의사소통을 돕고, 영유아교육기관과 초등학교 간의 연속성을 보장한다(육아정책 개발센터/OECD, 2008)는 목적을 가진 것이다.

우리나라 표준보육과정에서는 보육내용을 건강하고 안전한 생활 습관의 기초를 형성하게 하는 '기본생활 영역', 몸과 마음의 건강에 관한 '신체운동 영역', 사람과의 관계에 관한 '사회관계 영역', 가까운 환경과의 관계를 탐색하는 '자연탐구 영역', 언어의 획득에 관한 '의사소통 영역' 그리고 감성과 표현에 관한 '예술경험 영역'으로 정리하여 보여주고 있다.

2) 보육내용에서 영역의 의미

보육내용에서 영역의 의미는 아동들이 몸에 익힐 것으로 기대되는 항목이 분야별로 정리된 것을 말하고, 이러한 '영역'은 원에서의 생활이나 놀이를 통하여 다양한 체험을 쌓아가는 가운데 종합적으로 달성하여 가는 것이다. 그리고 각 영역에서 볼 수 있는 목표는 유치원이나 어린이집 생활 전체를 통하여 유아가 체험을 통해 관련성을 가지고 달성해 나아가는 것이다.

중요한 것은 영역이 초등학교의 교과와는 성격이 다른 것이라는 점이다. 국어, 수학, 과학, 사회처럼 교과목을 영유아의 수준에 맞춘 것이라고 간단하게 말할 수 있는 것이 아니다. 분야별로 각각을 다루고 확장해 가는 것이 아니라 아동들의 자발적인 활동을 통하여 다양한 발달의 측면을 키워 가는 것이다.

예를 들어, 초등학교에서는 운동능력을 향상하기 위해 체육수업을 한다. 체육수업에서 피구를 한다면 거기에는 운동능력 획득을 위한 목표가 있고 그 운동능력을 획득하기 위해 아동들이 흥미를 느끼고 있는 피구를 활용하고 있는 것이다. 교사가 '오늘은 체육시간에 피구를 한다. 규칙은 ……으로 한다'라는 형태로 수업을 시작한다.

그러나 보육은 다르다. 보육시설 안에 하나의 환경으로 공이 준비되어 있을 때 연령이 높은 아동들이 공을 사용하여 피구를 하는 것을 보고 '우리도 해보고 싶어요'라고 말하고서 피구가 시작될 수 있다. 피구를 해도 성인이 하는 것처럼 정교한 규칙이 있는 것만을 가리키는 것은 아니다. 아동들 나름의 방식으로 하고 있을 수도 있다. 혹은 교사의 도움을 받지 않고 잘 진행하고 있을지도 모른다. 자발적인 활동으로서 피구가 시작되어 그 활동을 통하여 다양한 성장이 이루어지고 있다.

조금 더 상상해 본다면 피구라는 활동에서 아동들이 경험하는 것은 하나의 영역에 한정되는 것이 아니라, 다양한 영역에 걸쳐 다양한 기능이 적용되고 있다. 또한 아동들은 그런 것을 배우고 싶어서 피구를 하는 것은 아니다. 대신 피구가 재미있기 때문에 하는 것이다. 근력을 키우고 싶어서 피구를 하는 아동은 없다. 즐거운 활동을 통하여 결과적으로 다양한 근력이 키워지게 되는 것이다.

이처럼 생각하면 영역이란 아동들에게 경험시키고 싶은 것이기보다는 아동들이 경험하고 있는 것을 읽어내는 방법, 관점이라고 부르는 것이 더 타당할 것이다. 교사는 이 피구라는 활동을 통해 아동들에게 무엇이 자라고 있는가를 바라볼 필요가 있다.

영역은 아동들의 성장을 보는 '관점'이 되는 것이다. 아동들에게 키워지기를 바라는 것을 나열하여, 그것을 닮은 분야, 내용으로 묶어서 정리한 것이 영역이라고 생각하면 이해하기 쉬울 것이다.

3) 보육내용에 담긴 보육의 기본 원리

다음에서 보육의 목적을 실현하기 위하여 보육내용을 다룰 때 유의해야 하는 보육의 기본 원리에 대해 알아보자. 보육은 아동과 교사를 포함한 환경과의 상호작용의 과정이고 동시에 결과이다.

(1) 생활을 통한 경험 중시의 원리

아동 한 사람 한 사람의 생활리듬을 중요시하고, 자신의 선택에 의한 놀이와 탐색으로 경험하고 배우는 것을 존중한다. 이를 위해 건강하고 안전한 정서적 생활이 가능한 환경을 마련해 주고, 자기를 충분히 발휘할 수 있는 환경을 준비한다.

(2) 개별화의 원리

아동의 발달을 이해하고 한 사람 한 사람의 발달과정에 대응하는 보육을 하는 것으로, 아동의 개인차를 충분히 배려하는 것이다.

한 사람 한 사람의 보호자의 상황이나 욕구를 이해하고 수용하여 다양한 부모·자녀관계나 가정생활 등을 배려하면서 다양한 기회를 갖게 하고, 적절하게 조력한다.

(3) 통합적 발달의 원리

놀이나 생활경험은 통합적으로 이루어지고, 따라서 여러 영역의 발달이 분절되지 않고 상호연관성을 가지고 발달한다는 것을 기본으로 한다. 아동의 상호작용이나 상호 존중하는 마음을 중요시하면서 집단활동을 효과적으로 운영하고 이를 조력한다.

이상과 같은 보육원리는 보육내용을 구성하는 데 담겨 있는 기본 전제이므로, 이에 대한 이해를 기본으로 하여 보육내용을 구성하고 계획해야 한다.

2 연령별 보육내용의 핵심

'보육계획'과 '표준보육과정'은 보육내용을 구성하는 일종의 지침이다. 보육내용을 결정하기 위해 교사는 아동의 현 상태를 파악하고자 노력해야 한다. 아동의 발달 상황, 가정의 환경, 보호자의 의향, 지역의 사정을 고려해 본다. 그런 뒤 '목표'를 설정하고, 내용(활동, 놀이 등)을 선별한다. 예상된 아동의 반응을 생각하고 그려보면서 환경을 구성한다. 실천에 들어가서는 아동의 흥미나 욕구와 같은 그때그때의 상황이 최우선이 되어야 하고 계획은 유연하고 발전적이 되어야 한다. 결국 계획은 실천을 바탕으로 재구성되고 아동과 함께 만들어 가는 것이다.

지침은 어디까지나 지침일 뿐이다. 보육의 내용과 계획은 교사가 눈앞에 있는 한 사람 한 사람의 아동을 통찰하고, 가정이나 지역과 연락해 가면서, 아동과 그리고 그 외 타인들과 함께 만들어 가는 것이다. 그리고 보육환경은 실천하는 가운데 만들고 바꾸고 제고해 가면서 구성되는 것이다.

다음에서는 영아기와 유아기의 연령대에서 보육내용이 다루어야 하는 핵심적인 사항들을 중심으로 살펴볼 것이다.

1) 0~2세 보육내용 - 영아기보육의 핵심

(1) 애정적인 상호관계

3세 미만 아동의 보육에서 중요한 포인트는 친근한 사람과의 기본적 신뢰감을 형성하는 것과 자신에 대한 긍정적인 감정을 뿌리

내리는 것이다. 어린이집에서 긴 시간 생활하는 아기에게 교사는 부모 다음으로 의존하는 존재이고, 동시에 관심과 애정과 신뢰를 주는 상대이다. 아기는 부모처럼 자신을 보살펴 주는 교사를 전폭적으로 신뢰한다.

또한 말을 하기 이전부터 교사에게 울면서 자신이 필요한 것을 요구하고, 원하는 것을 얻었을 때는 방긋방긋 웃으며 만족을 표시한다. 양손을 들어 응석을 부리기도 하고 귀엽고 사랑스러운 행동을 함으로써 아기가 먼저 관심을 구해간다.

기본적 신뢰관계를 구축하기 위하여 애정적이고 긍정적인 분위기의 환경이 보육의 기본적 전제가 된다. 자신이 사랑받고 있고, 중요하게 여겨지고 있고, 수용받고 있다는 느낌이 있어야 다른 사람을 존엄하게 생각하고, 사랑하고, 중요하게 여길 수 있게 되는 것이다.

다음의 사례에 대해 생각해 보자.

'벽지를 찢는 행동'에 관한 사례이다. '벽지를 찢는' 것은 분명히 칭찬받을 일은 아니다. 그러나 2센티 정도가 이미 벗겨진 벽지를 보고, 2세 영아가 어떤 일을 하는 것일까? 2세 영아의 발달 특징을 알고 있다면, 이 시기의 아동은 호기심이 왕성하다는 것, 활동이 매우 격렬하다는 것을 예측할 수 있다. 그렇다면 벽지가 떨어진 상황에 놓여 있는 그런 환경 구성에 문제가 있었다고 생각할 수도 있다. 한 가지 측면만을 보고 아동을 꾸짖는 것은 바람직하지 않다.

'나쁜 행동을 했다'는 것과 '나쁜 사람'은 다르다. '유치원'의 창시자인 프뢰벨은 아동에게 신성이 잠재되어 있다고 생각했다. 아동을 절대적인 '선(善)'으로 바라보는 이러한 생각은 아동 중심주의적 사고이다. 교사 자신이 아동으로부터 배우며 함께 커 가는 존재라는 것은 결국 오늘날 영유아교육의 대전제가 되었다.

위의 사례에서 '나쁜 행동을 한 것'과 '나쁜 사람이라는 것'은 크게 다르다. 3세 미만 아동에게 '나쁜 행동'을 했다는 것을 전달해야 할 경우 가능하면 따뜻하게 안아주면서, '벽지를 찢는 것은 나쁜 일'이라고 말해준다. 그리고 '벽지 전체를 바꾸어야 하기 때문에 다시는 하지 마세요'라고 말한다.

'나쁜 행동'을 이해한 아동은 정말로 자신이 '좋은 아이'라는 사실을 다른 사람들에게 알리고 싶을 것이다. 학급의 다른 아동들로부터 '나쁜 아이'라고 계속 불린다면 그 아동의 기분이 어떨지 생각해 보자. 다른 아이의 실패를 놀리는 등과 같은 행동을 하는 집단의 분위기라면, 여기서는 신뢰관계를 구축할 가능성, 즉 긍정적인 환경이 될 가능성이 적다.

유아의 보육환경은 긍정적이고 안심할 수 있는 환경이어야 한다. '안 돼', '나빠'라고 말하는 부정적인 언어가 많이 들리는 교실은 유아가 안심하고 수용되고 있다는 느낌이 들기 어렵다. 조용하게 통제된 학급이 항상 좋은 학급일까? 유아 한 사람 한 사람이 생기 있게 스스로 개성을 발휘할 수 있는 학급이야말로 기본적 신뢰관계가 잘 이루어지고 있다고 말할 수 있다.

한편 교사로서는 친부모가 아니면서 아기를 처음 만나는 순간부터 '애정적인 상호관계'를 맺어야 한다는 것이 어떤 의미일까? 교사는 의사와 마찬가지로 인간을 상대로 하는 전문직에 종사하고 있다. 이처럼 인간을 대상으로 하는 전문직에는 여러 가지가 있으나, '애정적인 상호관계 맺기'를 최우선으로 생각해야 하는 교사의 전문직은 그중에서도 특이한 것이라 할 수 있다.

부모가 자기 아이에 대해 갖는 애정과 똑같은 정도로, 교사가 맡긴 아동을 대하기는 어려울 것이다. 그러나 교사는 자신의 몸과 마음 전부를 맡기고 있는 아기의 미래를 책임지고 있다고 해도 과언이 아니다. 아기는 지금 이 순간 교사에게 의존하는 존재로서 보살핌을 받지 않으면 안 된다. 하지만 한 사람 한 사람의 아동은 훨씬 더 큰 가능성을 가지고서 길고 행복한 인생을 살아갈 준비를 하는 것이다. 이러한 점을 생각한다면 자기에게 맡겨진 이 작은 인간을 존중하는 마음이 저절로 일어나게 된다. 사람을 상대로 하는 전문직 가운데서도 이 정도로 큰 감동을 주는 관계는 없을 것이다.

(2) 기본적 생활 습관 길러주기

배변, 식사 등의 기본적 생활 습관을 몸에 익히게 하는 것은 이 시기의 영아에게 심어주어야 할 보육의 중요한 영역이다. 이유기부터 영양의 균형이 맞는 규칙적인 식사를 주고, 식후의 이 닦기 등의 습관을 갖게 하는 것은 교사의 책임이다.

오늘날에는 '양육 핵가족'이 이러한 어려운 일을 고군분투하며 해가고 있다. 남편이 아침에 일찍 출근하고 저녁 늦게 집에 돌아오는 가정이라면 어머니와 아동만이 식사하는 때가 많아진다. 과거에는 조부모나 다른 여러 식구가 한자리에 둘러앉아서 식사하는 풍경이 보편적이었다. 이때 아동은 부모나 웃어른이 먼저 수저를 든 후에 수저를 들고, 먹기 전에 '잘 먹겠습니다'로 시작하여 '잘 먹었습니다'라고 인사하며 식사를 마치는 것이 일상적이었다. 현대에는 이와 같은 생활 습관이 가정에서 사라져가고 있는 현실이다. 그만큼 현대사회가 바빠지고 있다는 의미이다. 따라서 이러한 기본적인 생활 습관에 대한 태도와 예절을 보육시설에서 담당해 줄 것을 기대하고 있다.

배변훈련은 최근에 기저귀의 질이 좋아져서 기저귀를 떼는 시기가 늦어지는 경향이 있다. 3, 4세 유아 중에 기저귀를 차고 유치원에 입학하는 아이도 있다고 교사들은 이야기한다. 따라서 적어도 유치원에 입학할 즈음에는 기저귀를 빼고 유아용 배변기를 스스로 사용할 수 있게 해야 할 것이다.

먹는 것과 배설하는 것과 자는 것은 영아생활의 기본이고, 이를 교육하는 것은 가정과 보육시설에서 담당해야 하는 양육의 중심이라는 것을 다시금 인식할 필요가 있다.

(3) 언어적 상호작용

영유아기의 아동은 다양한 가능성이 잠재된 존재로서, 미래를 만들어 가는 힘의 기초를 배양하는 것이 보육의 목적이라고 할 수 있다. 이 목적을 달성하기 위해 아동의 활동이 풍부하게 전개되도록 환경을 구성하는 것이 중요하다. 기저귀를 갈아줄 때, 우유나 이유식을 줄 때 교사는 아기를 한 인격으로 존중하고 보살피면서 자연스럽게 말을 걸게 된다. 이때 교사는 아기를 존중하면서 유아에게 맞는 '유아 언어'를 사용하게 된다. 어머니가 아이를 보살필 때 하는 것 같은 '장난 걸기', '말 걸기'를 교사도 하는 것이다.

이와 같은 언어적 상호작용은 보통 일반적인 보육현장에서 자연스럽게 행해지고 있는 것이다. 그러나 보육조건이나 보육환경이 열악한 경우는 어떤가? 교사의 여력이 부족하여 가능한 한 능률적으로 기저귀를 갈아주고 이유식을 먹인다면 '언어적 상호작용'이 이루어지기 어렵게 될 것이다. 교사가 단지 일방적인 말만 한다든지, 심한 경우는 아무 말도 하지 않은 채 단지 기계적으로 아기를 사물 취급하듯이 보살피게 된다면 어떨까?

보육이라는 일 가운데 아직 말하지 못하는 아기에게 말을 건다든지, 기저귀를 갈아주며 배에 스킨십을 해주면서 놀아주는 것은, 얼핏 보면 비능률적이고 가치 없는 것으로 보일 수 있을지도 모른다. 그러나 '언어적으로 상호작용 해주기', '장난 걸기'가 교사와 아동의 신뢰관계를 수립하는 데 중요한 의미가 있다는 것을 고려한다면, 이런 것들을 보육의 중심으로 두어야 한다. 옷을 입고 벗기기, 식사하기, 화장실 연습 등에 있어서도 '언어적 상호작용'이 중요한 것은 말할 필요도 없다.

(4) 쾌적한 생활 만들기

어린이집의 1, 2세 영아집단을 관찰해 보면 대부분의 어린이집에서 다른 아동을 깨문다든지, 머리카락을 잡아당긴다든지, 다른 아이를 누르고 넘어뜨린다든지 하는 아이가 반드시 있다. 깨무는 행위가 잠시 나타났다 사라지는 경우가 있는가 하면, 장기간 계속되는 아동도 있다. 깨물린 아이의 손목에 자국이 남아서 보호자 간에 싸움이 일어나는 일도 있다. 아동들뿐 아니라 교사를 깨무는 경우도 있다.

언어로 의사소통을 하지 못하는 1, 2세 영아가 자신의 불유쾌한 기분이나 요구를 표시하는 수단으로 울거나, 소리 지르거나, 깨물거나 한다. 그 불유쾌한 기분은 어디에 원인이 있는 것인가, 무엇을 요구하고 있는 것인가를 알 필요가 있다. 가정생활에 원인이 있는 것일지도 모른다.

또한 어린이집의 공간이나 교사 등과 애착 관계가 형성되지 않아서 생기는 스트레스일지도 모른다. 보호자와 신중하게 의논해 보고 보육실의 환경을 한 번 더 살펴보는 것이 필요하다.

어린이집은 가정과 달리 여러 명의 교사가 여러 명의 영유아를 보육하고 있다. 생후 6개월부터 1세 1, 2개월의 유아는 가까운 사람에게 강한 애착의 끈을 만드는 시기이다.

따라서 한 사람 한 사람의 아동에게 잘 맞는 담임교사를 정하는 것이 바람직하다. 현장에서 오랫동안 영유아와 함께 생활해 온 교사에 의하면 한 사람 한 사람의 유아에게 다양한 개성이 있기 때문에 유아와 교사 사이에도 서로 잘 맞거나 맞지 않는 관계성이 있는 것 같다고 말한다. 담임을 결정할 때에는 그와 같은 것을 고려하는 것이 바람직하다.

2세 후반이 되면 유아와 교사의 1대1의 관계 다음으로 또래의 관계가 강해지게 된다. 따라서 이런 점을 고려하여 반을 나누고 담임교사를 신중하게 결정하는 것이 바람직하다.

(5) 놀이를 통한 정서의 건전한 발달

3세 미만의 유아는 어린이집에서 놀이를 통하여 언어, 정서, 인지 등의 정신발달이 이루어진다. 3세 미만 아동에게는 정서의 발달과 지적발달이 하나로 통합되어 있다. 결국 보육교사와 유아 간에 신뢰관계가 형성되어 유아가 정서적으로 안정되고 행복한 상태에서 놀이가 이루어져야 하고, 이런 가운데 언어를 포함한 지적발달도 촉진되는 것이다.

3세 미만 아동은 감각기관을 사용하는 놀이, 손가락 등의 미세운동을 촉진하는 놀이가 주가 되고, 아장아장 걷기를 시작하게 되면 탐색놀이 등이 중심이 된다. 영아기의 아동은 기본적으로는 한 사람 한 사람이 따로따로 놀이하고 교사와도 1대1로 노는 것이 적절하다.

(6) 개인차의 배려

3세 미만의 시기는 발달의 변화가 매우 급격한 시기이다. 식사도 수유에서 이유식으로, 이유식에서 일반식으로 옮겨간다. 보행은 누워서 뒤집기, 앉기, 엉금엉금 기기, 서기, 걷기의 순으로 성장한다. 언어의 획득도 하루하루 진보한다. 이처럼 발달의 변화가 두드러질 뿐 아니라 이 시기는 개인차도 매우 큰 시기이다.

따라서 한 사람 한 사람의 몸과 마음의 발달 상태를 정확히 판단하여 개별적인 보육을 하는 것이 필요하다. '한 사람 한 사람'을 배려하는 보육실천은 아무리 강조해도 지나침이 없을 정도로 중요하고 어렵다. 개인차를 배려하기 위해서는 일반 아동의 발달에 관한 지식뿐만 아니라 현재 맡은 아동을 통찰하는 힘이 전제되어야 한다. 눈앞의 아동을 이해하고 받아들이는 지식이란 경험이 축적되고 시간이 흐르면서 몸으로 익혀 가는 것일 수 있다.

또한 개인차를 배려한 환경은 고정적인 것은 아니다. 아동의 기분상태나 호기심, 욕구를 바탕으로 교사가 아동과 함께 구성해 가는 것이다.

(7) 가정과의 연계

3세 미만 아동은 특정 성인과 애정적인 안정된 인간관계를 수립해야 하는 시기이다. 이를 위하여서도, 개인차를 배려하기 위해서도 가정과의 연락이 반드시 필요하다. 하루의 생활에서 가정과 보육의 장이 분리된다면 아동의 생활리듬은 엉망이 되고 만다. 또한 정신적으로도 불안정하게 된다.

가정과 보육시설의 연락을 도모하기 위하여 신뢰관계를 전제로 한 부모와의 의사소통이 중요하다. 식사, 배설, 수면 등을 보호자와 교사가 함께 공유하고, 함께 아동을 보살피고 기른다는 생각이 중요하다.

보육의 현장에서는 부모와의 의사소통을 원활하게 하기 위해 여러 가지 환경을 조성하여 준비하고 있다.

예를 들면, 등원 시에 보호자가 기재할 수 있는 카드를 어린이집에 준비해 두고 있다. 카드에는 아침 식사, 수면시간, 배변의 여부, 아동의 기호, 하원시간, 유의사항 등의 항목을 기재하도록 하고 있다. 보호자를 어린이집에 초대하여 개인 사물함의 짐을 정리하게 하거나 출석확인 수첩을 아동과 함께 기재하도록 하는 곳도 있다.

개인면담, 참관수업, 행사 등도 중요한 의사소통의 기회가 된다. 특히 행사는 아동에게는 부모와 함께하는 즐거운 경험이 된다. 많은 보호자가 행사를 기다리면서 성장해 가는 자기 아이의 모습을 보기를 기대한다. 그러나 보호자를 '손님'과 같이 취급하고, '이벤트성'을 강하게 띠면 아동이 주체가 되는 보육을 할 수 없게 되는 경우가 있다. 보육의 동반자가 아닌 손님으로 인식하고 이벤트 같은 행사의 준비에 노력을 기울여야 하기 때문이다. 정성을 들여 준비하는 것은 좋은 일이지만, 그것이 과하게 되면 일상의 보육을 방해할 수밖에 없다. 3세 미만 아동의 교사가 큰 아이들 연습을 보조해야 한다든지, 많은 아동이 한 장소에서 모여 텔레비전을 시청하면서 보육시간을 보내게 한다든지, 아동에게 등장인물의 연습을 강요한다든지 하는 등이다.

다음의 사례를 생각해 보자.

어린이집의 운동회나 재롱잔치에 참여하는 3세 미만 아동의 모습을 보기로 하자. 잔치의 주인공이 되어야 할 많은 아동이 울고 있고 교사는 열심히 아동들을 격려하고 달래고 있다. 실제로 최근에는 3세 미만 아동의 행사 참가 방법을 재검토하는 움직임이 있다. 행사는 아동과 교사의 인간관계, 아동과 또래와의 인간관계를 보여주는 기회가 되고 보호자와 교사가 함께 보육을 만들어 가는 귀중한 경험이기도 하다. 따라서 행사의 방법은 아동 중심이 되어야 할 것이다.

에피소드

오늘은 발표회, 2세아의 등장인물은 '산토끼'이다.

막이 열리고, 8명의 2세아가 서 있다. 교사와 보호자가 손으로 직접 만든 토끼 가면을 쓰고 흰색의 타이츠와 윗옷을 입고, 모자를 쓰고 있다. 엉덩이에는 꼬리가 달려 있다. 아동이 서 있는 발에는 방울이 달려 있다. 간주 시간에 울고 있는 아동이 2명, 줄에서 떨어져 나와 있는 아동이 3명, 교사는 얼른 가서 안아서 데려온다. '산토끼' 음악과 함께 돌기 시작한다. 교사는 무대의 양측에서 아동을 향하여 큰 동작과 소리로 아동과 함께 노래하고, 열심히 아동을 격려하고 있다. '귀엽다'라는 탄성이 여기저기서 들려온다. 아동이 한 명 무대에서 내려온다. 곡이 끝날 즈음에는 8명 중 6명이 울고 있다.

일상적인 연락과 행사와 같은 의사소통의 의의는 교사와 보호자가 아동의 실제 모습을 보여주고, 서로의 보육관을 전달하고자 하는 데 있다. 그리고 그것을 바탕으로 함께 협력하여 아동을 양육해 가는 것이다.

이런 부모와의 의사소통을 통하여 아동 자신도 교사와 보호자가 신뢰와 화합의 관계라는 것을 느끼면서 안심하게 된다. 아동이 안심하고 자신의 개성을 신장하며 성장하는 긍정적인 환경을 만들어 가기 위해, 보육시설과 가정의 신뢰관계는 반드시 필요한 요소라고 할 수 있다.

2) 3~5세의 보육내용 – 누리과정

(1) 신체운동 · 건강 – 건강은 모든 발달의 기초

유아의 정신과 신체의 건강한 발달은 영유아기의 발달에서 가장 기초적인 요건이다. 표준보육과정과 누리과정에서 모든 영역을 구조적으로 판단한다면 '건강'은 토대에 해당한다고 말할 수 있다.

누리과정은 '신체운동·건강' 영역의 목표를 '실내외에서 신체활동을 즐기고, 건강하고 안전한 생활을 한다'라고 말하고 있다.

유치원보다 긴 시간 생활하는 어린이집에서는 '신체운동·건강'의 목표와 내용이 훨씬 더 다양하고 충실해야 한다. 유아의 '건강'은 '생활'해 가면서 '습관이나 태도'로 몸에 익히고 도달해야 하기 때문이다.

그렇지만 오늘날 유치원과 어린이집의 사회적 기능이 점점 근접해지고 있다. 보육에서 교육의 기능이 요구되고 있는 것과 같이, 유치원에는 식생활을 포함하여 보호의 기능이 요구되고 있다.

어린이집이나 유치원에서의 식사는 많은 아동과 교사가 함께 먹는 기회를 갖게 한다는 의미가 있다. 함께 먹기란 같은 시간에 같은 장소에서 같은 것을 먹는 것으로 이를 통하여 여러 가지 측면의 발달을 기대할 수 있다. 친구들과 같은 것을 먹는 것으로부터 식사에 대한 관심이 길러지고 사회성 발달이 촉진된다. 식사에 대한 관심과 아울러 조리도 직접 해볼 수 있는 기회를 갖는다면, 식사재료에 대한 관심이 넓어지고 농작물의 재배에도 시야가 넓어질 수 있게 된다. 편식을 하거나 채소를 싫어하는 아동은 함께하는 식사를 통하여 이를 극복하려고 노력하는 자세를 평가해 주는 것이 중요하다.

한편 최근에 유아들의 운동능력 저하에 대한 우려의 소리가 높다. 신체적 발달은 전체적으로 균형을 키우는 것에서 출발한다. 아동의 신체를 키우기 위해서는 '바깥놀이'를 강조할 수밖에 없다. 아동들은 자유롭게 언제든지 또래들과 신체를 움직이며 놀이를 통해 몸을 성장시켜야 한다. 즉, '의도적·의식적'으로 그런 환경을 만들어서 신체활동을 적극적으로 해야 하는 것이다. 게임이나 텔레비전에 빠진 아동들을 나무랄 것이 아니라 규칙을 만들고 제한하고, 그리하여 바깥에서 놀 수 있도록 의도적 환경을 만들 필요가 있다.

(2) 사회관계 – 사람과 관계 맺는 힘

영유아는 다른 사람과 관계를 맺는 가운데 인간으로서의 기초를 형성해 간다. 예를 들면, 유치원이나 어린이집에서는 다양한 성인과 유아들과의 인간관계를 통하여 도덕성의 싹이 길러지고 스스로 성장하고 살아가는 힘을 키우는 것이다.

누리과정의 사회관계 영역은 '자신을 존중하고 더불어 생활하는 태도를 가진다'를 목표로 하고 있다.

3세 정도 되면 교사와 유아의 관계는 애착행동에서 정신적인 의존의 관계로 변화해 간다. 장난감이 있는 곳에 가서 잠깐 놀다가 교사가 있는 곳으로 돌아오는 행동을 반복하면서 "보고 있어", "봤어?"라는 말을 자주 하게 된다. 또한 이 시기에 아동의 또래관계가 나타나게 된다. 초기에는 특정의 2, 3명의 친구를 사귀다가 점차 그 범위가 넓어져 간다. 3세는 소꿉놀이의 전성기라고도 할 수 있다. 교사는 유아의 놀이가 발전하도록 환경을 구성하고 놀이의 진행을 위하여 배려해 주는 것이 필요하다.

4, 5세 아동은 사회의 다양한 인간관계를 이해하고 규칙을 인식하게 된다. 소꿉놀이도 점점 더 풍부해지는데 사회의 여러 역할과 사람들이 등장하고 인물의 역할이나 규칙도 확실히 나타난다. 또한 4, 5세가 되면 학급의 일원으로서의 자각도 싹트게 된다. 스스로 어떤 역할을 한 것에 대한 기쁨과 만족감을 느끼게 된다.

교사는 유아들이 규칙 있는 놀이를 하면서 협력하고 결속하는 즐거운 경험을 하도록 지도하는 것이 바람직하다. 그를 위해서는 충분한 교재연구와 준비가 필요하다. 집단 속에서 유아들은 자신의 생각이 통하지 않을 수 있다는 경험을 체험하고, 다른 아이의 의견과 자신의 의견이 다름을 알게 되고, 그런 가운데 자기실현과 자기억제를 조정하게 된다.

또한 교사는 다양한 '분쟁' 장면에 부딪히게 된다. 유아들의 인간관계와 그 발달과정은 복잡하므로 '분쟁'을 중재하는 일은 매우 어렵다. 성인에게는 싸움이라고 생각할 수 있는 사건이 유아들에게는 상대방과 관계를 맺고 있는 것일 수 있고, 자신의 의지를 전달하려 하는 행동일 수 있다. 리더 역할을 하는 유아가 명령한다든지, 때에 따라서는 '따돌림'하는 것처럼 보일 수 있는 행동도 유아들에게는 즐거운 놀이 속에서 일어나는 추종이거나 동경에서 일어나는 모방일 수 있다.

'자신의 생각이 통하지 않는다'는 경험은 우리 성인이 느끼는 것보다도 심각하게 유아의 마음을 상하게 하는 경우가 있다. 교사는 '분쟁'의 해결을 위해 조급하게 서두르지 말고, 충분하게 그 배경을 탐구하고 생각할 필요가 있다.

특히 주의해야 할 것은 '분쟁'이나 '싸움'이 '따돌림'으로 발전하지 않는지를 잘 보는 것이다. 주의해서 관찰해야 하는 점은 폭력이 습관화되지 않을까, 폭력의 요인이 다른 데 있는 것은 아닐까를 살펴보는 일이다. 예를 들어, 스트레스 해소나 회피의 수단이 되지 않은가 하는 것이다.

또한 유아들은 가정이라는 한정된 인간관계에만 갇혀 있다가 많은 수의 또래 유아들과의 생활을 체험한다. 집단생활은 유아의 자발성과 의욕을 길러주는 중요한 역할을 담당하고 있다. 그럼으로써 유아는 현재와 미래의 인간사회에 살아가는 기초를 키우고 있는 것이다.

(3) 자연탐구 – 호기심·탐구심으로 환경과 상호작용

자연탐구는 유아들이 관심과 호기심을 가지고 자연현상과 주위의 사물을 탐구하는 데 필요한 기초능력과 태도를 기르게 하는 영역이다. 유아는 호기심이나 탐구심이 왕성하여 자발적으로 환경을 탐색하면서 여러 가지의 것을 배워 간다.

유아교육의 기본은 주변 환경에 호기심을 갖고 그것을 탐구하는 것이며, 이러한 환경과의 상호작용을 통해서 교육이 이루어지는 것이다. 이때의 '환경'은 배우는 대상으로서의 환경을 말한다. 즉, 외부세계의 사물이나 사상에 대하여 유아들의 보는 방법, 생각하는 방법을 구축해 가는 것이다.

'누리과정'에서의 자연탐구 영역은 '탐구하는 과정을 즐기고, 자연과 더불어 살아가는 태도를 가진다'를 목표로 하고 있다.

탐구는 유아들이 주위의 여러 가지 사물이나 현상을 관찰하고, 궁금해 하고, 변화과정을 살펴보는 등의 능동적인 탐색활동을 함으로써 과학적 탐구능력과 태도를 기르기 위한 것이다.

또한 유아들이 일상생활에서 경험하는 여러 가지 사물과 사건을 직접 분류해 보고, 비교해 보고, 관계를 찾아보는 등의 구체적인 조작활동을 통하여 수학적인 기초 능력과 태도도 기를 수 있다.

이미 밝혀진 바와 같이 유아는 구체적 조작을 통하여 경험을 축적하고 자신을 둘러싼 환경에 대한 지식을 쌓아간다. 유아는 본래 호기심이나 탐구심이 왕성하여 항상 스스로 환경과 상호작용하려 하고 있다. 따라서 교사가 유아의 학습을 위하여 환경을 계획적으로 구성하는 것이 중요하다.

'모래놀이'를 예로 들어 생각해 보자. 3세 아동의 모래놀이는 모래의 감촉을 즐기면서 모래의 성질을 이해하는 것이 중심이 된다. 작은 물통, 모래를 고르는 체, 형태를 만들기 위한 그릇 등을 가지고 한 사람씩 묵묵히 놀이하는 경우가 많다. 4세 아동은 몇 명이 집단으로 강을 만들고 물을 흘러 보낸다든지 하게 된다. 어떻게 하면 물이 모래에 스며들지 않는가를 공부한다. 교사는 플라스틱관이나 나무통을 준비한다. 관을 어떻게 연결하면 물이 흐를까를 유아들이 탐색한다. 팀을 형성하여 물을 막고, 물웅덩이에 낙엽이나 작은 돌을 넣어보는 유아도 있다. 5세 아동의 모래놀이는 규모가 더 큰 것이 된다. 모래로 댐과 산을 만들고 물통, 호스, 도시락 보트, 모래나 흙을 운반하는 차 등을 사용하고, 처음부터 계획을 세워서 필요한 것을 구하고 협동하는 활동이 이루어진다.

교사는 유아들의 발달에 맞춰 한 사람 한 사람의 유아에게 학습이 일어날 수 있도록 모래놀이터에 여러 도구를 추가하거나 제거하는 일을 할 수 있다.

'음료수 가게놀이'에서는 꽃잎이나 나뭇잎 등을 으깨어서 예쁜 색의 음료수를 만들고, 색의 합성이나 그릇의 부피를 통해 양의 개념을 깨달아 간다. 이때 교사는 작은 컵이나 다양한 크기의 용기 등을 준비하여 두는 것이 좋다.

유아들이 산책길에 주워 온 나무 열매나 다양한 색의 나뭇잎을 가지고 여러 모양을 만든다든지, 그릇에 담아보면서 수의 감각을 익혀 간다. 거기서 나무 열매를 하나씩 대응시킬 수 있도록 모조지를 준비하거나, 나뭇잎 접시에 나무의 열매를 한 개씩 담아서 1대1 대응놀이를 해보는 것도 가능하다.

추운 겨울 등원하던 유아가 나무 아래 물웅덩이에서 얼음이 생기는 것을 발견한다. 유아들은 다른 장소에도 얼음이 있는가를 보려고 정원을 탐구하러 돌아다닌다. 양지가 있는 곳의 물은 얼지 않는다. 한 아이가 얇은 얼음을 두세 조각 떼어서 교사가 있는 교실로 가져간다. 양지가 있는 테라스에서 얼음을 녹일 수 있는가를 물어본다. 여러 명의 유아가 얼음이 녹는 모양을 보고 싶어서 모여든다.

선생님은 얼음조각을 따로따로 다른 장소에 두고 녹는 모양을 보도록 하였다. 한 조각은 양지바른 테라스 콘크리트 위에, 다른 한 조각은 응달의 흙 위에 두어 어디에서 더 잘 녹는지를 보기로 한다. 테라스의 얼음은 곧 녹지만, 나무그늘 아래의 얼음은 천천히 녹았다. 이미 다른 놀이에 열중해 버린 아이도 있지만, 얼음이 어느 정도 녹았는지를 자주 확인해 보러 오는 아이도 있다.

한편 살아 있는 생명에 대한 존중은 막연한 상상으로 그치는 것이 아니다. 한 생명이 다른 생명을 죽이며 살아가고 있는 현실에 유아들이 직면하도록 하는 것이다. 교사는 아동들이 먹고 있는 생선이나 고기도 살아 있던 것이라는 사실을 기회가 있다면 피하지 말고 가르치는 것도 좋다. 만일 어린이집에 작은 텃밭이 있어서 고구마나 토마토를 기르고 있다면 아동들이 함께 참여하여 키우게 하는 것이 좋다. 아동들은 채소를 지키기 위하여 잡초를 제거해야 한다거나 살충제로 해충을 죽여야 하는 것을 알게 된다. 생명의 소중함을 알게 하고 자신이 살아 있는 것을 실감하게 하는 경험이 필요하다. 이를 위해서는 현실에서 살아 있는 물체와 끊임없이 관계 맺는 경험을 하도록 하는 것이 훨씬 더 중요하다.

(4) 의사소통 – 생각·감정의 언어표현과 상대방 말 듣기

누리과정에서 의사소통 영역은 '일상생활에 필요한 의사소통 능력과 상상력을 기른다'는 것을 목표로 한다.

3세부터 5세경의 유아는 사고작용의 신호로 언어를 사용하게 된다. 자신의 생각을 언어로 표현하고 상대에게 전달하고자 한다. 동시에 상대의 말에 민감하게 귀 기울이게 된다. 4, 5세가 되면 비교적 긴 대화도 잘 들을 수 있고 재미있는 언어놀이도 좋아하게 된다.

유치원이나 어린이집의 생활과 놀이를 통하여 유아들은 언어를 몸에 익혀 간다. 우선 교사의 언어적 상호작용에 대해 생각해 보자. 아침에 등원하는 유아 한 사람 한 사람에게 선생님은 반갑게 '아무개, 안녕'이라고 인사를 한다. 유아는 '안녕하세요'라고 웃는 얼굴로 대답한다. 집으로 돌아갈 때는 모두에게 '잘 가'라고 인사

한다. 매일의 자연스러운 반복을 통하여 '인사하기'를 배워 가는 것이다.

같은 나이의 유아들이 집단생활을 하는 곳인 유치원이나 어린이집에서만 통용되는 독특한 언어도 필요하다. 예를 들어, '무궁화반'이라든가 '토끼반'이라는 명칭들은 그 학급에 속한 유아들에게 소속감을 느끼게 해준다. 교사는 유아들에게 뭔가를 설명한다든지 지시할 때 유아에게 이해하기 쉬운 간단한 언어를 선택하여 사용하게 된다.

3세나 4세 유아의 학급 내에는 자신의 기분이나 요구를 언어로 확실히 말하지 못하는 아이가 있다. 예를 들어, 한 아이가 만들어 둔 블록집을 다른 아이가 미리 양해도 구하지 않고 자기의 의도대로 다른 물건으로 만들어 버려 충돌이 일어났다. 이와 같은 장면은 '사회관계 영역'과 관련이 있으면서 '언어'를 연습하는 장이기도 하다. 교사가 개입하여 자세한 내용을 잘 들어주고, 언어로 상대에게 끈기 있게 말하도록 도움을 준다면 유아는 대화하는 기술을 깨달아 갈 수 있다. 5세가 되면 친구 앞에서 경험한 것을 말하고 전달하는 것을 즐기게 된다.

한편 읽기와 쓰기에 대한 본격적인 학습은 초등학교 입학부터 시작된다. 그러나 그 전에 유아는 환경을 통해 다양한 문자, 기호, 표지에 관심을 두고 그 의미를 이해하게 된다.

교사는 '읽기와 쓰기에 관심 가지기'를 체험하게 함으로써 문자에 대하여 흥미나 관심을 두도록 유도할 수 있다. 구체적으로는 선생님이나 친구에게 '편지'를 쓰게 하는 것이나, 가게놀이할 때 사야 할 물품을 써보게 하거나 크리스마스에 '선물 받기를 원하는 것'을 쓰게 하는 것 등의 자유로운 활동을 생각해 볼 수 있다.

(5) 예술경험 – 아동은 백 가지 언어로 표현

'누리과정'에서는 예술경험의 목표를 '아름다움과 예술에 관심을 가지고 창의적 표현을 즐긴다'로 하고 있다.

유아의 표현은 신체적 표현, 음악(음, 노래, 연주), 언어, 그림, 조형 등 다양한 활동을 통해 나타난다. 또한 집단생활을 통해서 자신의 의견이나 생각한 것을 표현하고 전달하면서 상대의 의견, 생각을 알게 되는 경우가 많이 있다. 한층 더 나아가서 자신이 표현한 내용을 유아 자신이 반성하고, 표현의 방법을 탐색하고, 생각하는 자세를 갖게 한다. 그리고 다른 유아의 감성, 사고, 표현을 접할 수 있게 하기도 한다.

교사는 유아가 자유롭게 자신을 충분히 표현할 수 있도록 수용적 환경을 만들어 주고 발달이나 경험에 적합한 환경을 준비해 주어야 한다. 또한 제한받지 않고 시행착오를 해가면서 자신의 생각을 자유롭게 표현할 수 있도록 하는 것도 중요하다. '이런 표현도 있을까?', '이런 생각도 있지 않을까?'라고 교사와 유아들이 함께 생각하고 무한한 발상을 자유롭게 내놓을 수 있도록 격려하는 풍성한 학급이 기대된다.

표현의 활동 영역은 무한히 넓다. 교사가 환경을 구성해 주는 것 자체가 유아에게 어떤 방법으로 표현할 것인지의 방법을 선택하게 하는 역할을 한다. 그림 도구를 사용해 본 경험, 악기를 연주한 경험 등을 통하여 유아는 자신의 표현 영역을 넓혀 가고 있다. 교사는 신체를 통한 표현, 악기에 의한 표현, 그림, 모래놀이, 물놀이, 진흙놀이, 다양한 소재를 사용하는 조형놀이 등의 환경을 구성하고 경험을 준비하여 유아가 표현을 발전시키도록 돕는다.

교사는 한편으로 발달의 일반적인 특징을 고려해 가면서 눈앞의 유아도 관찰해야 한다. 그리하여 유아의 환경이나 개성에 따라 개인차를 고려하면서 환경을 구성하는 것이 중요하다. 유아의 표현 방법은 무한하고, 그 잠재력은 계획으로 알 수 없는 면도 있기 때문이다.

MEMO

Chapter 06

제4차 표준보육과정과 개정 누리과정의 이해

1. 표준보육과정의 개발
2. 제4차 표준보육과정과 개정 누리과정의 구성
3. 표준보육과정과 개정 누리과정의 영역별 내용
4. 국가 수준의 보육과정의 현장 적용

영유아의 보육·교육에서 가장 중요한 강조점은 아동이 자발적으로 환경과 상호작용함으로써 배우고 발달하는 존재인 까닭에 보육·교육의 내용이 생활을 통해 놀이를 중심으로 이루어져야 한다는 점이다.

현대사회는 어린이집과 유치원의 사회적 역할에서 많은 공통점을 가지고 있다. 보육시설에서는 가정적인 편안한 분위기 속에서도 아동의 발달을 위한 교육적 내용이 통합되어야 하고, 유치원은 아동의 교육뿐 아니라 양호와 건강을 포함한 생활의 부분을 통합해야 한다는 점이다. 이러한 사회적 요구와 변화의 흐름은 보육의 내용이라고 할 수 있는 보육과정·교육과정에 반영되었고, 2012년 누리과정의 개발이라고 하는 결실을 보게 되었다.

이 장에서는 국가 수준의 보육과정의 개발의 필요성과 전제를 바탕으로 그 의미를 이해하는 데 중점을 두고자 한다. 그리고 보육에 대한 사회적 요구가 어떻게 제4차 표준보육과정과 개정 누리과정에 반영되었는지를 이해하고 이를 활용하는 기본적인 자세를 배우게 될 것이다.

1 표준보육과정의 개발

보육의 목표를 달성하기 위한 구체적인 내용에 해당하는 보육과정은 영유아의 발달을 도모할 수 있는 내용을 포함하여 보육의 틀을 제공한다. 우리나라는 국가 수준에서 제시되는 보육내용을 표준보육과정이라고 부른다. 즉, 표준보육과정은 보육시설을 이용하는 영유아의 보육 목적과 목표를 달성하기 위한 국가 수준의 보육과정이다(「영유아보육법」 제29조제2항, 동법 시행규칙 제30조).

표준보육과정은 다시 0~2세 영아를 위한 보육과정과 3~5세 유아를 위한 유치원 공통의 누리과정으로 구성된다. 누리과정은 어린이집 표준보육과정과 유치원교육과정 중 만 3~5세 유아에게 필요한 기본능력과 소양을 기를 수 있는 공통내용을 선정한 과정이다.

1) 0~2세 보육과정

0~2세의 보육과정은 기본생활, 신체운동, 의사소통, 사회관계, 예술경험, 자연탐구의 6개 영역을 중심으로 구성된다. 각 영역은 영유아가 건강하고 안전하며 바르게 생활하는 데 필요한 내용과 신체, 언어, 사회, 인지, 정서 등 전인적 발달을 위해서 영유아가 갖춰야 할 지식, 기술, 태도를 포함한다(보건복지부, 2013).

2) 3~5세 누리과정

3~5세 누리과정은 2013년 3월부터 시행되었고, 어린이집과 유치원에 다니는 모든 3~5세 유아에게 공정한 교육의 기회를 제공

하기 위한 국가가 제시하는 최적의 교육과정에 대한 지침이다. 또한 누리과정은 기존의 유치원교육과정과 표준보육과정을 통합한 공통과정으로서 3~5세 유아가 놀이를 통해 심신의 건강과 조화로운 발달을 이루고, 바른 인성과 민주시민의 기초를 형성하는 것을 목적으로 하고 있다. 2020년부터는 개정된 누리과정으로 전환되었다.

3) 표준보육과정 개발의 기본 원리

표준보육과정은 그동안 축적된 과학적 연구와 실증적 자료를 바탕으로 영유아에 대한 관점, 영유아 환경과의 관계, 학습과 발달에 대한 관점 등을 중심으로 개발되었다(여성가족부, 2006). 이들의 기본 원리에 해당하는 내용을 살펴보면 다음과 같다.

첫째, 모든 영유아는 환경과의 능동적 상호작용을 통해 자신의 발달과 경험을 적극적으로 구성해 나갈 수 있는 능력을 갖추고 있다.

둘째, 영유아의 발달과 학습은 통합적으로 이루어진다. 즉, 언어, 사회, 정서, 신체, 인지적 측면들이 서로 유기적으로 관련되어 있어 분리된 방식으로 가르치는 것은 바람직하지 않다.

셋째, 영유아는 학습속도, 기질, 상황, 사전경험, 환경에 따라 개인차를 가지고 있고, 영유아의 최적 발달을 위해 개인차를 고려한 학습활동이 제공되어야 한다.

넷째, 영유아의 성장과 발달에 영향을 미치는 중요한 요인들은 보육환경과 보육교사, 또래, 가족이나 지역사회구성원 등이다. 미시적인 차원에서의 환경적 관점보다 생태적인 관점에서의 환경을 제공하는 것이 바람직하다.

다섯째, 영유아는 교사 중심의 대집단활동보다 자신의 선택에 의한 놀이와 탐색을 통해 지식, 기술 및 태도를 가장 잘 습득할 수 있다.

여섯째, 질적으로 우수한 교사는 영유아를 안전하게 보호하고, 또래나 교구와 상호작용을 통해 능동적으로 탐구할 수 있도록 다양한 활동을 제공하고 세심한 관찰로 개별적으로 적합한 지원을 제공한다.

즉, 표준보육과정의 기본 원리는 아동이 환경과의 자발적이고 능동적 상호작용을 통하여 놀이하고 탐색함으로써 통합적으로 발달하는 존재이므로 이를 돕는 보육과정이어야 한다는 점이다. 여기에는 개인적, 가정적 개별성을 존중하는 기본 자세가 필요하다.

4) 표준보육과정의 개발과정

표준보육과정의 개발과정을 살펴보면 우선 2004년 「영유아보육법」이 개정되면서 법적 근거가 마련되었다. 개정된 「영유아보육법」(2005년 1월 30일부터 시행) 제29조제2항에서 표준보육과정을 개발 보급하여야 함을 명시하고, 2006년 우리나라 최초의 국가 수준의 '표준보육과정'이 입법화(「영유아보육법」 시행규칙)되었고, '표준보육과정의 구체적인 보육내용 및 교사지침'이 2007년에 고시되었다.

그리고 2012년 제2차 표준보육과정 개정을 거치는데, 이는 5세 누리과정을 도입함에 따라 유치원교육과정과 공통으로 5세 누리과정을 별도로 제정하고, 나머지 나이인 0~4세를 대상으로 한 개정이었다. 이후 2013년 3월부터 시행된 3차 표준보육과정은 확대 도입되는 만 3~5세 누리과정에 맞추어 개편되었다.

이후 2018년부터 유아교육계와 보육계의 협력으로 현장 및 학계의 의견을 수렴하여 2019 개정 누리과정을 확정·발표하였다(2019.7.19). 그리고 2019년 10월부터 누리과정 및 표준보육과정 연구진을 중심으로 0~1세 보육과정과 2세 보육과정의 영역별 내용을 개정하였고 2020년 4월 9일에 '제4차 어린이집 표준보육과정'을 고시하였다. 그리하여 2020년 3월부터 개정 누리과정이, 9월부터 제4차 표준보육과정이 시행되게 되었다.

표 6-1 표준보육과정의 개정 과정표

표준보육과정의 개정		내용
2004.1	「영유아보육법」 전문개정	표준보육과정 개발의 근거 마련
2005.11	표준보육과정 연구	표준보육과정 개발을 위한 연구, 공청회, 자문 등 실시를 통해 연구 완성
2007.1	표준보육과정 고시	표준보육과정의 구체적 보육내용 및 교사지침 고시
2011.9	5세 누리과정 고시	보건복지부, 교육과학기술부에서 어린이집과 유치원 5세를 위한 공통과정으로 5세 누리과정을 제정 고시함
2012.2	제2차 표준보육과정 개정 고시	5세 누리과정 제정과 더불어 0~4세를 포함하여 제2차 표준보육과정을 고시함(보건복지부고시 제2012-28)
2012.7	3~4세 누리과정 제정 고시 및 5세 누리과정 개정 고시	보건복지부와 교육과학기술부가 함께 5세 누리과정 개정과 더불어 3~4세 누리과정을 제정하여 고시함

표준보육과정의 개정		내용
2013.1	제3차 어린이집 표준보육과정 개정 고시	0~1세, 2세, 3~5세 보육과정(누리과정)을 포함하여 전체적으로 개정 고시
2018.7	개정 누리과정 확정·발표	2020년부터 '유아 중심·놀이 중심'의 개정 누리과정으로 전환
2019.4	제4차 어린이집 표준보육과정 고시	2020년 9월부터 4차 표준보육과정 시행

자료: 보건복지부(2013)와 이난이(2014) p.11(표1)을 재구성함.

2 제4차 표준보육과정과 개정 누리과정의 구성

1) 추구하는 인간상과 보육목표

제4차 표준보육과정은 '2019 개정 누리과정'에서 새롭게 제시했던 추구하는 인간상을 동일하게 적용하여 변경하였다. 이는 0~5세 영유아를 보육하는 어린이집 현장에서의 혼란을 최소화하기 위함이다. 즉, 건강한 사람, 자주적인 사람, 창의적인 사람, 감성이 풍부한 사람, 더불어 사는 사람으로, 이는 미래의 핵심역량을 반영한 초·중등학교 교육과정의 인간상과 연계되어 있다.

한편 표준보육과정의 목적은 영유아가 놀이를 통해 심신의 건강과 조화로운 발달을 이루고 바른 인성과 민주시민의 기초를 형성하는 데에 있다.

4차 표준보육과정의 인간상과 보육목표

<table>
<tr><th></th><th>분류</th><th>0~2세 표준보육과정</th><th>3~5세 누리과정</th></tr>
<tr><td rowspan="3">표준보육
과정</td><td>목적</td><td>영유아가 놀이를 통해 심신의 건강과 조화로운 발달을 이루고 바른 인성과 민주시민의 기초를 형성하는 데에 있다.</td><td>유아가 놀이를 통해 심신의 건강과 조화로운 발달을 이루고 바른 인성과 민주시민의 기초를 형성하는 데에 있다.</td></tr>
<tr><td>인간상</td><td>가. 건강한 사람
나. 자주적인 사람
다. 창의적인 사람
라. 감성이 풍부한 사람
마. 더불어 사는 사람</td><td>가. 건강한 사람
나. 자주적인 사람
다. 창의적인 사람
라. 감성이 풍부한 사람
마. 더불어 사는 사람</td></tr>
<tr><td>보육
목표</td><td>가. 자신의 소중함을 알고, 건강하고 안전한 환경에서 즐겁게 생활한다.
나. 자신의 일을 스스로 하고자 한다.
다. 호기심을 가지고 탐색하며 상상력을 기른다.
라. 일상에서 아름다움에 관심을 가지고 감성을 기른다.
마. 사람과 자연을 존중하고 소통하는 데 관심을 가진다.</td><td>가. 자신의 소중함을 알고, 건강하고 안전한 생활 습관을 기른다.
나. 자신의 일을 스스로 해결하는 기초능력을 기른다.
다. 호기심과 탐구심을 가지고 상상력과 창의력을 기른다.
라. 일상에서 아름다움을 느끼고 문화적 감수성을 기른다.
마. 사람과 자연을 존중하고 배려하며 소통하는 태도를 기른다.</td></tr>
</table>

자료: 제4차 어린이집 표준보육과정 해설서(보건복지부, 2020) 재구성.

2) 표준보육과정 구성의 중점

표준보육과정을 구성할 때, 주요하게 고려한 중점 내용은 다음과 같다.

첫째, 영유아는 개별적인 특성을 지닌 고유한 존재임을 전제로 구성한다.

모든 영유아는 타고난 기질이나 유전적 특성, 발달 속도 등 여러 측면에서 개인차를 지닌 존재이다. 따라서 표준보육과정은 영유아 개개인이 독특하고 고유한 존재로 존중 받을 때 건강하게 성장할 수 있다는 것을 전제로 구성하였다.

둘째, 0~5세 모든 영유아에게 적용할 수 있도록 구성한다.

표준보육과정은 국가 수준의 보육과정으로서 어린이집에 다니는 0~5세 영유아가 경험해야 할 공통적이고 일반적 기준을 제시하여 모든 0~5세 영유아가 양질의 보육을 받을 수 있도록 구성하였다. 영유아의 연령, 발달, 장애, 종교나 가족구성, 지역 등의 사회경제적 배경과 문화적 배경에 의해 배제되거나 차별받지 않는 것을 의미한다.

셋째, 추구하는 인간상 구현을 위한 지식, 기능, 태도 및 가치를 반영하여 구성한다. 표준보육과정에서는 추구하는 인간상 구현을 위해 지식, 기능, 태도 및 가치를 영유아가 놀이하며 배우는 경험과 연계하여 제시하였으며 지식, 기능, 태도 및 가치를 표준보육과정 전반에 반영하였다.

넷째, 표준보육과정은 다음의 영역을 중심으로 구성한다.

① 0~1세 보육과정과 2세 보육과정은 기본생활, 신체운동, 의사소통, 사회관계, 예술경험, 자연탐구의 6개 영역을 중심으로

구성한다.

② 3~5세 보육과정(누리과정)은 신체운동·건강, 의사소통, 사회관계, 예술경험, 자연탐구의 5개 영역을 중심으로 구성한다.

다섯째, 0~5세 영유아가 경험해야 할 내용으로 구성한다.

0~1세 보육과정은 6개 영역의 내용을 40개로, 2세 보육과정은 6개 영역의 내용을 43개로, 3~5세 보육과정(누리과정)은 5개 영역의 내용을 총 59개로 간략화하고, 이를 영유아가 경험해야 할 내용으로 명시하였다. 이러한 경험은 영유아가 직접 하는 것이므로 궁극적으로 표준보육과정은 영유아가 주체가 되는 보육과정을 말한다.

여섯째, 초등학교 교육과정과의 연계성을 고려하여 구성한다.

표준보육과정은 초등학교 교육과정과의 연계성을 강조하였다. 표준보육과정 내에서는 0~1세, 2세 보육과정 내용과 3세 유아의 경험이 분절되지 않고 자연스럽게 연계되도록 구성하였다. 또한 초등학교 교육과정과의 연계를 위하여 교육내용의 계열성을 포함하여 체계와 형식을 통일하여 구성하였다. 3~5세 보육과정(누리과정) 5개 영역의 내용은 초등학교 교육내용을 상회하지 않도록 유의하여 구성하되, 3~5세의 경험과 초등학교 1학년에서의 경험이 단절되지 않고, 유아들이 순조롭게 전이하도록 돕고자 하였다.

3) 표준보육과정의 편성 · 운영

편성과 운영은 어린이집에서 영유아, 놀이 중심 보육과정을 편성하고 운영하기 위해 고려해야 할 공통적 기준을 안내한 것이다.

편성은 국가에서 고시한 표준보육과정을 개별 어린이집 수준에서 재구성하는 과정이다. 영유아가 중심이 되고 놀이가 살아나는 영유아 놀이 중심 보육과정 운영이 되어야 한다.

다음의 사항에 따라 표준보육과정을 편성, 운영한다.

가. 어린이집의 운영시간에 맞추어 편성한다.
나. 표준보육과정을 바탕으로 각 기관의 실정에 적합한 계획을 수립하여 운영한다.
다. 하루 일과에서 바깥놀이를 포함하여 영유아의 놀이가 충분히 이루어지도록 편성 운영한다.
라. 성, 신체적 특성, 장애, 종교, 가족 및 문화적 배경 등에 따른 차별이 없도록 편성하여 운영한다.
마. 영유아의 발달과 장애 정도에 따라 조정하여 운영한다.
바. 가정과 지역사회와의 협력과 참여에 기반하여 운영한다.
사. 교사 연수를 통해 표준보육과정의 운영을 개선할 수 있도록 한다.

4) 교수 학습

교수학습은 영유아가 즐겁게 놀이하며 스스로 배울 수 있도록 교사가 지원할 때 고려해야 할 사항이다.

표준보육과정에서는 교사를 영유아의 놀이 지원자로 제안하고 있다. 교사는 놀이의 특성, 의미, 가치를 이해하여 영유아가 즐겁게 놀이하면서 배우는 경험을 지원할 수 있다. 교사는 적절하게 환경을 구성하고 영유아와 바람직한 상호작용을 하여 영유아가 놀이에 몰입하고 놀이를 확장하도록 돕는 역할을 한다.

교사는 다음 사항에 따라 영유아를 지원한다.

가. 영유아의 의사표현을 존중하고 민감하게 반응한다.
나. 영유아가 흥미와 관심에 따라 놀이에 자유롭게 참여하고 즐기도록 한다.
다. 영유아가 놀이를 통해 배우도록 한다.
라. 영유아가 다양한 놀이와 활동을 경험할 수 있도록 실내외 환경을 구성한다.
마. 영유아와 영유아, 영유아와 교사, 영유아와 환경 사이에 능동적인 상호작용이 이루어지도록 한다.
바. 각 영역의 내용이 통합적으로 영유아의 경험과 연계되도록 한다.
사. 개별 영유아의 요구에 따라 휴식과 일상생활이 원활히 이루어지도록 한다.
아. 영유아의 연령, 발달, 장애, 배경 등을 고려하여 개별 특성에 적합한 방식으로 배우도록 한다.

5) 평가

표준보육과정에서 평가는 어린이집에서 영유아가 중심이 되고 놀이가 살아나는 표준보육과정의 운영을 되돌아보고 개선해 가는 과정이다. 표준보육과정은 어린이집에서 영유아, 놀이 중심 보육과정을 운영하는 데 도움이 되고자 평가를 간략화하고 각 어린이집의 자율적인 평가를 강조하였다. 어린이집은 평가의 목적, 대상, 방법, 결과의 활용을 바탕으로 표준보육과정 평가를 자율적으로 실시할 수 있다.

평가는 다음 사항에 중점을 두고 실시한다.

가. 표준보육과정 운영의 질을 진단하고 개선하기 위해 평가를 계획하고 실시한다.

나. 영유아의 특성 및 변화 정도와 표준보육과정의 운영을 평가한다.

다. 평가의 목적에 따라 적합한 방법을 사용하여 평가한다.

라. 평가의 결과는 영유아에 대한 이해와 표준보육과정 운영 개선을 위한 자료로 활용할 수 있다.

6) 2020년 개정 누리과정의 주요 특징

다음은 개정 누리과정의 주요 특징이다.

① 유아 중심·놀이 중심 교육과정

교사 주도 활동을 지양하며, 유아가 충분한 놀이 경험을 통해 몰입과 즐거움 속에서 자율·창의성을 신장하고, 전인적 발달과 행복을 추구할 수 있도록 하였다.

② 국가 수준 교육과정으로서 구성 체계 확립

누리과정의 성격을 국가 수준 공통 교육과정으로 명시하고, 미래사회 핵심역량을 반영한 인간상(건강한 사람, 자주적인 사람, 창의적인 사람, 감성이 풍부한 사람, 더불어 사는 사람)과 목표를 밝혀 교육과정으로서 구성 체계를 확립하였다.

③ 내용구성의 간략화를 통한 현장 자율성 확대

교육과정의 5개 영역(신체운동·건강, 의사소통, 사회관계, 예술경험, 자연탐구)은 유지하되, 연령별 세부내용(369개)을 연령 통합(59개)으로 간략화하고 다양한 교육방식이 발현될 수 있도록 현장 자율성을 확대하였다.

④ 교사의 누리과정 실행력 지원

교사의 과다한 일일교육계획 작성을 경감하고, 주제와 유아놀이를 일치시켜야 하는 부담감 등을 완화해 교사의 자신감 회복을 도우며 자율성과 책무성을 강조하여 누리과정 실행력을 지원하는 데 중점을 두었다(출처: https://if-blog.tistory.com/9042 [교육부 공식 블로그]).

정리하면 표준보육과정과 누리과정 개정은 교사 주도 활동을 지양하며, 유아가 충분한 놀이 경험을 통해 몰입과 즐거움 속에서 자율·창의성을 신장하고, 전인적 발달과 행복을 추구할 수 있도록 했다는 점에 의의가 있다.

3 표준보육과정과 개정 누리과정의 영역별 내용

표준보육과정과 개정 누리과정의 각 영역을 비교하여 제시하면 다음과 같다.

1) 표준보육과정

만 0~2세 표준보육과정의 영역별 내용은 다음과 같다.

0~2세 표준보육과정

기본생활	신체운동	의사소통	사회관계	예술경험	자연탐구
• 건강하게 생활하기 • 안전하게 생활하기	• 감각과 신체 인식하기 • 신체활동 즐기기	• 듣기와 말하기 • 읽기와 쓰기에 관심 가지기 • 책과 이야기 즐기기	• 나를 알고 존중하기 • 더불어 생활하기	• 아름다움 찾아보기 • 창의적으로 표현하기	• 탐구과정 즐기기 • 생활 속에서 탐구하기 • 자연과 더불어 살기

2) 누리과정

3~5세 누리과정의 영역은 다음과 같다.

3~5세의 개정 누리과정 영역

신체운동 건강	의사소통	사회관계	예술경험	자연탐구
• 신체활동 즐기기 • 건강하게 생활하기 • 안전하게 생활하기	• 듣기와 말하기 • 읽기와 쓰기에 관심 가지기 • 책과 이야기 즐기기	• 나를 알고 존중하기 • 더불어 생활하기 • 사회에 관심 가지기	• 아름다움 찾아보기 • 창의적으로 표현하기 • 예술 감상하기	• 탐구과정 즐기기 • 생활 속에서 탐구하기 • 자연과 더불어 살기

3) 표준보육과정과 누리과정의 영역별 내용 비교

다음에서 각각의 영역별 내용을 비교하여 살펴보자.

기본생활 영역

0~2세 표준보육과정
건강하게 생활하기 안전하게 생활하기

신체운동 · 건강 영역

0~2세 표준보육과정	누리과정
감각과 신체 인식하기 신체활동 즐기기	신체활동 즐기기 건강하게 생활하기 안전하게 생활하기

사회관계 영역

0~2세 표준보육과정	누리과정
나를 알고 존중하기 더불어 생활하기	나를 알고 존중하기 더불어 생활하기 사회에 관심 가지기

의사소통 영역

0~2세 표준보육과정	누리과정
듣기와 말하기 읽기와 쓰기에 관심 가지기 책과 이야기 즐기기	듣기와 말하기 읽기와 쓰기에 관심 가지기 책과 이야기 즐기기

자연탐구 영역

0~2세 표준보육과정	누리과정
탐구과정 즐기기 생활 속에서 탐구하기 자연과 더불어 살기	탐구과정 즐기기 생활 속에서 탐구하기 자연과 더불어 살기

예술경험 영역

0~2세 표준보육과정	누리과정
아름다움 찾아보기 창의적으로 표현하기	아름다움 찾아보기 창의적으로 표현하기 예술 감상하기

4 국가 수준의 보육과정의 현장 적용

표준보육과정은 기본 전제에서도 제시하였듯이 아동을 개별적인 특성이 있는 고유한 존재로 바라보고, 환경과 자발적으로 상호작용하고자 하는 능력과 의지를 갖춘 자율적인 존재라는 것을 인정하는 것을 기본 철학으로 한다.

국가 수준의 보육과정은 현장에 있는 교사들에게 하나의 지침으로서 받아들여져야 한다. 즉, 보육과정의 내용을 숙지하고 이를 기본적인 지침으로 활용하되, 아동의 자발적인 탐색과 활동을 존중하고, 환경을 통해 아동의 흥미를 유발하는 교육이 되어야 한다는 것이다.

4차 표준보육과정의 취지에서도 나타나듯이 영유아가 놀이 경험을 통해 즐거움 속에서 자율성과 창의성을 신장하도록 하고 교사 주도의 활동은 지양해야 한다. 즉, 아동이 중심이 되는 실천이 될 수 있도록 유연한 보육과정을 계획하고 운영해야 할 것이다.

MEMO

Chapter 07

다른 나라의 보육

1. 미국
2. 스웨덴
3. 이탈리아
4. 일본

각국의 보육은 그 나라의 역사와 사회 · 문화 · 정치적 배경과 더불어 각 나라의 다양한 요구를 반영하면서 나름대로 발달해 왔다. 우리나라 보육정책의 특징을 이해하기 위해 다양한 나라의 보육 발달사를 이해하는 것이 도움이 된다. 결국 우리나라의 오늘날과 같은 보육의 형태는 서구의 다른 국가에서 시행하고 발전시켜 온 보육의 모습들을 반영하고 있기 때문이다. 현재를 더 잘 알기 위해 역사를 공부하듯이 우리나라의 보육을 더 잘 이해하기 위해서도 다른 나라의 보육 특징과 발전과정을 이해하는 것은 여러 면에서 도움이 된다.

이 장에서는 미국, 스웨덴, 이탈리아, 일본의 보육 특징과 운영방식에 대해 우리에게 시사하는 바를 중심으로 그 내용을 살펴보고자 한다.

1 미국

1) 다양성의 존중

1957년에 구소련이 쏘아올린 인공위성 스푸트니크의 쇼크, 1960년대의 공교육 운동 등의 영향으로 미국에서는 유아교육·보육에 대한 관심이 매우 높아졌다. 1960년대 후반부터의 이러한 급격한 변화는 1980년대 들어 여성의 사회 진출이 늘어나고, 특히 중산층의 가정이 보육시설 등을 이용하게 되면서 보육의 내용에 관한 다양한 요구가 표면화하게 되었다.

미국에서는 1965년에 헤드스타트 프로젝트가 개시한 이래 56만 명의 아동이 여기에 참가하였고, 1999년의 참가자는 82만 6,000명을 넘었다(Neugebauer, 1992). 미국의 교육학자 스포덱은 그의 책 머리에 1965년에 5세 아동이 유치원에 통학하는 비율이 47%였던 것에 비해 지금(1986년 당시)은 그 비율이 90%도 넘었고, 그중에 88%가 공립 초등학교에 부설된 유치원에 통학하고 있다고 지적하였다. 또한 대부분의 주에서 유치원교육이 의무교육인가와 관계없이 높은 취원율을 보이는 것은 미국의 가족이 유치원교육의 가치에 신뢰를 주고 있다는 증거라고 말하였다(Spodeck, B., 1986).

그 이후 미국의 유아교육·보육은 수십 년 동안 양적 확대와 질적 개선을 지속적으로 요구해 왔다. 급격한 양적 확대는 교사 양성이 뒤따라가지 못하여, 보육시설의 보육교사 가운데는 고교를 졸업한 후에 약간의 전문교육도 받지 않는 경우도 많았었다. 그러나 질적 요구는 더욱 활동적인 학습을 위해 접근하는 것이 아니라

3R's(읽기 쓰기 셈하기)에 초점을 두고 일률적으로 가르치거나, 기계적으로 학습하는 등 협의의 학습기능을 향상시키는 일에 힘을 쏟는 사태를 가져왔다(NAEYC, Catzs, 2000).

더욱이 미국에서는 우리나라의 유치원교육과정이나 표준보육과정 같이 전국적인 영유아교육시설에 영향력을 주는 국가적 차원의 가이드라인이 존재하지 않는다. 또한 전국 규모의 유치원이나 보육시설을 담당하는 국가기관이 없다. 보육, 교육의 기준은 각 주에 자유롭게 맡겨두었고, 공통의 기준을 가지지 않는 제도로 정착된 것이다.

2) '발달에 적합한 실천 DAP(Developmentally Appropriate Practice)' – 유아교육 · 보육의 공통인식

이와 같은 상황에서 위기감을 가진 NAEYC(전미 유아교육협회)는 1986년에 하나의 기본 견해로서 '발달에 적합한 실천(DAP)'을 공표했다. 그리고 1987년에 대상 나이를 0세에서 8세까지 확대하여 이를 출판하였는데, 이는 미국 국내외에 50만 부 이상이 팔리는 베스트셀러가 되었다. 그것은 다양한 논쟁을 불러일으켰고, 이후 1997년 개정판이 출판되었다.

결국 영유아교육에 관한 전국적인 기준 없이 초등학교 교육방법이나 학습워크북을 영유아교육에 그대로 활용하던 시대에, 전국적인 네트워크를 가진 영유아교육 종사자나 연구자들이 아동교육에 적절한 실천의 기준을 만들어낸 것이다. 이 기준의 작성으로 인해 그때까지 없었던 영유아교육·보육에서의 공통인식이 생겨났다.

3) 아동에의 약속

DAP 그 자체는 교육과정이 아니다. 오히려 NAEYC가 '기본 견해'로 불렀듯이 하나의 관점 표명이다. 아동의 발달에서 적절한 보육·교육 실천이란 무엇인가를 제안하고, 그것에 기초하여 개개의 프로그램이 작성되는 것을 기대하고 만들어진 것이다. 그 제안의 기본이 다음의 '아동에의 약속'이다(NAEYC, 1997).

① 유아기를 인간의 일생에서 독특한 가치 있는 단계로서 평가한다(그리하여 유아의 현재 생활의 질을 가치 있는 것으로 여기고 단순히 장래의 준비로서만 보지 않는다).

② 아동과 관계하는 우리들의 임무를 아동의 발달(과 배움) 지식에 따라 실천한다.

③ 아동과 가정의 밀접한 연결의 가치를 인정하고, 지원한다.

④ 아동은 가정, 문화, 사회의 맥락에서 훨씬 더 잘 이해된다.

⑤ 한 사람 한 사람(아동, 가족의 성원 그리고 동료)의 존경, 가치 그리고 독자성을 존중한다.

⑥ 아동과 성인이 신뢰, 존경, 적극적인 관심으로 연결된 인간관계를 기본으로 하여, 아동과 성인의 가능성을 최대한으로 발휘할 수 있도록 지원한다.

이것은 '아동의 시기'라는 것의 가치를 인정하고, 과학적 지식에 근거한 보육·교육을 실천하는 것, 다문화 사회인 미국에서 주류의 문화로 개개의 아동이나 가족을 보는 것이 아니라 개개의 아동이나 가족의 문화적·사회적 배경을 존중하고, 그 배경으로부터 아동, 가족, 동료를 이해하고 존경하는 것, 그리하여 상호 간의 존경과 신뢰를 기본으로 하는 인간관계 속에서 보육·교육을 실천하는 것을 아동들에게 약속하고 있는 것이다.

4) 발달에 적합한 실천(DAP)의 기초가 되는 아동의 학습 원리

DAP는 '아동에의 약속'을 기본으로 하고, 실천을 위한 '아동의 학습원리'를 12항목으로 정리하고 있다(NAEYC, 1997).

① 모든 영역의 발달과 학습은 중요하다.
아동의 발달 영역(신체적, 사회적, 정서적, 인지적 영역)은 상호 간에 밀접하게 관련되어 있다. 한 영역의 발달은 다른 영역의 발달에 영향을 주고, 영향을 받는다.

② 학습과 발달은 순서를 따른다.
발달은 이미 획득한 것 위에 새로운 능력, 기능, 지식을 구축하면서 상대적으로 순서를 따라서 일어난다.

③ 발달과 학습은 다양한 비율로 진행된다.
발달은 개개의 아동의 능력이 다른 영역 간에 불균형할 뿐 아니라 아동의 다양성으로 인해 다른 속도로 진행된다.

④ 초기의 경험은 발달과 학습에 중대한 영향을 미친다.
영유아기의 경험은 한 사람 한 사람의 아동발달에 누적적인 효과도, 늦춰지게 하는 영향도 가지고 있다. 한 유형의 발달과 배움에는 최적의 시기가 존재한다.

⑤ 발달은 더욱 복잡하고, 자기 통제적이고 상징적 혹은 표상적 능력을 향하여 나아간다.
발달은 예측 가능한 방향으로, 순서를 따라 복잡화, 조직화,

내면화의 방향으로 진행한다.

⑥ 발달과 학습은 다양한 사회문화적 맥락 속에서 그 영향을 받아 일어난다.

⑦ 아동은 경험을 통해서 배우고자 하는 동기와 접근을 형성한다.

아동은 활동적인 학습자이고, 문화적으로 전수받은 지식과 함께 신체적, 사회적 경험을 밟아가면서 자신의 주위의 세계에 대하여 자신의 이해를 구축하여 가는 학습자이다.

⑧ 발달과 배움은 생물학적 성숙과 환경과의 상호작용의 결과로 일어난다. 환경에는 아동이 생활하고 있는 물리적 세계와 사회적 세계 모두가 포함된다.

⑨ 놀이는 자기통제와 언어적 발달, 인지 그리고 사회적 능력을 위한 중요한 수단이다.

놀이는 아동의 발달을 반영해 나가는 것임과 동시에 아동의 사회성, 감성, 지성의 발달을 위한 중요한 매개수단이다.

⑩ 발달과 학습은 아동이 도전을 받을 때 진보한다.

발달은 아동이 현재까지 습득했던 수준보다 다소 진전된 것에서 도전을 경험할 때 촉진된다.

⑪ 아동은 다양한 방법으로 배운다.

⑫ 아동의 발달은 그들이 안전한 관계를 맺을 때 가장 잘 발달한다. 아동은 안전하게 신체적인 욕구를 만족시키고, 심리적으로 안정감을 가진 지역사회의 환경에서 가장 잘 발달하고 배워 간다.

이들 원리는 단순히 발달심리학적 견해에 기초하고 있을 뿐 아니라 개개의 아동의 차이에 대한 관점, 아동의 사회문화적 배경의 영향, 그리고 교육학적 관점을 결합하여 수립된 것이다. 실제의 보육·교육 프로그램은 다양하므로, 어떠한 형태의 시설에서도 여기에 제시한 원리를 그 프로그램에 반영할 것을 주장하는 것이다.

또한 안전성과 신체적 욕구의 충족에 더하여 학습에서는 '서로 서로 배우고 맞추어 가는 공동체'라는 관점을 가지고 있다는 점이 중요하다. 다문화 사회에서는 자기의 문화에 대한 존경을 갖고 그 독자성을 주장하는 것과 동시에, 다른 문화의 가치를 존중하고 협조하는 것도 중요한 학습이다. 또한 그와 같은 학습환경이 아동들에게 주어질 수 있어야만 한다는 것을 강조하고 있다.

이러한 배움의 원리는 우리나라의 유아교육과정이나 표준보육과정의 구성 원리에도 반영된 공통적인 견해이다.

5) 교사 역할의 중요성

DAP 개정판은 아동들의 보육·교육을 위한 '발달에 적합한 실천'의 기본 견해를 설명한 후, 개개의 연령별 실천에 관한 기술을 설명하기에 앞서 제2장 '교사의 역할'에 대해 기술하고 있다. '발달에 적합한 실천'의 키를 쥐고 있는 것은 교사라는 주장이다.

교사는 다양한 단계에서 다양한 판단을 할 것이 요구된다. 1년간의 계획을 수립할 때, 월, 주 그리고 하루의 계획을 세울 때 '무엇을 어떻게 해야 할까'라는 결단이 요구된다. 또한 아동과의 상호작용이나 대화 속에서 즉시 판단하고 대응하는 결단이 요구된다. 그 결단의 누적, 총체가 바로 보육·교육의 실천이다. 그 가운데서 드러나는 관점이 '발달에 적합한 실천'인가 아닌가를 결정한다. '아동의 발달과 학습에 관한 지식', '개별 아동에 대한 지식', '사회문화적 배경에 대한 지식'을 매일의 실천에 구현해내는 열쇠를 쥐고 있는 것은 다름 아닌 교사 자신이다.

DAP는 '아동에의 약속'에서 개별 아동의 가치를 인정하고 그 아동을 중심으로 하는 실천을 선언하고 있다. 그러나 그것은 아동의 어리광을 인정한다거나 자유라는 이름으로 방임에 놓아두는 것을 의미하는 것은 아니다. 그리고 아동의 발달과 배움을 위하여 친구 만들기, 환경 만들기에 적극적으로 개입하는 교사를 요구하고 있다.

6) 미래의 방향

DAP의 초판이 발행되고 30년이 지났다. 그 뒤로 싹이 튼 공통인식은 7년에 한 번씩 꾸준히 개정판을 내는 단계에 오고 있다. DAP는 개별적인 보육·교육 프로그램의 제시는 아니다. 개개의 교사가 자신의 프로그램을 작성할 때 활용하는 지침이다.

위에서부터 내려주는 방식의 교육과정이 아니라 교사나 연구자 집단이 아래에서부터 위로 제기한 공통인식이 실천에서 어떻게 이루어졌는가? 시대와 사회의 변화를 받아들여 어떻게 개정이 이루어져 갔는가? DAP가 미국의 보육·교육실천을 어떻게 이끌어 가고 있는가? 다문화 사회가 진행되고 있고, 한부모 가정이나 개인주의적 생활 패턴이 확대되고 있는 우리나라의 보육·교육 현실에서 DAP는 계속 주목하지 않을 수 없다고 여겨진다.

2 스웨덴

1) 보육서비스의 발달

스웨덴의 보육서비스는 2차 대전 이후 여성의 노동시장 참여를 장려하고 양육을 지원하기 위해 발전하였다. 1973년 이후로는 공보육을 바탕으로 하는 보편주의 보육서비스가 확장되면서 크게 발전하는 계기가 되었다.

스웨덴의 보육은 두 개의 과제를 가지고 있다(Skolverket, 2000). 하나는 부모가 부모로서의 역할과 근로 또는 학업을 양립할 수 있도록 지원하는 것이고, 또 다른 하나는 아동의 생활을 보장하는 조건 아래서 아동의 발달과 학습을 지원하여 아동의 성장발달을 돕는 것이다.

이 두 개의 목적을 동시에 보장한다는 것은 스웨덴의 보육시설이 대규모로 발전하기 시작했던 1970년대 초기의 공적 문서에 공식화되어 있다. 부모보험(육아휴가)제도, 아동수당제도와 함께 보육제도는 스웨덴의 가족복지정책의 핵심적인 역할을 담당해 오고 있다.

그러다가 1997~1998년의 제도개혁에서 보육사업의 담당 부서가 보건복지에서 교육부에 이관되어 보육시설이 학교법(Skollag) 아래 놓이게 되었다. 따라서 1세부터 취학까지의 아동보육이 인생 최초의 교육으로서 평생학습의 틀 안에 들어가게 된 것이다.

2) 보육 · 교육개혁의 영향

취학 전 보육이 교육제도 안에 통합되어 평생학습의 기초로 자리 잡게 된 것은 어떠한 변화 혹은 영향을 불러왔는지 살펴보기로 하자.

(1) 무상보육을 향한 진보

스웨덴의 교육은 기초학교부터 대학까지 수업료가 무료이다(의무교육은 7세부터 16세까지). 그 전까지 보육은 부모의 소득에 대응하여 보육료가 징수되었다. 그러나 보육이 교육제도에 속하게 됨으로써 '무상화'의 실마리가 시작되었다. 결국 보육시설 입학이 의무는 아니지만, 보육료는 무료로 하고자 한 점이다. 그 첫발로서 2000년대 가을에 보육료의 상한(최고액 1,140sec)을 설정하는 법안이 국회에 가결되었다. 그리고 2003년 1월부터 모든 4, 5세 아동에게 1일 3시간(연간 525시간)의 무상보육을 제공하게 되었다.

(2) 일관성과 계속성

보육내용과 방법을 결정짓는 '보육을 위한 교육계획'(Laroplan for forskolan, Lpfo 98)이 1998년 제정되었다. 이것은 보육·교육의 목표만을 제시하는 것으로 그 내용은 취학 전부터 고등학교교육까지 일관성을 갖게 되어 있다. 이것으로 취학 전 보육과 학교교육과의 일관성과 계속성이 보장되고, 현장에서의 상호협력과 연결이 부드럽게 이루어지게 되었다.

3) 보육과정

'보육계획'의 전체 목표는 스웨덴의 보육 방향을 세우는 것이지만, 어떻게 하여 그 목표에 도달하는가는 제시하지 않고 있다. 어떤 접근 방법이 가장 적절한 것인가는 아동들과 함께 활동하면서 결정하는 것이라는 취지이다. '보육계획'은 2부로 구성되어 있는데 제1장은 '보육의 가치기준과 과제', 제2장에는 '보육의 목표와 지침'이 제시되어 있다.

제1장 '보육의 가치기준과 과제'에는 보육의 기본 이념이 제시되어 있고, 여기에는 '기본이 되는 가치관', '타자에 대한 이해와 공감', '객관성과 포괄성', '보육의 과제'가 포함되어 있다. 보육·교육에서 가장 중시되어야 하는 것은 민주주의의 가치 규범이고, 타자에 대한 배려와 사고방식, 연대, 남녀평등, 관용 등이 강조되고 있다. 가치(윤리)의 문제를 평생학습의 가장 중요한 중점과제에 두고 있다는 점에 스웨덴 교육의 특징이 있다.

'보육의 과제'에서는 보육시설은 아동들이 책임 있는 인격을 갖춘 사회의 구성원으로 발달하도록 '가정과 협력'하여 보육해야 한다는 점을 강조하고 있다.

4) 보육의 형태

(1) 보육시설(förskola)

모든 보육·교육기반의 명칭을 푀르스콜라(förskola)로 통일시켰다. 보육시설은 부모가 근로나 학업 중에 있는 가정의 아동 또는 아동 자신이 특별한 요구가 있는 경우에 이용 가능하다. 연중 열려 있고, 하루의 보육시간은 부모의 근로시간에 맞추어서 다양하다. 보육료의 액수는 지자체마다 다르지만, 가정의 소득과 아동의 보육시간에 따라서 징수기준표가 만들어져 있다.

아동들은 보통 15~20인의 반으로 나누어져 있고, 각 반에 3인의 교사(취학 전 교사와 보육조수)가 배치되어 있다. 보통의 보육시설에는 이와 같은 반이 3반 정도로 구성되어 있다.

(2) 가정보육시설(familjedaghem)

가정보육실은 지방자치단체가 고용하는 보육사가 자신의 집에서 부모가 근로나 학업 중에 있는 가정의 자녀를 보육한다. 아동들은 등록제로 되어 있고, 개실시간은 부모의 근로에 맞추어서 다양하다. 부모는 보육시설과 같은 방법으로 보육료를 지급한다. 가정보육시설은 가까운 곳에 보육시설이 없는 가정이나 작은 그룹을 희망하는 가정의 아동을 보육하고, 보육시설을 보완하는 역할을 하고 있다. 이런 형태는 도시보다도 지방의 작은 마을에 더 많이 보급되어 있다.

(3) 개방 보육시설(Open Förskola)

이것은 낮 시간 가정에서 양육하고 있는 부모의 자녀를 위한 보육시설이다. 가정보육시설의 보육사와 연계되어 있고, 아동들은 이 보육시설에서 돌봐준다. 아동들을 교육적 그룹활동에 참가하도록 지원한다. 지역에 따라서는 개방 보육시설이 사회복지서비스나 산부인과, 아동보건센터의 서비스와 협력하여 활동하고 있다. 아동들은 등록하지 않고, 정기적으로 참가를 요구받지 않는다. 대부분 보육료는 무료이다.

(4) 여가활동센터(fritidshem)

초등학교의 수업이 없는 시간대(조기, 방과후, 휴일 등)에 부모가 근로나 학업 중에 있는 가정의 아동을 보육한다. 여가활동센터는 연중 열려 있고, 하루의 개방시간은 부모의 근로시간 등에 맞추고 있다. 보육시설, 가정보육시설과 같이 부모는 보육료를 지급한다. 여가활동센터는 학교와 연락하여 아동들의 발달을 지원하고 유의미한 여가를 제공하고 있다.

3 이탈리아

이탈리아의 보육은 주(州)나 시(市)가 자치권을 가지면서 지역성을 살리는 지방분권형의 운영 형태로 발전하였다. 이러한 배경에는 이탈리아 정부가 국가정책으로 보육(유아교육)에 관여하고 이끌어 온 것이 아니라 전통문화에 기초한 자유도시형 사회 분위기가 있었던 것으로 여겨진다. 1997년 의회는 영유아기부터 청년기 아동의 양호·교육을 지원하는 법률(Legge285)을 가결했고, 특히 영유아 보육시설의 질적 향상을 장려하였다. 그런 가운데에서도 지방분권제는 중요하게 존중되었고, 지방자치단체가 자주권을 가지고 사적기관과 협력하면서 보육을 실천하고 있다.

이탈리아의 보육을 한 마디로 말하기는 어려우나, 여기서는 지역이 독자성을 가지고 실천하고 있는 다양한 '영아(생후 6개월~3세 미만아)보육 프로그램'을 소개하려 한다. 또한 지역공동체의 영유아교육으로서 세계적으로 높이 평가되고 있는 '레지오 에밀리아 시의 실천'에 대하여 살펴보고자 한다.

1) 영아(생후 6개월~3세 미만 아동)보육 프로그램

근래 이탈리아에서 영아보육의 중요성이나 수요가 논의된 것은 스웨덴, 덴마크나 프랑스처럼 1970년대 여성의 취업 증가와 사회복지정책에 대한 요구와 연관이 있다. 이탈리아는 출산 후 3년간은 어머니가 키우는 것이 바람직하다는 가치관이 역사적으로 강한 나라이다. 우선 정부는 정책으로서 어머니에게 5개월의 급여가 전액 보장된 육아휴직, 그 후 3개월의 급여 반액 보장의 육아휴직 그리고 이후 6개월의 무상육아휴직을 법제화하였다. 그러나 그러한 어머니에 대한 지원뿐만 아니라 특별한 양육의 배려가 필요한 영아나 교육적 측면으로 영아를 위한 다양한 프로그램이 요구되었다. 그리하여 1980년대에 0세부터 3세 미만 영아의 프로그램에 대해 (건강)사회복지부서에서 교육부서로 담당부서를 이동하면서 그 내용을 더욱더 충실하게 할 수 있게 되었다. 지금은 3세 미만의 보육 프로그램이 지방의 다양한 요구를 반영하면서 독자적으로 진행할 수 있게 되어 다양하고 창의적인 프로그램이 전개되고 있다(米山兵広, 由田新, 2013).

(1) '가정의 시간'(모자, 부자보육 프로그램)

이탈리아에서도 저출산 문제가 급격하게 진행되어 1999년에 합계 특수출산율은 1.19명이 되었고, 2015년 유럽연합 국가 중에 출산율이 가장 낮은 나라에 속하는 것으로 나타났다. 또한 첫아이 출산 어머니의 평균연령이 30세로 비교적 높은 편이다.

특히 대도시의 어머니들은 심리적으로 공허감을 안고 있는 경우가 많고 조부모와 양육방식이 다른 문제가 있거나, 아동의 놀이장소가 적어서 사회성을 익힐 기회가 적다는 등 모자 고립의 문제 등이 대두되었다.

이러한 부모·자녀 지원을 위하여 1985년에 밀라노에서 설립된 것이 '가정의 시간' 프로그램이다. 종일제 보육시설의 이웃에 설치되어 부모가 아동의 발달이나 기질에 대하여 아는 것과 더불어 부모가 자신의 욕구에 대하여 알아차리고 부모인 것을 긍정하고 자신 있게 자립이 가능하도록 지원하는 것이다.

비용은 무료이고 하루 2~3시간, 주 3~4회 정도를 부모가 자유롭게 선택 가능하다. 내용이나 형태는 자유롭게 하면서, 일부 방은 아동이 자유롭게 놀거나 부모가 아동을 위한 마사지를 배우면서 함께할 수 있는 놀이장소로 설치되어 있고, 또 다른 방에는 부모가 교사와 면접을 하거나 부모들이 서로 이야기하는 장소로 설치되어 있다. 밤에 미팅이나 배움을 위한 모임이 정기적으로 열리고 있다. 전국에 다양한 이름으로 이러한 프로그램이 전개되고 있다.

이 프로그램은 부모가 아동과 상호작용하는 즐거움이나 기쁨을 체험하는 장점도 있지만, 다른 부모나 교사와 관계 맺는 방법을 배우고, 아동이 초등학교나 중학교에 진학할 때 부모가 학교와의 관계를 잘 맺는 토대를 형성하는 것으로도 높이 평가되고 있다.

(2) 파트타임 프로그램

토스카나 지방의 비스토이아에서는 '아동들의 영역'으로 호평받는 프로그램이 있다. 다양한 놀이 코너, 예를 들어 푹신푹신한 코너(부드러운 방석이나 쿠션이 있는), 상상코너(다양한 자연소재로 제작한 쥐나 마법을 쓰는 캐릭터를 사용한 소꿉놀이), 자연물코너(다양한 자연소재로 제작된)를 교사가 설치하여 아동이 자유롭게 놀이에 참여한다. 교사는 아동의 자발성을 중시하고, 다양한 아동놀이에 참가하고, 놀이의 발전이나 아동의 발달, 흥미에 대하여 기록한다.

이 프로그램의 독특한 점은 부모가 대표위원을 선출하고 프로그램의 내용, 스케줄, 비용, 입학과정 등에 대하여 직접적으로 관여하는 것이다. 또한 같은 프로그램의 동료들이 활발하게 의견을 교환하고 행정과 아울러 프로그램의 목표도 결정하는 부모주도형의 프로그램이다.

(3) 공원보육

이 프로그램은 영아에 한정하지 않고 유아를 대상으로 하기도 하는 실천이다. 교사가 공원에서 부모, 아동과 함께 보육을 실천한다. 특히 모데나 지방에서 활발하게 전개되고 있다.

(4) 사회화 상담센터

소수민족이나 이민가족에게 공급되고 있는 프로그램으로, 최근 이민의 수가 증가하고 있는 에밀리아 로마냐 지방(북이탈리아)에서 많이 설치되고 있다.

(5) 장난감박물관과 아동도서관

지역에 사는 다양한 아동과 부모가 만나는 장소로 아동의 놀이와 배움의 자원센터로 활용되고 있다. 특히 보로냐 지방에서 활발하게 전개되고 있다.

(6) 출산 전후의 부모지원 그룹

영아 마사지나 아버지교육 프로그램을 중심으로 부모가 부모로

키 가는 것을 지원하는 다수의 활동이 전개되고 있다. 훼라라 지방에서 시작되었고, 타 지방에서도 보급되고 있다.

이 외에도 지방별로 다양한 보육 프로그램이 창의적으로 운영되고 있다. 여기서 소개된 프로그램의 공통된 특징은 가족의 참여가 매우 활발하여 실천에서 중요한 부분을 차지하고 있다는 점이다. 가족과 보육시설이 참가과정에서 추구하고 있는 것은 '이해하기(아동의 특성, 발달, 문화배경)'를 통해 '힘'을 모아 협력하고, '신뢰관계'를 바탕으로 서로가 '책임'을 가지고 상호 간에 배우고 키워가는 것이다. 이러한 협력 방법은 아동의 양육에도 반영되어 아동 자신이 공동체의 일원이 되는 것을 생활 속에서 체득하게 된다.

2) 레지오 에밀리아(Reggio Emilia) 시의 영유아보육 · 유아교육

1990년대 후반부터 세계 유아교육 관계자의 이목을 집중하고 있는 것이 북이탈리아의 에밀리아 로마냐(Emilia Romagna) 지방의 레지오 에밀리아 시에서 이루어지고 있는 영유아교육 실천이다. 인구 약 14만 명의 작은 도시는 질 높은 보육을 실천하고 있는 것으로 유명해졌다. 유아학교(3~6세: scuola dell'infanzia)와 영아보육시설(0~3세: asilo nido)로 구성되어 90% 이상의 아동이 공립 유아학교에 다니고 있다.

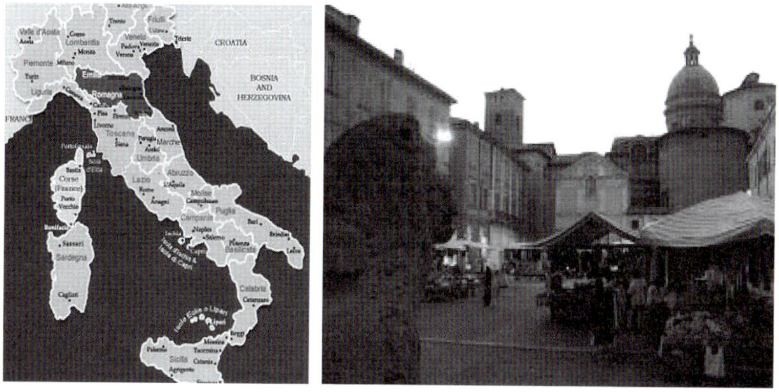

그림 7-1 레지오 에밀리아 시(지도에서 검게 칠한 부분)와 시내 광장의 사자 석상

레지오 에밀리아 시가 세계에 그 이름을 알리게 된 것은 미국의 주간지 '뉴스위크'가 세계에서 가장 우수한 유아교육실천으로 레지오 에밀리아의 다이애나 유아학교를 소개한 영향이 크다 (Newsweek, Dec. 2, 1991). 뉴스위크는 레지오 에밀리아의 실천이 우수한 이유를 다음과 같이 설명하고 있다.

첫째, '풀뿌리 운동의 발전'이다. 제2차 세계대전 후 나치 독일이 놓고 간 깨진 기와파편을 닦아서 유아학교를 창설했던 역사가 있던 이 소도시는 아동의 최선의 권리를 추구하고 그것을 구현한 것이다. 이 실천에는 보호자가 참가하였고 아동은 점점 거리로 나가고, 시 전체가 보육실천의 장이 된다. 또한 아동, 교사, 부모, 행정이 함께 참여하고 함께 배우고 함께 키우는 풍부한 관계를 구축하는 과정이 있다.

둘째, '프로젝트 활동을 중심으로 한 보육의 전개'이다. 뉴스위크의 기사는 이렇게 쓰고 있다.

얼핏 보면 예술활동으로 볼 수 있는 것이 실은 과학이고, 수학이고, 예술의 교육이기도 하다. 그리고 어느 날의 아침 4세 아동들은 '식물프로젝트'의 전개에 바빴다. 한 테이블에서는 철사로 제작하고 있고, 다른 테이블에서는 점토, 종이, 수채화로 작업하고 있다. 4세인 루카는 마른 잎과 식물이 담긴 바구니에서 잎들을 골라 자신이 그린 나무 그림에 붙이고 있었다. 그러면 교사가 '이파리의 앞면과 뒷면이 다르게 보이는 것을 알아차렸니?'라고 묻고, 잎맥과 이파리의 조직을 보여준다. 루카는 손에 잡힌 촉감을 자세하게 살펴보고, 어느 쪽 면이 자신이 그렸던 나무에 가장 적합한가를 결정하여 붙인다.

레지오 에밀리아 실천의 핵심인 프로젝트는 단순한 협의의 예술교육에 한정하지 않는 광의의 '아트'이다.

셋째, '아동의 유능함과 권리의 보장'을 들 수 있다. 실천의 근간이 되는 사상체계를 구축한 로리스 마라구치(Loris Malaguzzi)는 '아동들의 백 가지 언어'를 설명하였다. 아동은 누구나 유능성을 가지고 있다는 것을 확신하고 있는 것이다. 또한 레지오 에밀리아에는 장애아와 한부모 아동이 우선 입학하는 시스템도 갖추고 있다.

레지오 에밀리아의 실천은 이탈리아의 부유한 한 작은 지역의 실천으로, 그것은 이탈리아에서도 일반적인 교육은 아니다. 그러나 우리에게 아동관, 보육관과 보육의 관계에 대해 생각하게 한다. 또한 아동, 성인 한 사람 한 사람이 모두 존중되고 배움의 주체가 되고 교육의 담당자가 되는 것을 보여주면서 미래의 공동체사회 만들기에 대한 희망을 전해준다.

4 일본

1) 일본의 보육정책의 역사

현재 일본에서 취학 전 아동을 대상으로 하는 보육시설은 크게 유치원과 보육소 두 가지이다.

제2차 세계대전 후 「학교교육법」과 「아동복지법」이 제정되면서, 유치원은 학교교육기관으로 현재 문부성 담당에 두고, 보육소는 아동복지기관으로 정착되어 「아동복지법」에 근거하여 후생노동성의 담당이 되었다. 이후 유치원과 보육소는 설립의 경위와 목적이 다른 이원화된 행정체계로 아동을 보육, 교육하게 되었고 현재까지 이어지고 있다.

제2차 세계대전 이전까지 일본의 보육소는 공공에 의해 운영되는 공립보육소와 개인 설립에 의한 민간으로 분리되었다. 그러나 1960년대 이후 여성의 사회 진출이 크게 증가하면서 보육소의 수가 부족해지고, 이를 민간 보육시설의 증설로 충당하였다.

그러나 정부는 1970년대에 들어서면서 보육의 공공성 강화를 위해 민간 보육시설에 대하여 법인화를 추진하였다. 법인 자격을 취득한 보육소에 대하여 보조금을 지급하고, 추가교사의 지원 등 적극적인 법인화를 추진했다. 이 기간에 전국적으로 법인 보육소가 크게 증가하였다. 일본의 보육시설 90% 이상이 법인 혹은 국가에서 운영하게 된 것은 이 시기의 정책 영향이 크다고 할 수 있다.

인가 보육시설은 공영시설과 민영시설로 나뉘는데, 민영시설이라도 대부분은 법인 보육시설이다. 공영시설과 민영시설의 비율은 2006년 당시 52.0% 대 48.0%로 공영시설이 약간 많았다(유희정, 2006).

2) 일본의 소자화 정책

일본의 보육은 발달과정에서 특히 소자화 문제와 별개로 이해하기 어려운 측면이 있다.

1980년대 사회복지 예산절감을 이유로 보육소 억제정책을 시행하였으나, 급격한 출산율 저하, 취업여성의 증가는 보육정책에 대해 더욱 적극적일 것을 요구하게 되었다. 따라서 1990년대 이후 정부는 다시 적극적인 정책으로 전환할 수밖에 없었다. 이후 정부는 중앙정부 차원의 더욱 적극적인 저출산정책과 보육정책을 시행하게 된다. 이러한 적극적인 대응은 저출산의 문제를 해결하고 국민의 보육요구에 부응한다는 측면도 있었지만, 한편으로 경제에 활력을 되찾고 총체적이고 통합적인 저출산정책이 필요하기도 하였기 때문이었다.

이미 30년 전부터 저출산의 문제로 정부차원에서 대책을 세웠던 일본은 1984년에 보육소 등에서 '유아건전육성사업'을 개시하였다. 이것이 소자화대책의 구체적인 사업의 시작이라고 생각할 수 있다. 1990년에는 당시 후생성이 보고서를 제출하면서 급속한 소자화대책이 필요하다고 의견을 제시한 바 있다. 이러한 논의 속에 나온 대책이 '엔젤 플랜'이었다.

(1) 엔젤 플랜

일본 소자화대책의 대표적인 시책은 1994년의 엔젤 플랜이다.

이것은 문부, 후생, 노동, 건설의 4부처 대신들이 합의하여 내놓은 소자화대책 정책이었다.

그 목적은 '사회 전체의 양육에 대한 기운을 조성하고, 기업, 직장, 지역사회 등의 양육지원 분위기를 추진한다'로 하고, '앞으로 10년간 문부성, 후생성, 노동성, 건설성이 사업관청으로서 양육지원의 사업을 추진한다'고 하였다. 이를 위해 안심하고 아동을 키울 수 있도록 환경을 정비하고, 사회의 모든 구성원이 함께 양육에 협력하는 시스템을 구축할 것이 제창되었다. 동시에 그 전제로서 아동의 이익이야말로 최대한 존중되기 위해 배려되어야 한다는 것을 제창하였다.

(2) 신엔젤 플랜

이후 1999년부터 진행된 신엔젤 플랜은 대장, 문부, 후생, 노동, 건설, 자치의 6성 대신의 합의에 기초하여 만들어진 것으로, 2004년까지의 목표치를 구체적으로 설정하고 있다.

신엔젤 플랜의 주요 내용은 다음의 8개이다.

① 보육서비스 등 양육지원 서비스의 충실, ② 일과 양육의 양립을 위한 고용환경의 정비, ③ 근로하는 방법에서 고정적인 성별 역할분업이나 직장 우선의 기업풍토의 시정, ④ 모자보건의료체제의 정비, ⑤ 지역에서 아동을 기르는 교육환경의 정비, ⑥ 아동들이 무럭무럭 자랄 수 있는 교육환경의 실현, ⑦ 교육에 수반되는 경제적 부담의 경감, ⑧ 주거환경 만들기나 거리 만들기와 같은 양육의 지원이 그것이다.

(3) 그 이후

그러나 1994년 이후 성립된 엔젤 플랜과 신엔젤 플랜으로는 불충분하다고 판단하여 소자화대책을 발본적으로 새롭게 하려고, 2003년에는 「소자화사회대책기본법」, 「차세대육성지원대책추진법」을 성립하였다.

또한 지방자치단체 수준에서는 「차세대육성지원대책추진법」을 기본으로, 차세대육성지원을 위한 지역행동계획을 책정하고, 시책을 추진하기 위하여 노력하도록 하였다.

정부 수준에서는 2005년 소자화사회대책회의의 기본 위에 소자화사회대책추진회의를 발족시켜 2006년에는 그 논의내용을 기본으로 '새로운 소자화대책에 대하여'가 강구되었다.

2006년부터 보육 및 교육 기능 수행기관으로 '인정어린이원'이라는 제3의 시설이 등장한다. 이는 유치원의 특징과 보육소의 특징을 통합한 특징을 갖고 있는 시설이지만 복잡한 운영시스템으로 인하여 활성화되지 못하여 '인정어린이집'을 통한 유보일원화(유치원 어린이집 일원화)는 크게 진척되지 못한다.

2012년에는 아동 영유아 양육관련 3법(「아동 영유아 양육지원법」 제정, 「인정어린이원법」 제정, 「아동복지법」의 개정을 포함한 관련 법률의 정비법)을 제·개정함으로써 아동 영유아 양육신제도가 2015년부터 시행되었다. 이는 영유아보육의 시정촌 책임 조항을 폐지하고, 대기 아동 문제 해결을 위해 다양한 보육시설의 참여(인정어린이원, 가정 보육사업, 사업소 내 보육사업, 거택 방문형 보육사업, 소규모 보육사업)를 촉진하기 위한 것이었다.

그러나 결국 현재는 보육관계자와 보호자의 보육운동으로 인해 보육에서 책임규정은 유지하고 이 외의 보육시설은 이용자와 시설의 직접 계약방식으로 이용할 수 있게 하고 있다. 가정적 보육사업과 함께 인가 외 보육시설이던 사업소 내 보육사업, 거택형 방문형 보육사업, 소규모 보육사업 등을 법정 보육시설로 용인하고 이들에게 보육료를 지원하고 있다(장경희, 2019: 21-22).

이상 소자화정책의 추진과정을 보아 알 수 있듯이 일본은 전 사회가 양육을 지원하고 소자화문제를 해결하기 위하여 국가적 차원에서 머리를 모으는 중이라고 말할 수 있다.

Chapter

08 보육의 계획과 실천

1. 보육계획의 의미
2. 장기적 계획
3. 단기적 계획
4. 보육계획의 작성

보육현장은 얼핏 보면 아무 형식도 없이 아동들이 그저 활발하게 놀고 있는 것처럼 보인다. 이와 같은 표면적인 모습들 때문에 유치원이나 어린이집의 보육활동은 계획성이 없을 것이라는 오해를 받을 수도 있다. 초등학교 이상의 학교교육은 교육과정에 기초하여 목표와 내용이 명확하게 설정되어 있고, 시수에 따라 정연하게 수업을 진행하기 때문에 계획성 있는 좋은 교육방법으로 보일 수도 있다.

이와 같은 관점으로 보면 유치원이나 보육시설 같이 아동의 흥미와 요구에 따라 전개되는 보육의 방법은 쉽게 이해되지 않는 것일 수도 있다. 그러나 자유롭게만 보일 수 있는 보육에 보육·교육과정이나 지도계획이 존재하고 있다. 실제의 현장에서는 이 같은 계획성에 기초하여 보육을 실천하고 있는 것이다. 다만 그 계획이나 전개 방식이 초등학교 이상의 그것과는 다를 뿐이다.

이 장에서는 보육현장에서 보육을 실천하기 위하여 수립하는 보육계획의 의미와 내용을 살펴보고, 계획의 수립과 실천에 대해 배울 것이다.

1 보육계획의 의미

1) 보육계획의 의의와 필요성

보육의 현장에서는 아동의 바람직한 발달에 대한 장기적 견해를 가지고, 이를 실현하기 위하여 매일매일의 계획이 필요하다. 아동의 가능성을 믿고 바람직한 발달을 기대하면서 '언제, 어디서, 누가, 어떤 목적으로 어떤 환경을 구성하고, 어떤 활동을 하는가?'라고 하는 관점을 명확하게 갖는 것이 보육의 계획이다.

그러나 이런 계획의 의의와 필요성을 충분히 인식하고 있지 못하면 보육계획을 세우는 것이 어렵게 느껴지고, 교사에게 부담이 된다. 또한 아동 한 사람 한 사람의 발달과 흥미, 관심, 또래관계 등 기본적인 아동의 이해가 이루어지지 않는다면 보육계획을 세우는 것이 어려워진다. 이같이 아동의 모습을 따라 전개하는 보육을 가능하게 하는 것은, 아동이해나 행동예측, 아동과 접촉하는 방식이나 시간배분 등 세부사항에까지 미치는 상세한 보육계획이다.

결국 보육계획이란 각 원에서 교육과정이나 보육과정에 기초하면서 구체적인 목표나 내용, 환경의 구성이나 교사의 도움과 같은 지도내용이나 방법을 명확하게 나타낸 것이다.

이 계획에는 '장기적 계획'과 '단기적 계획'이 있다. '장기적 계획'이란 장기적 시야에서 아동의 발달을 목표로 하는 것으로서, 주로 연간계획, 월간계획을 가리킨다. 한편 '단기적 계획'에는 구체적인 아동의 생활이나 놀이에 대응하는 것을 목적으로 하는 주간계획, 일일계획 등이 포함된다.

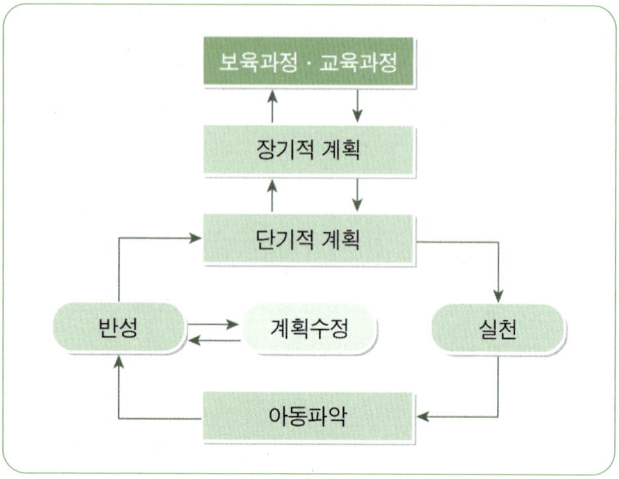

그림 8-1 보육 · 교육과정과 지도계획의 구조

하루의 보육계획을 세우기 위해서는 하루, 한 주, 한 달, 한 해라는 큰 흐름 안에서 하루의 계획이 어떤 위치를 차지하고 있는가를 파악해야 한다. 아동의 구체적인 활동에 대하여 미리 사전에 계획을 세우는 것이지만, 이것은 고정적인 것이 아니라 아동 한 사람 한 사람의 상황에 맞게 유연하게 대응하는 것이어야 한다. 이를 위해서 보육계획을 큰 흐름의 안목으로 파악하는 것이 필요하고, 그 속에서의 유연한 대응이 요구된다.

즉, 보육계획은 아동이 필요한 경험을 얻기 위하여 가(假)설계된 것이란 점에 유의해야 한다. 왜냐하면 보육의 기본은 환경과의 상호작용을 통해 이루어지는 것으로, 환경과 아동이 상호작용하면서 생겨나는 활동은 단지 하나가 아니기 때문이다.

2) 보육계획의 피드백과 환경 구성

앞에서 아동과 환경과의 상호작용 관계는 하나가 아니라는 점에서 보육계획은 가설이라는 점을 유념해야 한다고 하였다. 계획이란 실제 생활이나 놀이에 대응하여 일상적으로 개선될 수 있고, 그것이 쌓여서 계획과 실천의 더욱 좋은 관계가 구축될 수 있다. 그림 8-1에서처럼 아동의 실천을 기초로 하여 단기계획(일일계획)은 작성되지만, 항상 전체 계획의 흐름을 파악하면서 계획을 세워야 한다. 여기서 중요한 것은 아동의 실태[1]에 기초하여 보육계획에 피드백하는 것이다.

그렇게 보육계획을 세우는 경우 우선 전날 아동의 모습으로부터 다음날의 보육 '목표'와 '내용'이 설정된다. 그런 뒤 '목표'에서 제시한 것을 아동이 어떻게 활동으로 전개해 가는가를 구체적으로 예상한다. 이것이 '내용'이지만, 이 예측했던 아동의 활동전개가 얼마나 주체적, 자발적 활동으로 이루어질 수 있는가에 기초하여 활동을 설정하거나 준비물을 준비하고, '환경 구성'을 계획한다. 마지막으로 아동이 주체적으로 환경에 상호작용할 수 있도록 어떤 질문이나 지도가 필요한가를 아동 한 사람 한 사람에 대하여 생각할 수 있다. 그리고 하루의 보육을 마친 후에 어디서 문제가 있었는가를 지도의 관점에서 직시하고 성찰하면서 '평가와 반성'을 하게 된다.

이 '평가와 반성'이야말로 계획의 피드백이나 환경의 재구성에서 가장 중요한 과정이 된다. 왜냐하면 하루 생활에서 아동의 모

1) 아동의 실태란 전날(최근)의 한 사람 한 사람의 아동이 놀이과정이나 생활의 발달 모습에서 어떠한 상황에 있는가를 파악하고 이해한 뒤 그것이 반 전체적으로는 어떤 모습인가를 종합적으로 파악하는 것이다.

습이 있는 곳에 평가와 반성이 있고, 이것에 기초하여 보육계획은 유연하게 수정될 수 있기 때문이다.

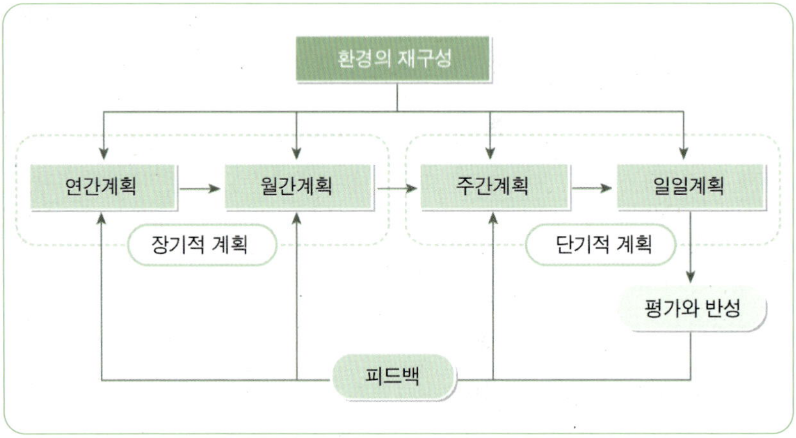

그림 8-2 **보육계획의 구조**

예를 들어, 보육계획에서는 이번 주에 물감놀이를 종료한다고 예정했지만, 아동의 모습에서 놀이가 계속 발전되고, 단순히 다양한 색의 물감을 만드는 것만이 아니라 색의 배합이나 물의 흐름, 그 방법까지 흥미나 관심이 이어지고 있다. 그 때문에 다음 주의 활동계획을 수정하더라도 지금 아동의 흥미나 관심을 지속시키는 것이 교육적 의미가 있다고 교사가 평가하고 반성하였다. 그 시점에서 지도계획은 일일, 주, 월에 피드백되어 새로운 내용이 수정된다. 이것에 더하여 당연히 환경도 재구성되는 것이다. 그 흐름이 그림 8-3에 나타나 있다.

그러나 단순히 교사의 생각이나 자신감 넘치는 판단만으로 자유롭게 계획을 수정하고 내용을 결정하는 것이 아니다. 반드시 아동의 실태를 고려하고, 하루의 보육을 '평가와 반성'하는 것을 통해 유연한 활동의 전개가 가능한 것이다. 더욱이 '평가와 반성'을 할 때에는 교사로서의 자질과 감성이 크게 영향을 미칠 수 있다는 것을 인식하여 두기 바란다.

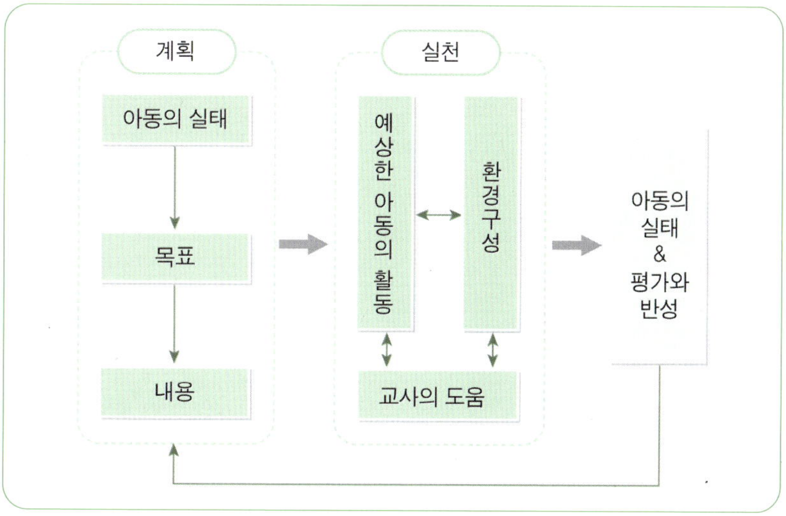

그림 8-3 보육계획의 피드백

3) 보육계획은 꼭 필요한가

지금까지 보육계획의 의의나 필요성에 대해 언급했지만, 보육에서 계획은 없어서는 안 되는 것인가라고 하는 회의론도 있다. 그 이유는 계획을 통해 진행하는 것이 목적이 되어 버리고, 그 때문에 모든 아동을 획일적으로 지도하는 교사의 자기만족적 보육실천이 되기 쉽기 때문이다. 그것은 아동의 흥미나 관심, 발달 등을 충분히 살리는 보육이라고 보기 어렵다.

아동의 활동에 근거한 보육실천을 추구한다 해도, 지도계획에 이러한 경향이 있다는 것은 부정할 수 없다. 그러나 실습생이나 교사는 이 같은 의견을 하나의 경고로 받아들일 필요가 있다. 그리고 교재연구나 자기 나름의 노력을 통해 다양한 관점으로 보육실천에 대해 사고하는 것이 교사로서의 실천력을 높이는 자세가 될 것이다. 지도계획을 작성할 수 있는 역량을 익히는 것은 교사로서 필요한 기본 자세다.

2 장기적 계획

1) 집단적 관점의 생활계획

장기적 계획은 장기적 관점에서 아동의 생활이나 성장을 바라본 것이다. 보육과정은 아동들의 생활이나 성장과정을 어떻게 다루는가에 따라 연간계획, 학기의 보육계획, 계절의 보육계획, 월간계획 등 표현하는 방법이 다르다. 여기에는 각 원이 오랜 시간 쌓아온 생활의 방식이나 보육을 실천하는 사고방식이 표현된다. 장기적 계획은 아동과 교사가 만들어 가는 원생활의 전체 설계로서, 그 기간의 전망과 실천이 정리된 것이다.

단기적 계획이 한 사람 한 사람의 아동이나 놀이집단을 생각하고 떠올리면서 구체적인 지도를 구상하고 있다면, 장기적 계획은 학급이나 학년이라고 하는 비교적 큰 집단을 의식하면서 지도의 방향(무엇을 목적으로 지도하는가?)을 생각한다. 아동에게 키우고 싶은 것이나 쌓아가고 싶은 경험을, 지금까지 이루어졌던 집단으로서의 생활 방식과 상황을 돌아보면서 비교적 긴 기간 속에 다루어 가는 것이다.

또한 장기적 계획 속에는 집단생활 속에서 모두가 함께 만들어 가는 활동도 포함되어 있다. 그것을 실천할 때 담임교사는 자신이 담당한 학급을 원 전체의 환경이나 생활 속에서 의식하게 되고, 하루하루의 보육실천이 장기적인 생활의 흐름에 어떻게 연결되는가를 의식할 수 있게 된다.

2) 계절의 흐름 속에서 행사 등을 계획하기

집단으로서의 생활의 흐름을 고려한다는 것은 계절의 변화나 그에 수반하는 행사 등 계절의 흐름을 중요시한다는 것이다. 그 시기가 오면 반복하는 놀이나 활동, 계절의 다양한 행사, 지역과의 교류, 계절을 맞이하여 치르는 식물 재배나 동물 사육 등은 유치원이나 보육시설의 생활 속에서 계속 이어지는 활동들이다.

자연과 교류하는 생활 방식, 학급이나 학년에 계속 이어지는 놀이, 정해진 시기나 장소에서 하는 놀이, 그 원에서 반복되는 계절을 통해 전승되는 활동들이 여기에 해당한다. 예를 들어, 5세 아동이 밭에 다양한 야채를 기르는 것, 특정 절기에 이루어지는 4세 아동의 전통놀이 활동, 5세 아동이 지역사회의 축제에 참여하는 것, 김장 담그기 등 생활 속에서 쌓아가는 것을 전승하는 것이다. 그것은 그 원의 환경이나 상황 속에서 생겨나는 활동이고, 경우에 따라서는 집단의 생활 속에서 시간에 따라 변화한다. 씨앗이나 묘목을 길러 수확하는 일련의 활동이 그러하다. 이러한 활동들은 일상적인 생활에 보탬이 되거나 시간과 함께 변화하고, 아동들의 풍부한 경험이 된다.

장기적 계획을 수립하는 것은 그런 행사나 놀이·활동이 어떻게 시작해서 지금까지 뿌리내려 왔는가, 왜 같은 장소에서 같은 놀이가 반복되는가, 거기에서 아동들이 경험하고 있는 것이 무엇인가를 환기시키고, 그 원의 생활이나 환경의 틀을 잡아 가게 된다. 자칫하면 행사나 활동이 단순히 계획으로 나열되고 이벤트로만 끝나는 행사가 되어 버릴 수 있다. 따라서 아동들이 필연성을 가지고 주체적으로 행사나 활동에 참여하도록 계획하고 있는가를 확인하는 것이 필요하다.

3) 장기적 보육계획의 의미

장기적 계획을 세우는 의미는 집단생활의 의무를 알게 하는 것이다. 계절의 흐름 속에서 어린이집의 보육실이나 야외놀이터 전체에서 아동들이 어떻게 생활하고 어떠한 체험을 쌓아갈 것인가를 계획하는 것이다. 유치원이나 보육시설에는 여러 학년·학급이 있고, 학년·학급이 상호 영향을 주고받으면서 생활하고 있다. 장기계획을 가짐으로써 담당 학급에만 시선을 두는 것이 아니라, 전 학년·전 학급의 다양한 모습을 의식하고 보육에 임할 수 있고, 학급의 틀을 넘어선 보육이 가능하게 된다.

또한 한 사람 한 사람의 성장을 파악할 때도 그 아동의 지금까지의 경험의 축적을 고려할 수 있고, 앞으로의 성장을 그려보고 장기적인 눈으로 바라보는 것이 가능해진다. 아동을 현시점에서만 보는 것이 아니라 학년을 넘어선 장기적인 눈으로 성장을 바라본다는 것은, 아동 나름의 성장 속도를 중요하게 여기면서 서두르지 않고 천천히 아동의 성장을 지켜보는 여유를 가질 수 있게 한다.

이렇듯 교사가 장기와 단기의 지도계획 작성 모두에 관여하는 것은 집단으로서의 성장과 개인의 성장 양면을 의식하는 것이 되고, 개인과 집단의 양방향을 바라보는 눈을 키우는 것이 된다. 또한 매일 돌아보는 아동 한 사람 한 사람의 놀이나 활동은 동시에 그 원의 집단 속에서의 생활과 연결되어 있다는 점을 의식하게 한다. 교사는 그 점을 의식하고 보육을 경영하는 것이 중요하다.

4) 장기적 보육계획의 유연성

교사는 아동의 놀이가 어떻게 전개되어 갈 것인가를 장기적 성장의 관점에서 보육하고 있다. 그러나 아동의 상황이나 흥미, 관심, 생활의 흐름에 변화가 생겨 보육의 전개가 변해 갈 수 있다. 지도계획은 가설이고 하나의 예상이다. 무언가 반드시 그 과정에서 해야 하는 어떤 것이 아니다. 보육은 항상 우연성을 가지고 있는 것이고, 아동과 함께 만들어 가는 것으로, 항상 예측한 대로 되는 것은 아니다.

그러나 그날그날의 놀이나 활동은 변화해도 교육과정·보육과정에서 명확하게 제시된 유아상이나 보육의 목표는 변하지 않는다. 장기적 계획에서 구상하였던, 어느 시기에 자라게 하거나 경험시키고자 한 것(목표나 내용)은 지켜줄 필요가 있다. 놀이나 활동의 전개는 예상과 달라지거나 시기에 다소 차이가 생길 수 있으나 근간은 지켜져야 한다. 따라서 아동의 모습을 이해한 것은 올바른 것이었으나, 놀이나 활동의 상황이나 생활의 흐름이 변한 것은 무엇 때문인가, 환경 구성이나 지도의 방법이나 시기는 적절한 것이었는가를 고찰하여 기록하는 것이 필요하다. 그것이 아동의 모습을 바로잡는 것이 되고 다음의 장기적 계획을 수립할 때 참고가 된다.

5) 장기적 보육계획의 실제

(1) 장기적 보육계획 작성방법

장기적 보육계획을 작성하는 순서를 표로 제시하면 다음과 같다.

표 8-1 장기적 보육계획 작성방법

- 큰 틀의 국가 수준의 보육과정에 따라 보육의 근간을 전망하면서 아동의 생활을 장기적으로 예측하고, 그 시기에 키우고 싶은 방향을 명확히 한다.
- 계절 등 주위 환경의 변화를 고려하면서 생활의 흐름을 예측한다.
- 단기적 계획의 반성, 평가 등을 축적하여 발달의 전망, 목표, 내용, 환경의 구성 등에 대해 검토하고 계획을 작성한다.

(2) 장기적 보육계획의 예

장기적 보육계획의 작성방법은 여러 가지일 수 있으나, 몇 가지 사례를 참고로 제시하면 다음과 같다.

표 8-2 분기별 연간계획안

월별	4~6월	6~10월	10~1월	1~3월
주제	같이 놀아	해보자, 힘내	이렇게 해볼까?	모두 같이 하자 곧이어 1학년

월별	4~6월	6~10월	10~1월	1~3월
목표	•좋아하는 놀이를 찾아서 친구와 같이 즐긴다.	•자기 나름의 목표를 세워서 놀이와 생활을 한다.	•친구와 같이 같은 목표를 향해서 놀이함으로써 즐거움을 맛본다.	•친구와의 신뢰관계를 돈독히 하고, 서로 인정하면서 집단 속에서 자신감을 가지고 생활한다. •초등학생이 되는 기쁨과 기대를 갖고 생활한다.
내용	•환경과 생활의 변화에 익숙해져서 선생님과 친구들과 친해진다. •형님반이 된 기쁨과 만족감을 가진다. •자신의 생각을 말하거나 친구의 생각을 들어주면서 친구와 같이 논다.	•흥미와 관심 있는 일을 충분히 즐긴다. •목표를 향해서 노력하거나 계속해서 접근하거나 의문스럽게 생각하는 것을 조사해 본다. •친구와 의논하면서 목표를 향해 협력하고 놀이를 해 나간다.	•친구와 상담하거나 협력하거나 일을 분담하거나 해서 같은 목표를 향해 접근해 간다. •자기 스스로 여러 가지 문제를 해결하려고 한다. •많은 친구와 같이 노는 즐거움을 맛보고, 충실감을 가진다.	•집단 속에서 자신감을 가지고 자기표현을 한다. •친구의 좋은 점을 서로 인정하면서 생활한다. •졸업에 대한 자각과 초등학교 입학에 대한 기대를 한다.

일본의 야마구치 대학 부설 유치원의 4세 연간계획안(하정연 외, 2012).

표 8-3 계절별 연간계획안

계절	주요개념	주제	절기 및 행사	행사
봄	•새로운 환경에 잘 적응하여 어린이집 생활에 즐거움을 느낀다. •봄이 주는 변화에 관심을 두며 자연과 친숙해진다. •나와 가족, 선생님, 친구와의 관계를 통해 공동체의 소중함을 느낀다.	•특별한 시작 •나들이 •사랑하는 사람들 •봄의 동식물	•삼월 삼짇날(4/15) •한식(5/12)	•적응기간 •부모모임 •체력검사 •소방대피훈련 •현장학습 •건강검진 •부모참여수업 •현장학습
여름	•여름 날씨 변화를 통해 달라지는 사람들의 생활과 자연의 변화를 느낀다. •여름철 자연에서 접할 수 있는 곤충, 소리, 색깔 등을 경험한다. •여름을 시원하고 건강하게 즐긴다.	•튼튼한 몸 •여름 숲속 •햇볕은 쨍쨍 •물놀이	•안도(6/15) •유두(7/24) •칠월칠석(8/15)	•소방대피훈련 •한여름밤의 가족음악회 •교사연수
가을	•자연 변화를 통해 나타나는 자연의 아름다움을 느낀다. •수확의 기쁨을 통해 풍요로움을 느끼며 감사의 마음을 가진다. •추석을 통해 전통적인 생활 풍습과 양식을 익힌다.	•높은 하늘(우주) •깊어 가는 가을 •낙엽 •풍성한 먹거리	•추석 •중양절	•현장학습 •부모모임 •현장학습 •어울림 한마당 •부모참여수업 •소방대피훈련

계절	주요개념	주제	절기 및 행사	행사
겨울	• 날씨가 추워짐에 따른 생활의 변화 및 동식물의 변화를 안다. • 이웃에 관심을 두고 고마운 분들에게 감사의 마음을 가진다. • 지난 한 해를 마무리하고 새로운 환경에 관심과 기대를 한다.	• 얼음 • 고마운 사람들 • 새해 • 초등학교	• 동지 • 설날 • 정월 대보름	• 감사의 날 • 체격검사 • 김장 • 졸업사진 촬영 • 입학식

부산대학교 부설 어린이집 연간계획안(임재택 외, 2011).

표 8-4 월별 연간계획안

월	주제	소주제	월	주제	소주제
3월	어린이집과 친구	• 새로운 환경 • 우리 원의 하루 • 친구와 관계 맺기 • 함께 만드는 우리 원	9월	세계 속의 우리나라	• 우리나라 사람들의 생활과 문화 • 우리나라의 놀이와 예술 • 우리나라의 역사와 자랑거리 • 세계 여러 나라 사람들의 생활과 문화 • 함께 성장하는 세계
4월	봄과 동식물	• 봄 날씨와 풍경 • 따뜻한 봄 지내기 • 궁금한 동식물 • 동식물과 우리 생활 • 자연과 더불어 사는 우리	10월	가을	• 가을 날씨와 변화 • 단풍잎과 낙엽 • 가을 곡식과 추수 • 가을 풍경 느끼기

월	주제	소주제	월	주제	소주제
5월	나와 가족	•나의 몸과 마음 •소중한 나 •소중한 가족 •가족의 생활과 문화	11월	환경과 생활	•물과 우리 생활 •돌·흙과 우리 생활 •바람 공기와 우리 생활 •빛 소리와 우리 생활
6월	우리 동네	•우리 동네의 모습 •우리 동네의 생활 •우리 동네 사람들 •우리 동네의 전통과 문화	12월	겨울	•겨울 날씨와 변화 •겨울 풍경 느끼기 •신나는 겨울놀이 •겨울놀이와 안전 •감사와 사랑이 가득한 겨울
7월	여름과 건강	•여름 날씨의 변화 •여름 풍경 즐기기 •즐거운 놀이와 휴식 •깨끗한 나와 환경 •안전한 놀이와 생활	1월	생활 도구	•다양한 생활도구 •생활도구를 움직이는 힘 •생활도구로서의 미디어 •미래의 생활도구
8월	교통 기관	•여러 가지 육상 교통기관 •고마운 육상 교통기관 •항공/해상 교통기관 •즐거운 교통기관	2월	형님 반에 가요	•성장한 나 •동생들에게 알려주는 이야기 •우리 반의 추억 •형님 반에 가요

만 4세 연간지도계획안(의정부시 공립 어룡어린이집).

3 단기적 계획

1) 아동의 모습 파악

단기적 보육계획에는 1~2주 간의 보육계획(주간보육계획), 하루의 보육계획(일일보육계획), 활동 시간대의 보육계획(부분활동계획) 등이 있다. 이것들은 아동의 건전한 성장을 추구하면서 학급의 담임교사가 작성한다.

단기적 계획은 아동들이 지금 무엇에 흥미와 관심을 두고 무엇을 하고 싶어 하는가, 그것을 실현하기 위해서 어떤 환경이나 도움이 필요한가 등을 구체적으로 이미지화하여 기술한다. 이를 위해 우선 아동의 모습을 파악하는 것이 필요하다. 아동이 주체적으로 환경과 상호작용하는 놀이 중심 보육에서는 아동이 무엇에 흥미를 갖고 무엇을 추구하고 있는가를 탐구하여 그것이 실현되도록 환경이나 지도내용을 생각하는 것이 기본이기 때문이다.

그러나 아동의 모습을 파악하는 것은 그렇게 간단하지 않다. 보육 중에 아동의 모습을 파악하기 위해서는 누가 어디서 어떻게 놀이하는가를 판단하고, 그 상황 속에서 아동이 어느 정도 긴 시간 자신의 놀이에 몰두하고 있는가를 파악할 필요가 있다. 또한 보육 종료 후에는 아동의 모습과 놀이에 대한 태도를 구체적인 장면으로 생각해 내고, 그날의 지도계획에 비추어 그때의 환경이나 도움이 적당하였는지를 반성하는 것도 필요하다. 그것은 교사가 보육하는 중에는 알아차리지 못했던 아동행동의 의미나 생각을 고찰하는 것이기도 하다. 그것을 되돌아봄으로써 더욱 정확한 예측과 구체적인 보육의 계획을 수립할 수 있게 된다.

보육을 계획하기 위해서는 아동의 모습을 파악하는 것이 필요하고, 아동의 모습을 파악하기 위해서는 먼저 보육을 계획하여 두는 것이 필요하다.

'아동의 모습을 파악하기 → 놀이나 활동을 예측하기 → 환경이나 도움을 생각하기 → 실제 보육하기 → 계획과 실제의 차이를 읽어내면서 반성, 평가하기 → 아동의 모습을 파악하기'라고 하는 순환이 중요한 것이다.

2) 내일의 목표설정

보육에서 교사의 지도는 아동의 모습을 파악하고, 아동이 하고 싶은 것이 실현되는 방향으로 이루어진다. 그리하여 교사는 아동의 생각을 따라가면서 키우고 싶은 목표를 설정한다. 그것은 아동의 표면적인 흥미를 따라가는 것만이 아니라, 내면의 마음을 읽어내서 무엇이 자라고 있는가를 장기계획과 맞추어 가면서 긴 안목으로 탐구하는 것이다.

구체적 사례

4세 아동이 젤리의 빈 통(투명한 파란색 플라스틱 팩)을 눈여겨보고 '이것을 안경처럼 눈에 대면, 파랗게 보인다'라고 친구에게 말한다. 주위의 친구들도 똑같이 보기 위해 눈에 대보면서 '진짜다', '바다 같다'라고 말한다. 한 아이가 '선생님, 여기에 구멍을 내고, 고무줄을 붙여서 안경처럼 만들어요'라고 말했다. 모두 함께 빈 통에 구멍을 내고 고무줄을 전달하면 그것을 받아서 다른 아동 모두가 안경을 만든다.

곧이어 '수족관에서 물고기 키우는 사람이 이런 걸 끼우고 헤엄쳐요'라고 하면서 평평한 도화지를 잘라서 오리발을 만든다. '나도 만들어 볼래'라고 말하고 합류하는 아이가 있다. 이 상황이 고무되어서 '이곳을 수족관처럼 만들어 보자'라고 재료를 나르면서 수족관을 만들기 시작한다.

<아동의 모습 파악>

- 젤리의 빈 통이 투명하게 보일 수 있는 것을 발견하고 기뻐하고 있다.
- 파란 투명한 것으로부터 '수중안경'을 연상하고, 직접 만들고 싶다고 생각하고 있다.
- 발견한 기쁨을 친구들에게 전하고, 친구들도 그것을 받아들여서 시험해 보고 공감하고 있다.
- 하고 싶은 것을 실현하는 데 필요한 것을 교사에게 요구하고 있다.
- 친구가 알고 있는 것을 듣거나 보면서, 모방해 보고 있다.
- 자신의 경험을 친구에게 전하거나, 친구의 이야기를 들으려고 한다.

<교사의 희망>

- 느낀 것을 언어나 몸으로 표현해 보게 하고 싶다.
- 발견한 것으로부터 하고 싶은 것이 생기고, 그것을 실현하게 하고 싶다.
- 친구가 하는 것을 공감하고, 이미지를 구축하고 즐거움을 느끼게 하고 싶다.

<목표>

- 자신의 느낌이나 생각을 이야기하거나, 친구의 이야기를 들으면서 놀이를 즐긴다.
- 친구와 상호작용을 즐기면서 이미지를 구축하고 놀이의 즐거움을 맛본다.

3) 보육의 실천

단기적 계획에서는 아동이 주체적으로 환경과 상호작용하는 모습을 구체적인 움직임으로 구상하고, 적절한 도움을 생각하는 것이 필요하다. 이를 위해서는 보육공간 전체를 조망하고 여러 놀이가 동시에 진행되고 있는 것을 의식하는 것과, 하나하나의 놀이의 중심(참가 인원, 또래관계, 사용하고 있는 재료, 장소 등)을 파악하는 것 모두가 필요하다. 그 가운데서 어떤 놀이에 언제 어떻게 상호작용해야 하는가 혹은 지켜보고 있을 것인가를 결정하고 이를 실천한다.

표 8-5 단기적 계획안의 예(일일보육계획안)

시간	보육내용
7:00	등원, 교사와의 만남
7:30~9:15	자유놀이, 간식준비, 작업, 기념일이나 축제와 연관된 활동
9:15~10:00	정리정돈, 리듬 있는 놀이
10:00~10:20	아침모임, 실외 옷 입기, 신발 갈아 신기
10:20~11:45	정원에서 자유놀이, 모래밭·공놀이·줄넘기 등 화단 가꾸기, 풀베기, 밭 가꾸기, 춥거나 가벼운 비가 오는 날씨에는 공원 산책하기
11:45~12:00	동화모임, 1~2주일 내내 같은 이야기를 들려준다.
12:00	귀가, 학부모가 직접 데려간다.

발도르프 유치원의 일과운영의 예(하정연 외, 2012).

4) 단기적 보육계획의 유연성

단기적 계획에서는 아동의 현 상태(흥미, 관심)를 파악해서 활동을 예측하고, 필요한 환경이나 도움을 생각해야 한다. 다양한 상황이 변화하면 아동의 모습이 변화하고, 그것에 맞추어 환경이나 도움을 수정하지 않으면 안 된다.

예를 들어, 계획에서 '가게소꿉놀이'를 위해 '모두가 협력하여 간판이나 물건명찰을 만들고 필요한 재료나 장소를 준비하여 둔다'라고 기록하였다. 그러나 그날 아침에 한 아동이 집에서 애벌레가 붙은 양배추를 가지고 왔기 때문에 하루의 보육이 예측과는 완전히 다르게 전개되어 갔다. 양배추를 가지고 온 아동이 자신의 생각을 이야기하거나, 애벌레를 처음 본 아동이 애벌레의 모양을 계속 관찰하거나, 도감에서 조사하거나, 모두가 함께 키워 보자고

하여 사육상자를 만들기 시작하는 등 하루가 애벌레를 중심으로 움직이게 되었다.

보육은 우연성이 넘쳐난다. 아동이 가지고 온 어떤 것이나 날씨, 사회적 사건 등 다양한 상황이 그날의 보육을 좌우할 수 있다. 그렇다고 보육계획을 작성하는 것이 무의미한 것은 아니다. 그 시기의 아동이 자라고 있는 모습을 파악해서 목표를 설정하고 지도를 생각해 둠으로써, 표면적인 아동의 놀이나 활동이 변해도 경험을 통해 보육의 방향을 수정하는 대응이 가능하기 때문이다.

보육계획은 지금까지의 아동의 상태를 파악한 것을 바탕으로 예측한 가설이고, 항상 눈앞에 있는 아동의 상황을 파악하면서 바로잡고 수정해 가야 하는 것이다.

5) 보육계획의 평가

질이 높은 보육을 목표로 한다면 항상 자신의 보육을 돌아보고 평가하고 개선해 갈 필요가 있다. 이를 위해서는 아동의 모습을 파악한 것이 적절하였나, 목표를 설정한 것이 적절했나, 환경의 구성이나 도움은 적절하였는가를 돌아보는 것이 중요하다.

계획을 작성할 때는 가능한 한 구체적으로 보육을 그려보고 기술한 것이라고 해도 실제의 보육 안에서는 도움의 시기, 방법, 언어의 사용 방식, 모델의 제시 방법 등 그 장면의 상황이나 아동의 기분을 직감적으로 판단하고 대응해야 하는 경우가 많다. 또한 자신은 무의식으로 한 행동이 아동의 놀이에 영향을 미치는 일도 있다.

보육을 마친 후에 실천을 돌아봄으로써 그 당시에는 알아차리지 못했던 행동의 의미를 알아차리거나 교사의 언행의 의미를 깨닫기도 한다. 또한 예측했던 것이 어떻게 이루어졌는가, 목표나 내용을 구체화할 수 있는 지도가 되었는가 등을 생각해 볼 수 있다. 하루의 보육을 생각하면서 쓰는 활동(기록하기)을 통해 보육에 대한 사고를 깊게 할 수 있다.

또한 기록이 남아 있기 때문에 다른 교사에게 그것을 기초로 조언을 받을 수도 있다. 다양한 교사의 시점에서 아동의 성장이나 보육을 바로 볼 수 있게 되고, 자신은 알지 못했던 보육의 과제가 드러날 수 있고, 보육의 고민이 해결되는 방향으로 갈 수도 있다.

보육을 계획하는 것은 미래의 일을 예측하는 것이지만 예측은 과거의 경험의 축적에서부터 생겨난다. 과거의 보육을 분석적으로 고찰하는 것(평가)을 통해 더욱 풍부한 계획을 만들어 갈 수 있는 것이다.

4 보육계획의 작성

1) 보육계획안 작성 시의 유의점

교사가 아동을 중심에 두고 수립한 보육계획을 실천하는 데 필요한 것은 무엇일까? 열심히 수립한 계획이라도 반드시 모든 아동이 교사의 의도대로 흥미나 관심을 두고 행동하는 것은 아니다. 오히려 아동의 의외의 모습이나 언어, 보육 전개 때문에 당황하는 쪽이 많다. 만약 실습생이라면 유연하게 대응할 수 있는 경험도 부족하여, 단지 열심히 계획대로 활동을 밀고 가는 것에만 필사적이 되어 버릴 수 있다.

그렇지만 계획안의 작성과정에서 최대한 많은 부분을 고려하고 기본적인 준비과정에 충실하여 계획을 작성한다면 보다 실패가 적고 의미 있는 보육 전개를 할 수 있게 될 것이다.

따라서 기본적인 계획안 작성을 위한 지침을 참고하고, 이에 준하여 연습하고 경험을 쌓아가는 실천만이, 아동의 실제 모습에 보다 근접하고 아동으로 하여금 환경을 통한 상호작용을 촉진하게 하는 보육실천으로 이어갈 수 있다.

계획안을 작성할 때에는 아동의 상황을 파악하고, 보육계획의 장기적인 목표를 이해한 뒤에 보육교사의 보육관을 살려가야 한다. 준비단계에 많은 활동내용을 검토하여 두면 이런 때 선택의 폭이 넓다.

활동의 목표와 내용이 결정되면 주요한 '환경 구성'과 '아동의 활동과 예상되는 결과', '보육교사의 지도와 유의점'을 검토한다. 활동을 어떻게 도입하고, 아동이 어떠한 활동을 할까? 그 전개 방법에 자신의 보육관이나 아동관이 표현된다. 예를 들어, 5세 아동반에 재료를 나누어 줄 때 아동을 자리에 앉혀서 교사가 전원에게 나누어 주는 방법을 택한다면 혼란이 없을 것이다. 그러나 아동이 재료를 직접 받아 오게 한다든지, 그룹의 당번이 받아가게 한다면 활동에 대한 기대감이나 그룹으로서의 의식이 높아질 수 있다. 아동이 어떠한 경험을 하는가, 무엇을 키워 주고 싶은가에 따라서 활동전개의 방법이 달라진다. 아동의 기분이나 상태를 예상하면서 환경 구성이나 보육교사의 지도사항을 잘 파악하는 것으로도 혼란이나 위기는 피할 수 있게 된다.

2) 누리과정의 보육계획과 보육기록

개정된 누리과정에서는 보육계획을 수립하고 기록하는 과정에 대해 기관의 실정에 적합한 계획을 수립하여 운영[2]하도록 하고 있다.

다음은 개정 누리과정에서 제안하는 보육계획의 기록과 작성 방식이다.

연간계획에 대한 검토 사항은 다음과 같다[3].

- 연간계획은 기관 전체의 구성원이 공유하는 자료이므로 기관 차원에서 수립하는 것이 일반적이다.
- 한 해의 중요한 경험(기관 적응, 계절, 명절, 그 해의 특별한 국가적 행사, 기관 행사, 진급 등)을 고려하여 계획한다.
- 개정 누리과정은 유아와 교사가 '만들어 가는 교육과정'이므로, 유아에게서 발현되는 놀이가 즉각적으로 반영될 여지를 가지고 계획한다.

월간, 주간, 일일계획에 대한 검토 사항은 다음과 같다[4].

- 월간, 주간, 일일계획을 모두 수립하여야 하는 것은 아니며 하나만 선택하여 작성할 수 있다.
- 매일 진행되는 놀이를 기록하고 다음날 지원할 내용을 간단히 계획하여 기록하며, 계획안의 양식과 내용, 작성 주기는 각 기관과 교사의 필요에 맞게 자율적으로 결정한다.

---

2) 출처: 보건복지부·교육부(2019). 2019 개정 누리과정 해설서
3) 출처: 보건복지부·교육부(2019). 2019 개정 누리과정 놀이실행자료
4) 출처: 보건복지부·교육부(2019). 2019 개정 누리과정 놀이실행자료

- 놀이시간은 전이시간을 고려하여 충분히 이루어지도록 한다.

보육일지에 포함되어야 할 내용요소를 다음과 같이 제안하고 있다.

- ‘놀이와 일상생활, 활동’으로 구성된 일과를 기록하되, 바깥놀이를 포함한 유아의 자유놀이 진행에서 중심이 되는 내용을 기록한다.
- 유아의 자연스러운 놀이상황을 관찰하고 이를 통해 교사가 지원하고자 하는 내용을 간략히 기록한다.
- 보육일지는 놀이 중 작성한 메모나 유아의 놀이사진, 놀이 결과물 등을 활용하여 기록할 수 있다.
- 반 운영의 특이사항(부모면담, 부모요구사항, 감염병 발병 상황, 안전사고 등)이 있는 경우 이에 대해 간략히 작성한다.
- 주간보육계획 또는 일일보육계획을 포함하여 작성할 수 있다.

일일보육일지 예시(영역구분 삭제)(보육사업안내 서식④)

○○ 반 보육일지 (만 세)			
날 짜	년 월 일 날씨:	담임	원장
교사의 기대			
일과(시간)	계획 및 실행	놀이 평가 및 다음날 지원 계획	
등원 및 통합보육 (: ~ :)			
오전간식 (: ~ :)			
오전 실내놀이 (: ~ :)			
활동 (: ~ :)			
바깥놀이 (대체) (: ~ :)			
점심식사 (: ~ :)			
낮잠 및 휴식 (: ~ :)			
오후 놀이 (: ~ :)			
오후간식 (: ~ :)			
귀가 및 통합보육 (: ~ :)			
반 운영 특이사항			

3) 보육의 실천과 개선

보육활동이 실천만으로 끝나버린다면 교사로서의 성장을 기대하기 어렵다. 계획에 근거한 활동을 전개하고 실천을 되돌아보고, 유아가 흥미를 느끼고 활기차게 활동했던 경우는 그 배경이 무엇인지 살펴보고, 문제가 발생했던 경우에는 주의를 충분히 기울이지 못한 점에 대하여 반성한다. 그리하여 오늘의 반성을 내일의 보육에 살려 가게 된다. 그러한 자세는 교사 자신을 발전시키고 나아가 장래 자신감의 밑거름이 될 수 있다.

Chapter

09 보육과 환경

1. 보육에서 환경이란
2. 적절한 환경의 제공과 보육
3. 표준보육과정과 평가지표에서 말하고 있는 보육환경

인간의 성장이나 발달은 주위 환경과의 상호작용에 의해 이루어지므로 환경과 발달을 별개로 생각하는 것은 불가능하다. 특히 영유아기는 발달이 왕성하고 환경의 영향을 크게 받는 시기이기도 하다. 이와 같은 시기에 어떤 환경에서 생활하고, 어떤 환경과 상호작용하는가는 이후의 발달이나 살아가는 방식에 중요한 의미를 갖는다. 따라서 환경을 통해 보육을 실천하고, 영유아기의 구체적인 생활과 놀이를 중시하는 보육을 실천하는 것은 영유아기의 발달적 특성을 고려한 보육이 된다는 점에서 중요하다.

이 장에서는 보육환경의 중요성과 보육에 바람직한 환경을 조성하는 기본적인 의의와 방법에 대해 알아보고, 평가지표로서의 보육환경의 기본적 요소에 대해 살펴볼 것이다.

1 보육에서 환경이란

1) 보육과 환경

영유아교육·보육이 '아동의 자발적이고 주체적인 환경과의 상호작용을 통해 이루어지는 것'이라는 의식은 보육현장에서 주지의 사실이다. 그러나 '환경'이라는 단어는 사회상황의 변화에 따라서 해석이나 활용의 방식이 다양하다.

예를 들어, 1970년경부터 한국은 고도 경제성장을 이루었으나 그 이면에는 핵가족화나 도시화 등 급변하는 사회환경의 변화 속에서 가정이나 지역사회의 양육기능이 약하되고, 아동의 성장에 왜곡이 생기고 있다는 문제의식이 생기게 되었다. 동시에 환경문제가 전 세계적인 규모로 확산되고 시급한 사회문제로서 '환경'이라는 단어가 급부상하게 되었다. 보육계에서도 아동과 교사의 관계만이 아니라 넓은 사회환경을 포함한 '보육환경'을 다루어야 한다는 과제를 안게 되었다.

영유아교육·보육에 대한 사회의 기대는 더욱더 증대하고 있다. 그러나 영유아교육자의 지도력을 중심으로 교사 주도의 일방적인 보육의 모습이 많이 나타남으로써, 아동의 자발성이나 주체성, 자유로운 발상을 중시하는 보육의 모습은 후퇴하고 있는 것이 아닌가 하는 우려의 소리도 높아졌다. 이에 다양한 개혁의 노력들이 이루어지고 있다.

교사가 지도하는 보육내용을 단순히 따라서 활동을 하는 것이 아니라, 아동이 주위의 환경과 스스로 상호작용함으로써 다양한 발견이나 생각하는 경험을 갖고, '정서, 의욕, 태도'를 배양하는 것을 더 많이 요구하게 되었다. 학습이란 결국 상호적이고 경험적이며 사회적인 것이기 때문이다.

2) 아동 중심 · 놀이 중심 보육의 의미

개정 누리과정이나 4차 어린이집 표준보육과정에서는 교사의 일방적 지도에 의해 이루어지는 보육이 아니라, 아동 한 사람 한 사람이 자율성과 창의성을 발휘하는 자발적 경험을 중시한 보육을 강조하고 있다.

영유아기는 지식이나 기능 등을 일방적으로 배워서 몸에 익혀 가는 시기가 아니라, 생활 속에서 경험이나 놀이를 통해 자신의 학습능력을 키워 가야 하는 시기이다. 따라서 자신의 흥미나 욕구에 기초한 직접적이고 구체적인 경험을 함으로써 인간 형성의 기초가 되는 풍부한 정서, 스스로 다양한 사물을 탐구하고자 하는 의욕, 건전한 생활을 영위하는 데 필요한 태도 등을 키워 가야 한다. 그런 까닭에 아동의 자율성과 교사의 의도가 보육현장에서 균형을 이루어 갈 필요가 있다.

아동은 호기심이 왕성한 시기이기 때문에 스스로 흥미나 관심을 갖는 사건과 마주칠 때 행동하고, 시행착오를 반복해 가면서 직접적이고 구체적인 경험을 쌓아간다. 예를 들어, 능숙하게 잘하지 못해도 '왜 잘하지 못할까?'라고 생각하면서 재도전해 보게 된다. 이와 같은 아동의 모습은 교사의 일방적인 지도로는 결코 생겨날 수 없다. 아동이 자율적으로 스스로 흥미나 관심이 있는 주변 환경과 상호작용하고, 다양한 활동이나 놀이를 전개하여 감으로써 생길 수 있다.

결국 교사는 자신이 세운 지도계획을 그대로 수행하는 것만이 아니라, 한 사람 한 사람의 아동이 스스로 활동을 전개해 갈 수 있도록 하는 보육을 실천해야 한다. 어디까지나 활동의 주체는 아동이고, 교사는 그 활동이 이루어지기 쉽도록 의도를 가지고 환경을 구성하는 역할을 하는 것이다.

여기서 말하는 환경에는 물리적인 환경만이 아니라 놀이의 공간적 환경이나 아동의 활동내용을 배려한 시간적 환경, 교사나 또래와의 상호작용을 포함한 인적 환경 그리고 교사로부터 발산되는 분위기 같은 환경까지 모두 포함한다(広岡義之, 2013). 이 같은 상황이 확보된 아동은 충분히 자기 활동성을 발휘하고 놀이의 세계에 몰입할 수 있다.

교사는 매일매일 아동이 생활하는 모습에 유의할 필요가 있다. 왜냐하면 아동이 무엇을 생각하고 무엇에 관심이 있는가, 무엇을 의욕적으로 다루고 있고 다루려고 하는가, 무엇에 고민하고 있는가 등을 아는 것이 보육환경의 구성 혹은 보육계획과 연결되기 때문이다.

이와 같이 생활의 흐름이나 아동의 의식의 흐름을 고려하고, 매일의 보육을 다루고, 그 성장을 지원하는 보육이라면 자율적이고 창의적으로 상호작용하는 보육의 본래 의미에 맞는 보육이라고 말할 수 있다.

3) 아동을 둘러싼 환경

보육이란 아동이 가진 잠재적 가능성을 믿고 그것을 실천하게 하는 것으로서, 그것은 동시에 인간의 문화 계승이기도 하다. 아동이 교사와 함께 생활하는 가운데 사람이나 물건 등의 다양한 환경과 만나고, 그것과 상호작용하는 방식을 몸에 익히는 것을 통해 문화를 획득하면서 자신의 가능성을 열어가는 것이다. 아동 한 사람 한 사람의 잠재적인 가능성은 생활을 함께하는 사람이나 다양한 장소에서 만나는 환경에 의해 열리고, 환경과의 상호작용을 통하여 구현되어 간다.

결국 환경을 통하여 이루어지는 보육이란 놀잇감이나 교재·교구, 다양한 소재 등을 배치하는 것만으로 이루어지는 것은 아니다. 또한 환경에 포함된 교육적 가치만을 교사가 골라내서 직접 아동에게 넣어주는 것도 아니다. 환경에 교육적 가치를 포함하고 있어도 아동 자신이 흥미나 관심을 갖고 환경에 상호작용하고, 그것을 다루고, 시행착오를 경험하고, 적절한 상호작용 방법을 몸에 익혀 가지 않으면 안 된다. 아동의 주체적인 상호작용을 중시하는 것이란 아동의 관점에서 보면 자유로움이 넘치는 보육이라고 말할 수 있다.

예를 들어, 보육실에 한지염색 놀이도구가 있다고 하자. 그러나 그것들이 놓여 있는 것만으로는 처음 본 아동이 흥미가 있다고 해도 적극적으로 다루고자 하는 모습은 아직 나타나지 않는다. 그때 자신이 좋아하는 색을 종이에 염색하고 만족하고 있는 친구의 모습을 보면서 혹은 교사가 그것으로 즐겁게 활동하는 있는 모습을 보고 종이를 손으로 만지고 싶어질지도 모른다. 또한 처음에는 그 아동 나름의 방식으로 해야 한다. 종이를 물에 담그는 요령이나 색이 염색되어 가는 시간이나 양 등, 능숙하게 하는 친구나 교사의 움직임을 모델로 하여 다양한 시행착오를 반복한 후, 그 종이를 다루어 보고 생각하면서 몸에 익혀 가는 것이다. 이 같은 환경과의 상호작용을 통하여 아동은 자신의 교재나 도구의 사용방식을 획득하고, 세계를 넓혀 가는 만족감을 맛보고, 발달에 필요한 체험을 쌓아가는 것이다.

아동은 교사에 의해 준비된 환경 속에서 또래 아동들과 상호작용하고 교사와 상호작용하면서 발달하고 자란다. 이를 위해서는 자유롭게 안심하고 생활할 수 있는 보육실의 환경이 있고, 아동과 교사의 따뜻한 신뢰관계의 분위기가 있어야 한다. 이것들이 바탕이 되어 아동 한 사람 한 사람이 충분히 자기를 발휘할 수 있는 장이 되고, 성장이나 발달의 장이 되는 것이다.

교사는 '유아 중심·놀이 중심 보육'의 의미를 알고, 아동과의 생활 속에서 다루고 넓혀지는 다양한 경험이나 학습의 중요성을 더 깊게 이해할 책임이 있다.

2 적절한 환경의 제공과 보육

아동을 중심에 두는 교사의 상호작용 방식에는 특징이 있다. 그것은 아동의 활동에서 자유를 보장해 주는 것이고, 아동의 무한한 가능성과 능력을 신뢰하는 것이다. 그것은 단순히 아동에 대한 정신적 혹은 이념적 신뢰에 도달하는 것이 아니라 한 사람 한 사람 아동의 가능성이나 능력을 신뢰하고 보다 구체적으로 스케줄을 조직하는 것이다.

보육현장에서 아동의 원기 왕성한 행동을 자유라고 보고, 충분한 배려 없이 자유로운 탐색이나 선택을 하도록 아동에게 전적으로 맡기면 보육은 충실해지기 어렵다. 아동의 자율성을 중시하는 실천이란 정신적·이념적인 면에만 기울어진 것이 아니라, 실제에서 구체적인 관점을 가지고 아동 한 사람 한 사람의 환경과 지도계획을 충분히 계획하는 것이다.

여기에서 지도계획이란 교사가 결정하여 일방적으로 이끌어 가는 보육 전개가 아니다. 아동의 활동은 자유롭고 유동적이고, 한정된 시간 속에서 아동이 활동의 주도권과 시간의 필요를 정하고, 그것을 제안하고 실천하는 것이다. 이것은 아동의 환경과의 상호작용의 결과이고, 아동발달의 원동력이다. 아동이 하나의 활동을 선택하여 몰두하고 있는 경우 교사가 강제로 활동을 중단하는 것은 바람직하지 않다. 몰두하고 있는 활동이 도중에 중단되어 버리면, 자유로운 자기표현에 이르기 전에 그것은 붕괴되어 버리고, 의미를 이루지 못하게 되기 때문이다.

아동의 자유로운 활동을 긍정하고, 공감하고, 그 활동에 적극적으로 참가함으로써 교사는 아동이 바르고 적절한 발달과 행동을 할 수 있도록 이끌어 갈 수 있다.

환경과의 자율적인 상호작용이 가능한 보육계획의 예

① 매일 반 전체가 하는 '대그룹활동'은 단시간에 한다.
② 반 내에서 하는 활동도 소그룹이 많다.
③ 아동의 활동을 지켜보며 스케줄이 구성된다.
④ 가능한 한 많은 활동 선택을 제공한다.
⑤ 아동의 흥미나 관심에 따른 개인적인 활동의 전개를 존중한다.
⑥ 주도권은 아동에게 있다.
⑦ 보육내용은 유연하고 솔직하다.
⑧ 아동은 주체적으로 활동하는 방식을 택하고 호기심을 발전시킨다.
⑨ 아동은 자신이 선택 결정한 것은 실행하지 않으면 안 된다.
⑩ 교사는 개인적으로 말을 걸고, 아동은 반(그룹) 전체에 말을 건다.

3 표준보육과정과 보육환경

지금까지 이야기한 것은 환경에 대한 이념적인 원리를 설명한 것이고, 이것을 구현하기 위해 표준보육과정과 평가지표에서는 보육환경에 대해 어떠한 내용을 담고 있는지 알아보자. 환경과 아동보육의 관계에 대한 이념적 지식을 전제로 다음의 내용을 이해하기 바란다.

1) 표준보육과정의 환경 구성의 일반적 원칙

구체적으로 표준보육과정(보건복지부, 2012)에서는 물리적 환경 구성의 일반적 원칙에 대해 다음과 같이 설명하고 있다.

① 심리적 안정

- 벽지나 가구 등을 부드러운 색으로 하여 가정처럼 따스하고 안락한 분위기를 조성해야 한다.
- 바닥에 소음 흡수를 위한 카펫을 깔고, 각 흥미 영역에 제한된 수의 영유아만 참여하게 하거나 영유아가 과잉 자극으로부터 쉴 수 있는 혼자만의 장소를 마련해 주는 것도 필요하다.

② 신체적 안전

- 적절한 환기, 채광, 조명, 온도를 제공하고 모든 물체와 물품, 공간의 위생과 청결을 유지해야 한다.
- 사고나 위험으로부터 보호하기 위해 실내외의 모든 시설 및 설비를 안전하게 설치, 관리하고, 비상사태에 대비한 안전장치(예: 비상등, 소화기)를 갖춰야 한다.

③ 자발적 탐색

- 영유아의 탐색을 제한하는 환경은 인지발달에 부정적 영향을 미칠 수 있으므로, 영유아의 활동이 제한되지 않도록 유의하고, 영유아가 성인의 도움 없이 자발적으로 탐색할 수 있도록 구성해야 한다.

④ 발달의 적합성

- 영유아가 사용하는 모든 가구와 교구는 영유아용으로 특별히 제작된 것이어야 하며, 영아와 유아가 공용으로 사용하기보다는 나이별 신체 조건에 맞는 크기의 가구나 교구를 제공하는 것이 좋다.

⑤ 다양성

- 어린 영아는 모양과 색상이 같은 놀잇거리를 제공해야 서로 다툼이 줄어드는 경향이 있지만, 성장함에 따라서는 다양한 자료를 제공해야 인지발달을 촉진할 수 있다.
- 또한 공간 구성 시에도 개별활동, 소집단활동, 대집단활동 등 다양한 집단구성의 활동을 할 수 있도록 계획해야 한다.

2) 제4차 표준보육과정의 환경조건

한편 제4차 표준보육과정에서는 교사를 영유아의 놀이 지원자로 제안하고 있다. 교사는 적절하게 환경을 구성하고 영유아와 바람직한 상호작용을 하여 영유아가 놀이에 몰입하고 놀이를 확장하도록 돕는 역할을 한다.

다음은 제4차 표준보육과정에서 언급한 보육환경에 대한 내용이다.

① 영유아가 다양한 놀이와 활동을 경험할 수 있도록 실내외 환경을 구성한다.

표준보육과정에서 놀이환경은 영유아가 놀이하는 실내외 모든 공간과 놀이자료를 포함한다. 영유아가 보고 듣고 만지며 자유롭게 표현할 수 있는 놀이환경은 놀이가 다양하게 이루어지도록 하는 중요한 교육적 자원이다. 따라서 교사는 다양한 실내외 놀이환경과 풍부한 놀이자료를 제공하여 영유아의 놀이가 활성화되도록 돕는다.

② 영유아와 영유아, 영유아와 교사, 영유아와 환경 사이에 능동적인 상호작용이 이루어지도록 한다.

어린이집에서 영유아는 또래, 교사 및 자신을 둘러싼 환경 등과 관계를 맺으며 성장한다. 또한 영유아는 놀이에서 또래 친구와 교사, 자연환경 등과 적극적으로 상호작용하면서 세상을 이해하고 배움을 이루어 간다. 특히 영아의 경우 또래 간 상호작용과 함께 교사와의 애착과 신뢰감 형성이 중요하다. 교사는 영유아가 놀이에서 만나는 다양한 관계에 관심을 기울이고 함께 상호작용을 하며 배움을 지원해야 한다.

이상은 표준보육과정에서 제시한 환경을 구성하는 기본적인 원리이고, 이러한 환경 구성을 실천하도록 하기 위해 평가기준이 보육시설 평가지표와 내용에 소개되어 있다. 그 내용은 다음과 같다.

3) 평가지표와 보육의 물리적 환경

보육시설 평가지표는 주로 보육의 물리적 환경에 대한 기준을 제시하고 있다.

여기서 물리적 환경이란 단순히 물리적 공간과 공간 내의 활동 자료만을 의미하는 것이 아니라, 영유아들의 일상생활 공간과 놀이공간, 영유아의 경험에 포함되는 모든 시설과 설비로서의 물리적 환경을 의미한다(한국보육진흥원, 2015). 성인과 달리 영유아들은 주변 환경에 대한 끊임없는 흥미와 호기심, 왕성한 활동력을 가지고 적극적으로 주변의 환경을 탐색하고 반응하면서 발달하기 때문에, 유아에게 있어서 물리적 환경은 매우 중요하다(이유미, 2003).

다음은 평가제도(2019)에서 제시하는 보육환경의 내용을 요약한 것이다.

영유아는 환경과의 상호작용을 통해 성장한다. 이러한 이유로 어린이집 실내외 놀이공간, 시설 및 설비를 영유아의 연령 및 발달수준, 흥미와 요구에 적합하게 구성하는 것은 매우 중요하다. 아울러 어린이집 환경은 어린이집에서 실시하고 있는 보육 프로그램과 서로 유기적인 관계를 맺어야 한다. 즉, 각 어린이집에서 실시하는 보육 프로그램이 잘 운영될 수 있도록 환경을 구성하여야 한다. 영유아의 다양한 요구를 수용하기 위해서는 보육실뿐 아니라 그 이외의 공간도 필요하며, 이러한 공간은 영유아의 놀이 및 활동과 일상생활을 지원하도록 구성되어야 한다.

(1) 보육환경의 하위 영역

같은 조건의 물리적 환경이라도 영유아가 어린이집에서 경험하는 놀이나 활동, 일상생활의 내용은 다를 수 있다. 즉, 단순히 물리적 환경을 갖추었는지뿐만 아니라 그 환경에서 영유아가 의미 있는 경험을 하고 있는지에 대한 평가도 함께 이루어져야 할 것이다. 이러한 취지에 따라 어린이집의 실내외 환경 구성과 바깥놀이 운영에 대해 평가한다. 하위 영역을 보면 표 9-1과 같다.

표 9-1 보육환경의 하위 영역

평가	하위 영역	항목
2. 보육환경 및 운영관리	1. 실내 공간 구성 및 영역	2-1-1 보육실 내 흥미 영역 또는 놀이 영역은 영유아의 연령 및 발달특성을 고려하여 놀이와 연계하여 구성한다.
		2-1-2 실내 시설 및 설비가 영유아의 발달 수준에 적합하다.
		2-1-3 영유아의 요구를 충족하는 보육실 이외의 별도의 공간을 마련하고 있다.
		2-1-4 비품과 활동자료를 보관하는 별도의 공간이 있고 체계적으로 정리하고 있다.
	2. 실외 공간 구성 및 영역	2-2-1 옥외 놀이터 등을 구비하고 있다.
		2-2-2 영유아의 발달을 지원하는 다양한 놀이 및 활동 자료가 준비되어 있다.
		2-2-3 영유아의 발달에 적합한 다양한 바깥놀이 및 활동이 이루어진다.

① 실내 공간의 구성 및 운영

어린이집의 실내 공간은 영유아가 자신의 움직임을 스스로 조절할 수 있고, 놀이나 활동에 집중할 수 있는 편안하고 쾌적한 공간이어야 한다. 또한 영유아의 놀고자 하는 요구와 쉬고자 하는 요구를 모두 지원할 수 있는 공간이어야 한다.

영유아의 놀이 요구를 충족시키기 위해서는 영유아의 연령 및 발달수준 등을 고려하여 보육실을 흥미 영역 또는 놀이 영역으로 구성해야 한다. 보육실은 다수의 영유아가 함께 생활하며 같은 시간대에 여러 가지 놀이나 활동이 이루어지는 장소이므로, 영유아가 놀이와 활동을 자율적으로 선택하고 능동적으로 참여할 수 있도록 어린이집의 보육 프로그램 특성에 맞는 흥미 영역 또는 놀이 영역으로 구성하고, 다양한 놀이 및 활동자료를 마련해 주어야 한다. 각각의 어린이집에서 실시하는 보육 프로그램이 모두 다르기 때문에 하나의 올바른 흥미 영역이나 놀이 영역의 사례가 있을 수 없다. 각 어린이집에서 실시하는 보육 프로그램이 잘 이루어질 수 있는 보육실 환경을 어린이집의 특색에 맞게 구성하도록 한다.

또한 어린이집에서 지내는 시간이 길고, 영유아별로 요구가 다르기 때문에 보육실 이외에 영유아의 요구를 충족할 수 있는 공간이 별도로 마련되어야 한다(한국보육진흥원, 2019). 특히 새로운 평가제의 항목에서는 아동의 놀이활동의 자율성을 보장하고 개별적인 쉼의 공간을 충족하는 별도의 공간을 고려한 점, 보육시설의 독자적인 운영의 특색을 보장하는 쪽으로 평가항목이 유연해지고 단순해졌다는 특징을 갖는다.

② 실외공간의 구성 및 운영

영유아들에게 바깥놀이는 새로운 신체적 도전, 힘과 체력 발달, 대근육과 소근육 사용법, 다양한 실외환경 탐색 및 실험, 또래와 상호작용하기, 자연을 감상하고 탐색하기 등의 기초를 제공한다. 이처럼 바깥놀이를 통해 영유아는 신체, 인지, 정서, 사회성 발달이 통합적으로 이루어지기 때문에 영유아의 발달에 적합한 실외환경은 매우 중요하다.

질적으로 우수한 실외환경은 영유아의 흥미를 불러일으키고 다양한 놀이에 대한 요구를 충족시켜 준다. 실외환경에 어떤 놀이기구가 있는지도 중요하지만, 영유아에게 더 의미 있는 실외환경은 영유아의 자발적인 요구와 흥미에 따른 다양한 놀이를 가능하게 하는 공간이다. 즉, 놀이기구가 많이 있다 하더라도 영유아의 다양한 움직임과 놀이를 지원해 주지 못하면 무의미한 공간이 될 수 있다. 흙으로 만들어진 언덕에서 썰매를 타고 오르내리는 활동과 같이 화려한 놀이기구나 활동자료를 사용하지 않더라도 영유아가 자발적으로 즐겁게 참여하는 놀이를 지원하는 실외환경이라면 영유아에게 더 의미 있는 환경이 될 수 있다.

장시간 어린이집에서 생활하는 영유아의 특성상 바깥놀이에서 자연을 접하는 경험은 매우 필요하다. 어린이집은 영유아들이 생활 속에서 자연을 자주 경험할 수 있도록 자연친화적인 실외환경을 구성하고 운영하도록 한다(한국보육진흥원, 2019). 특히 자연친화적인 바깥놀이환경의 구성은 점점 더 물질화되고 인공적인 놀잇감이 아니더라도 얼마든지 좋은 놀이환경이 될 수 있다는 점을 강조하고 있다는 점에서 중요하다.

(2) 보육실의 공간구성

보육실은 영유아의 연령, 발달특성, 어린이집의 보육 프로그램을 반영한 흥미 영역 또는 놀이 영역으로 구성한다.

- 보육실 공간을 흥미 영역 또는 놀이 영역으로 구성한다.
- 흥미 영역 또는 놀이 영역 구성 여부는 어린이집의 보육 프로그램 특성에 따라 다르다.
- 흥미 영역 및 놀이 영역의 수는 어린이집의 보육 프로그램 특성, 영유아의 흥미와 요구에 따라 다를 수 있다.
- 흥미 영역이란 영유아의 놀이나 활동 특성에 따라 보육실 공간을 나누고, 각 놀이 특성에 따라 자료들을 모아서 영역별로 배치하는 것을 말한다.
- 흥미 영역은 영유아의 연령, 발달특성을 고려하여 구성한다.
- 소규모 어린이집(정원 20인 이하)의 경우 어린이집 전체 공간에 흥미 영역을 배치할 수 있으며, 배치된 흥미 영역은 영유아들이 일과 중 자유롭게 이용할 수 있다.
- 놀이 영역은 어린이집의 보육 프로그램 특성, 영유아의 흥미와 요구에 맞게 구성된 놀이공간이다.
  - 몬테소리, 레지오 에밀리아, 발도르프 프로그램, 프로젝트 접근법 등 해당 어린이집의 특성에 맞는 놀이 영역으로 구성한다.
  - 바깥놀이 위주의 프로그램을 하는 어린이집의 경우 보육실은 하나의 놀이 영역으로 이루어질 수 있다.

한편 흥미 영역 또는 놀이 영역은 영유아의 놀이가 방해받지 않을 정도의 크기로 구성되어 있어야 한다. 또한 비품과 활동자료를 보관하는 별도의 공간이 있고, 체계적인 분류기준에 따라 명칭, 내용, 관련 영역 등을 표시하여 보관하고 있어야 한다.

(3) 보육실 내 영유아의 휴식공간

영유아가 어린이집에서 온종일 생활하다 보면 때때로 가정에서처럼 휴식을 취하고 혼자서 활동하는 등 조용한 시간을 보내고 싶을 때가 있다. 어린이집에서는 이러한 영유아의 개인적인 요구를 수용하고, 긴장감을 해결할 수 있도록 가정과 같이 편안하고 안락한 공간을 구성하는 등의 배려를 해주어야 한다.

이 공간은 영유아들이 언제든지 이용할 수 있으면서도 보육교사의 시선이 미치는 곳이어야 한다. 영유아는 종종 좁은 구석이나 열린 장 속, 가구 틈새에 비집고 들어가 앉아 있기를 좋아하지만, 이러한 곳은 보육교사의 시선이 미치지 못하여 위험할 수 있다. 따라서 안전을 고려하여 미리 계획된 아늑한 공간을 제공해 주는 것이 필요하다.

(4) 옥외 놀이터와 놀이기구

영유아는 실외활동을 통해 내적 에너지를 마음껏 발산하고 움직임이 큰 활동을 함으로써 신체적으로나 정서적으로 건강하게 성장할 수 있으며, 다양한 욕구를 충족한다. 어린이집에서는 정기적으로 영유아들이 안전하게 대소근육활동 및 다양한 실외활동을 할 수 있도록 옥외 놀이터를 설치하고 발달에 적합한 놀이기구를 갖추어야 한다. 또한 놀이터를 설치할 때는 「어린이놀이시설 안전관리법」에 따라 설치검사를 받는 것이 바람직하다.

(5) 보육교사를 위한 공간

영유아 위주로 조성된 환경에서 근무하는 보육교사의 불편과 긴장을 완화해 주는 것은 보육교사로 하여금 자신의 직무를 더욱 원활하게 수행할 수 있게 하는 요인 중 하나이다. 그러므로 어린이집 내에 최소한 보육교사를 위한 교사용 책상이나 개인 소지품을 넣어 둘 수 있는 사물함을 비치하고, 더 나아가서 교사 회의나 교재 준비를 하기 위한 교사실과 같은 별도의 공간을 마련하는 것이 바람직하다.

결국 물리적 환경 구성의 원리는 어떤 시설과 흥미 영역을 배치하는가의 문제보다는 환경과 보육과의 관계를 바라보는 교사의 철학과 보육의 원리에 대한 교사의 올바른 이해가 더 중요하다고 할 수 있다.

교사는 보육의 환경 가운데 가장 중요한 환경의 하나이고, 나아가 물리적 환경도 교사의 배려와 철학을 통해 조성되는 것이라는 점을 다시 한 번 강조하고 싶다.

MEMO

Chapter 10

보육평가

1. 보육의 성찰과 평가
2. 보육의 기록
3. 우리나라의 어린이집 평가제도

보육에서 평가는 영유아기 아동의 발달이 급속하게 진행될 뿐 아니라 개인차가 크다는 점에서 매우 조심스럽게 다루어져야 하고, 평가의 결과에 대해서도 신중한 해석이 필요하다. 그러나 모든 보육에서 평가는 보육활동의 돌아보기 과정이면서 동시에 내일의 보육을 위한 자료이고, 보육에 참여하는 다양한 집단들에게 보육내용을 확인시키고 협조를 구하는 데도 반드시 필요한 과정으로 인식되고 있다. 따라서 바람직하고 타당한 보육내용에 대한 평가와 더불어 아동의 발달에 대한 객관적이고 과학적인 평가는 반드시 필요한 과정이라고 말할 수 있다.

이 장에서는 보육평가에 대한 이해를 위해 필요한 평가의 방법을 살펴보고, 우리나라의 보육시설 평가제도에 대해 다루게 될 것이다.

1 보육의 성찰과 평가

1) 보육에서 성찰과 평가의 의의와 목적

최근 보육의 질을 일정 수준 보증하고 향상하기 위해 보육의 성찰과 평가의 필요성이 널리 인식되고 있다. 보육의 질과 그 평가에 관한 연구나 실천에서 가장 근본적인 논의는 바로 '질 높은 보육이란 어떠한 것인가?', '어떤 방법으로 하면 보육의 질 개선에 기여하는 평가가 될까?'라고 하는 질의 정의와 평가의 방법에 관한 논점이다.

보육의 질에 대해 OECD(2006)에서는 ① 방향성의 질(국가가 보육의 기능과 정책의 방향을 정하기), ② 구조의 질(물리적 환경이나 기준, 법규, 조건), ③ 과정의 질(아동과 주위의 관련성이나 상호작용), ④ 운영의 질, ⑤ 아동의 성과로서의 질, ⑥ 보호자나 지역과의 연락과 관여의 질 등의 6가지 측면으로 분류하고 있다.

여기서 특히 '방향성의 질'은 결국 보육의 기능을 말하는 것이다. 즉, 보육에서 가장 중점을 두고 있는 것은 무엇인가, 보육을 통해 키우고자 하는 것은 무엇이며, 어디에 더 큰 가치를 두고 있는가이다. 이는 각 나라의 문화적 가치관이나 사회의 상황, 제도에 따라 다양한 특색을 가진다. 그 나라의 교육과정 전체의 질 외에 다른 측면과도 크게 관계가 있기 때문이다.

이와 같은 인식 위에 우리나라에서도 '질이 높은 보육'을 어떻게 정의하는가, 그것들을 보육현장에서 어떻게 다루고 평가하는가와 같은 논의를 바탕으로 평가의 방법을 지속적으로 고민할 필요가 있다.

참고로 NAEYC에서 제시하는 평가의 목적을 소개하면 다음의 세 가지로 정리할 수 있다(NAEYC, 2009).

① 교수와 학습에 대한 건전한 결정을 하기 위해
② 개별 아동에 초점을 맞춘 개입을 위해서 중요한 관점을 확인하기 위해
③ 프로그램이 교육적·발달적 개입을 개선할 수 있도록 돕기 위해 평가한다.

요약하면 평가는 바르고 정확하게 활용되고, 그 결과가 보육의 발달과 개선을 위해 활용되어야 한다는 것이다.

2) 평가의 내용

우선 보육평가에서 다루는 대상을 크게 구분한다면 보육내용과 보육과정 운영에 대한 평가, 아동의 발달평가 그리고 어린이집 시설과 운영에 대한 평가로 구분할 수 있다.

(1) 보육내용과 보육과정 운영에 대한 평가

교사가 아동을 깊이 이해하고 보육계획이나 실천을 개선하기 위하여 돌아보기를 빼놓을 수 없다. 보육에서 돌아보기는 보육의 계획 작성부터 실천에 이르는 과정 전체에서 이루어진다. 먼저 계획 과정에서 실제 아동의 모습이나 상황을 성찰하여 다양한 관점으로 고찰한다. 그러한 성찰에 기초하여 보육에 대한 다양한 의미나 가치 혹은 과제를 발견한다. 그리하여 개선과 구체적 방법을 결정하고 평가의 결과는 다시 계획의 개선에 반영되어 다음의 보육으로

연결된다. 이처럼 성찰, 평가에 의한 보육의 돌아보기는 보육의 순환적 과정이 된다.

(2) 아동의 발달평가

영유아의 발달평가는 영유아보육평가에서 중요한 부분이다. 영유아의 전인적 발달을 돕기 위해 보육활동을 실천하고 이러한 활동이 영유아의 행동에 어떠한 변화를 가져왔는지 점검하고, 보육내용이나 프로그램의 실현 정도를 확인하게 해준다. 이러한 과정은 보육내용이나 방법의 효율성을 알아보게 할 뿐 아니라 보육활동의 내용을 개선하는 데도 중요한 지침이 된다. 아울러 부모와의 상담자료로 활용되기도 한다.

평가를 위한 기본 자료수집은 보육과정에 대한 기록에서부터 출발한다. 이러한 기록은 다양한 활동과정에 대한 자료수집이고 자료를 축적하면서 이루어지는 목록화라고 말할 수 있다. 평가내용이 아니더라도 보육의 기록은 교사의 반성을 위해서도 보육내용의 확인과 개선을 위해서도 절대로 필요한 부분이다.

(3) 어린이집 시설과 운영에 대한 평가

주로 아동을 둘러싼 물리적 환경에 대한 평가이다. 아동은 놀이하는 공간, 그곳에 구비되어 있는 교재·교구, 놀잇감이나 시설물 등 물리적 환경의 질에 의해 다양한 경험에서 직접적 영향을 받는다. 보육의 공간이 얼마나 탐색을 자극하고 안전하고 호기심을 불러일으키고, 또래들과 활발하게 상호작용과 탐색활동을 하게 하는가는 아동을 둘러싼 환경의 영향이 클 수밖에 없다.

이러한 물리적 환경의 내용으로는 보육실의 크기, 배치, 영역의 구성, 놀잇감의 적절한 제공 등이 해당하고, 좀 더 포괄적으로는 교사의 요인과 시설을 운영하는 원장의 운영의 다양한 요인도 포함할 수 있다. 이러한 환경의 적절성이 보육의 질과 상관이 높은 것으로 나타나고 있다(김원지, 2014).

우리나라는 2005년부터 보육시설 평가인증제도를 도입하고, 일정한 지침(평가지표)을 기준으로 보육현장을 점검하고 있다. 즉, 어린이집 평가제도는 보육현장에서 실행되는 보육내용의 질을 관리하는 대표적인 방법이다. 평가제도의 자세한 내용은 이 장의 후반부에 다루고, 여기서는 우선 평가의 기초가 되는 보육의 기록과 활동내용의 목록화에 대해 살펴보고, 이러한 과정이 평가와 어떻게 연관되는지 살펴보자.

3) 평가의 방법과 도구

보육을 돌아보는 방법에는 구조화된 체크리스트나 평정척도를 활용하는 방법과 보육·아동에 관한 교사의 기록이나 일지를 활용하는 방법이 있다. 체크리스트는 통계적으로 보육의 전체적인 성과나 달성 정도, 불충분한 점 등을 검증하는 데 적합한 접근법이고, 평정척도는 아동과 주위의 물적, 인적 환경과의 관련성에 초점을 맞추면서 다양한 의미나 가치를 만들어 가는 것에 적합한 접근법이다. 이러한 성찰과 평가의 과정은 보육의 질을 다루는 방법이나 평가의 목적 등에 따라 보육현장에서 적절하게 활용되고 있다.

다음에서 평가에 사용되는 주요한 방법이나 도구에 대해 그 특징과 구체적인 예를 알아보자.

(1) 보육기록

보육의 기록은 보육을 돌아보기 위한 주요한 재료의 하나이지만, 동시에 기록하는 행위 자체를 돌아보기의 과정으로 볼 수 있다. 이는 '객관적으로' 기술하는 것을 중시한 기록이 아니라, '주체로서의 교사가 일어난 일 등을 어떻게 경험하였는가'를 묘사하는 것으로서 에피소드 기술의 의의를 가진다. 교사는 자신의 경험에 대하여 에피소드를 적거나 사례회의에서 교사 간에 이야기하는 것을 통해, 아동을 이해하고 자신의 보육관이나 아동관에 대해 더 깊게 이해하게 된다. 보육은 아동과 교사의 상호 주체적인 상호관계의 과정이다. 왜 그 에피소드를 다루는가의 이유를 포함하여 하나의 보육장면을 있는 그대로 기술하면 그 자체가 보육의 질 향상으로 연결되는 성찰이나 평가의 의미를 가지게 된다.

(2) 보육회의(이야기 나누기)

교사회의를 통한 보육 돌아보기는 우리나라에서는 주로 교사들 간의 일상적인 회의나 연구수업, 원내 연수의 방법으로 실천하고 있다. 그 외에도 경험 있는 교사와 신임교사의 상호적 돌아보기가 교사의 성장을 촉진한다는 연구도 이루어지고 있다. 예를 들어, 팀 보육에서 신임교사와 파트너교사가 보육실천 이후 이야기 나누기를 통해 보육 돌아보기를 한 예를 분석한 연구(金玟志, 2009)가 있다. 실천을 공유하는 두 사람 간의 대화가 보육에서 인식을 촉진하고, 나아가 성찰 방식의 변화를 가져온다는 것을 밝히고 있다.

교사가 조직 내에서 돌아보기(반성) 기회를 이용하여 자신의 보육에 대해 이야기하거나 상호 간에 의견이나 정보를 교환하는 것은 교직원 간의 동료애나 협동에도 도움이 된다. 일상적으로 직원회의 등을 통하여 자기평가를 하는 경우 교직원 사이에 긍정적인 피드백을 줄 수 있고, 교사 스스로 해결하지 못한 보육에 대한 이해와 해석을 하는 데 도움을 받을 수 있다는 것이다. 즉, 보육현장의 회의를 통한 반성과 평가는 매우 유용한 활용이 된다는 것이다.

(3) 평정척도, 체크리스트

보육평가를 위한 평정척도, 체크리스트와 그것을 이용한 평가 시스템은 1990년대 이후 다양한 형태로 개발·소개되어 왔다. 평가항목은 주로 보육의 과정적 측면에 초점을 둔 것이지만, 그 외의 구조적인 측면이나 운영 등에 이르기까지 다양하다. 결과를 점수화하고 수량적으로 처리하는 방법으로 교사가 평가자가 되는 것이 대부분이고, 평가의 대상은 교사 자신, 아동 또는 직원 전체이다.

체크리스트(행동목록법)는 관찰할 행동의 목록을 미리 작성하여 그 행동이 출현하는가의 여부만을 체크하는 방법이다. 주로 어떤 기술이나 행동 혹은 발달특성의 현재 상태를 파악하거나 시간에 따른 변화를 알고자 할 때 사용된다.

평정척도법은 관찰대상자의 행동 여부를 표시할 뿐 아니라 행동의 질적 특성을 몇 단계로 구분하여 기록하거나 행동의 출현 빈도와 정도를 구분해서 기록하고자 할 때 활용한다.

독자적으로 평가목표나 항목을 설정하면서 평가 시스템을 활용하고 있는 보육현장도 있다. 앞으로 더욱 실제적으로 이용할 수 있는 평정척도나 체크리스트의 개발, 개량이 진행될 것으로 보인다.

4) 교사의 성찰, 자기평가

교사 자신의 보육 성찰과 자기평가는 주로 일지나 관찰기록을 통해 이루어진다. 이러한 기록은 첫째, 보육실천을 통하여 아동이 변화되는 모습을 다루는 것과 둘째, 그에 비추어서 교사 자신의 지원과 지도를 반성하는 것 두 가지 측면으로 이루어진다.

교사는 보육 중에 관찰한 아동의 모습을 다시 생각하거나, 보육의 기록이나 영상, 아동의 제작물 등을 다시 되돌아보는 것을 통해 계획부터 실천에 이르는 보육의 과정 전체를 돌아본다. 그리고 자신의 보육과 아동의 모습을 다시 다루고 바로잡아 간다. 그럼으로써 보육활동 중에는 알아차리지 못했던 아동 행위의 의미나 자신의 보육의 좋은 점과 과제가 명확하게 드러난다. 또한 아동의 생활이나 발달의 상태를 파악하고, 아동의 경험이 다양한 영역에서 균형을 잡고 있는지 확인한다. 이것은 다음 계획의 목표나 내용을 검토하는 데 필요한 정보나 관점이 된다.

교사는 아동의 모습을 예상하면서 지도계획의 목표나 내용을 작성한다. 그러나 이러한 계획과 보육실천 사이에 차이가 발생하면 환경 구성, 지원 등을 새롭게 함으로써 한층 더 발전시킬 수 있다. 이렇게 교사는 돌아보기를 통해 이후의 보육을 더욱 좋은 것으로 만들어 갈 수 있게 된다.

또한 성찰, 자기평가의 과정에서 가정과의 연계를 통하여 얻은 정보나 교사 간에 이루어지는 하루하루의 대화를 더함으로써 아동의 모습, 상황을 다양한 시점에서 돌아볼 수 있게 된다. 그럼으로써 아동에 대한 이해를 더욱 깊게 하고, 지금까지는 몰랐던 새로운 견해를 얻게 되는 일도 있다.

이와 같은 내용은 많은 교사가 일상적으로 하는 것이고, 가장 기본적인 성찰의 형태라고 말할 수 있다. 이러한 하루하루의 성찰이나 자기평가를 축적하여 보다 깊은 보육의 돌아보기가 이루어질 수 있다.

2 보육의 기록

기록은 왜 중요한가? 기록으로부터 무엇을 읽어낼 수 있는가? 매일의 보육에서 기록을 어떻게 활용할 것인가에 초점을 맞추어 사례와 실제의 기록을 기초로 생각해 보고자 한다.

기록은 역사를 만들고 미래로 연결해 가기 위한 것이다. 또한 자기평가는 보육의 질을 높이기 위해 중요하고, 평가의 방법으로서도 사용될 수 있다. 자기평가는 대부분의 어린이집이나 유치원에서 활발하게 이루어지고 있으며, 아동을 도와주고 보육활동을 평가하고 다음날의 보육으로 연결하도록 요구하고 있다.

실습뿐 아니라 교사의 업무 속에서도 기록은 중요한 재산이 된다. 교사는 기록을 통해 소중한 재산을 매일 저축하는 것이다. 새로운 보육을 끌어내는 계기가 되도록 기록하고, 기록으로부터 의미를 읽어내고, 다시 보육에 연결시키는 일련의 흐름을 다음에서 살펴보자.

1) 보육의 돌아보기와 과제

보육현장에서 교사는 하루의 보육을 계획한다. 그리고 그것을 아동과 함께 재구성하면서 하루의 보육을 실천한다. 결국 보육은 아동과 교사가 함께 만들어 가는 운영인 것이다. 그런데 아동과 함께 보육을 만들어 가기 위해 교사는 무엇을 중요하게 생각해야 할까?

첫째, 반성적 돌아보기이다. 오늘 하루의 자신을 돌아본다. 또한 아동의 모습, 생각을 돌아보는 것이다. 돌아보기는 'A에게 그때 ~~라고 말을 걸어줬는데, 어떠했나?', '오늘은 인형을 가지고 이야기를 시작했는데 아동들은 재미있었나?', 'K에게 다소 엄하게 주의하라고 했는데, 어떠한 주의가 필요했었나?' 등…. 자신의 아동들에 대한 상호작용과 보육에 대해 생각하는 시간을 가지게 될 수 있다. 결국 자신과 마주하는 시간이다.

둘째, 돌아보기를 내일의 보육에 연결하는 것이다. 돌아보았던 사건을 내일의 보육에 연결한다. 결국 실천이다. 'K에게 엄하게 주의를 주었는데 오늘 어떤 모습일지 잘 보아 두자', '어제 사용하였던 인형으로 다시 놀이를 발전시켜 보자', '반 아이들 모두에게 생각할 수 있는 계기가 되었으면 하는데' 등 여기에는 교사의 돌아보기를 기초로 하는 교사의 바람이 들어가 있다. 교사의 바람이 내일의 보육목표를 만드는 것이다. 내일로 연결하는 것은 아동의 성장을 위한 것이다.

보육계획이란 장기적 계획을 세워 가면서 목표를 향하여 근접하는 과정이라고 볼 수 있다. 하루의 돌아보기를 내일에 연결하는 보육의 전개는 1주일, 1개월, 1년 등의 목표를 향하여 가는 것이다. 이를 위해 돌아보기 한 것을 기록으로 남기고, 아동의 성장을 찾아낸다. 이러한 일련의 과정은 자기평가의 과정이기도 하다. 또한 자기평가를 해보면 부족한 면도 있고, 교사로서 즐거웠던 점과 기뻤던 점도 있다. 이러한 교사로서의 생각도 돌아보기에는 중요하다. 결국 평가는 가능한 것과 가능하지 않은 것을 발견하는 것이 아니라, 현재의 모습을 내일로 연결해 가는 긍정적인 것이 되어야 한다.

2) 아동의 모습을 어떻게 볼까

'평가'가 필요한 근본적 원인은 보육이나 교사의 자질 향상에 있다. 교사가 자신을 돌아보고, 과제를 발견함으로써 교사뿐 아니라 보육의 질도 향상하고자 하는 의도가 있는 것이다. 그러나 가장 위험한 것은 '평가'를 위한 보육이 되는 것이다. 결국 평가를 위한 '결과'를 만들어 내고, 아동이나 교사가 결과에 이르는 과정을 보지 못하는 것이다.

'평가'는 아동의 모습을 어떻게 보는가가 가장 중요하다. 현재 해외 보육계가 주목하고 있는 뉴질랜드의 평가도구를 간단히 소개함으로써 평가를 위한 평가가 아닌 과정으로서의 평가의 예를 찾아보고자 한다. 발달과 보육의 내용을 평가하기 위해 사용되고 있는 '러닝 스토리(learning story 배움의 이야기, http://www.naeyc.org)'가 있다.

뉴질랜드의 유아교육은 한국의 유치원교육과정과 같은 '테 파리키'(Te Whāriki, Ministry of Education, 1996)라는 교육과정을 시행하고 있다. '테 파리키'를 기준으로 교사와 부모가 함께 이해하도록 아동의 기록을 쓴다. 이 기록이 '러닝 스토리'라는 기록이다. 시계열로 아동의 모습을 기록하는 것이 아니라 어느 장면에서의 아동의 모습을 기록한다. 이 기록이 의도하는 점은 교사의 '관찰하는 힘'을 기르고, 평가도구로 사용하는 것이다. 여기에서 '러닝 스토리'가 다른 '기록'이나 '평가'와 다른 점은 뉴질랜드의 유아교육과정 '테 파리키'에 기초하고 있는 점과, 평가는 아동의 모습을 도와주는 내용이라는 일관된 위치를 지키고 있다는 것이다. 교사는 '러닝 스토리'를 사용하여 있는 그대로의 아동의 모습을 기록하고 돌아본다. 그리하여 이 기록은 아동의 발달단계나 목표 및 달성을 보여 주고 있다. 그 경우 평가의 방법은 가능한 것, 가능하지 않은 것을 발견하는 것이 아니라 지금의 아동 현상을 확실하고 긍정적으로 파악할 수 있게 한다는 것이다. 아동은 항상 앞을 바라보고 배움의 스토리를 만들어 가고 있다는 것이 중요하다.

러닝 스토리는 다음과 같은 특징을 가진다(http://www.naeyc.org).

① 러닝 스토리는 아동의 학습 경험에 대한 사실적 평가이다.
② 이것은 테 파리키에 연결된 아동 학습의 산출이다.
③ 러닝 스토리는 유능한 학습자로서의 아동의 다양한 영역의 강점과 흥미를 추적하는 구조화된 기술이다.

이러한 러닝 스토리를 쓰는 요령에 대해 다음과 같이 제시하고 있다.

① 이야기를 적는다. 아동이 한 것, 말한 것을 묘사하고 거기에 당신의 관점을 제시한다. 제목을 첨부한다.
② 아동에게 이야기를 읽어 준다. 아동의 코멘트와 피드백을 들어본다. 다른 아이에게 읽어 줄 수도 있다.
③ 계획하라. 그 놀이를 확장하거나 향상하기 위해 당신은 무엇을 할지 묘사하라.
④ 가족과 연락하라. 가족에게 이야기의 복사물을 제공하라. 그

들의 피드백을 요구하는 노트와 함께.

아동의 모습을 관찰하면서 기록하는 러닝 스토리는 아동에 대한 이해를 깊게 하는 방법으로서 많은 시사점을 가지고 있다. 또한 교사는 현재 아동의 모습을 파악하고 실천으로 연결해 간다. 무엇보다 아동의 현재 모습을 바라보는 긍정적 자세는 보육에서 매우 중요하다. 아동의 다양한 모습을 어떻게 볼까를 항상 자문자답하면서 하루하루의 기록을 긍정적으로 보육에 연결해 가기를 바란다.

3) 보육의 기록방법

(1) 기록으로부터 알 수 있는 것

기록은 쓰는 행위를 통해 돌아보기를 할 수 있는 과정이다. 아동에 대한 상호작용은 어떠했는가, 아동의 모습에서 관심이 갔던 것은 무엇인가, 그때 교사 자신이나 아동의 기분은 어떠했는가 등의 기록은 큰 시사를 준다. 또한 자신의 보육관이나 아동관까지 넓게 바라보게 하는 것이다. 기록만 하고 끝내는 것이 아니라 기록된 것으로부터 의미를 알아내는 것이 중요하다. 교사는 매일 기록에 많은 시간을 사용하게 된다.

보육의 기록은 아동이해와 교사의 자기이해를 위한 것으로 이해한 것을 상호작용에 활용하게 된다. 다음의 사례는 한 교사가 아동들이 놀고 있는 모습에 대해 기록한 것이다.

기록 ❶

미영이(가명)는 상수리나무 아래 떨어져 있는 도토리를 컵 속에 모으고 있다. 모래놀이에서는 영희가 과자나, 케이크를 만들면서 놀고 있다. 영희는 '도토리 모았니? 여기 빨리 갖고 와'라고 다소 강한 어조로 미영이를 불렀다. 나는 영희에게 '그렇게 강하게 말하지 않아도 좋지 않니'라고 말했다.

기록 1로부터 무엇을 읽어낼 수 있을까? 예를 들어, 교사가 갑자기 개입한 것은 어떠한가? 그 뒤 미영이는 어떻게 되었을까? 그리고 두 사람의 관계는 어떻게 될까? 영희는 미영이에게 조금 강한 어조로 말을 했는데 어떤 관계인 것일까? 또한 미영에게 소리친 영희는 그 뒤 어떻게 되었는가? 미영이의 기분은 어떤 것이었나? 다양한 상상이 가능하다. 기록 1의 정보로는 불충분하고, 타인이 이해하기 어렵다. 그 후의 아동의 모습을 쓰거나, 그 시기의 교사의 생각을 기록하면 다음에 그와 같은 상황이 일어날 경우 어떤 상호작용을 하는 것이 좋은가를 발견할 수 있다.

기록 ❷

아침의 자유놀이 시간, 항상 사이좋게 놀던 철수가 수영을 때렸다. 철수는 그 뒤 울면서 '저리 가'라고 말하고, 수영에게 등을 돌렸다. 그러나 수영은 맞은 것에 화를 내고 철수를 때렸다. 그것을 본 다른 아이가 '선생님, 싸우고 있어요.'라고 말하며 소란이 일기 시작했다. 나는 곧 두 아동 사이에 들어가 침착하라고 말하고, 이유를 들어보았다. 철수는 갖고 있던 블록을 빼앗겼기 때문에 때렸다. 수영은 맞았기 때문에 때렸다고 말한다. 나는 서로 사과하도록 하고, 블록은 철수에게 돌려주었다.

기록 2의 교사는 아동의 '때리기'라는 행위만 의식하고, 두 사람에게 사과하게 하는 것으로 이 상황을 종료하고 있다. 그러나 철수가 때릴 정도로 블록을 뺏기고 싶지 않았던 기분이나, 등을 돌리고 울 정도의 기분에 대해서는 다루고 있지 않다. 분명 때린 것은 좋은 것이 아니지만, 이 기록의 경우 철수의 기분에 눈을 돌리는 것도 필요한 것이다. 철수의 기분을 받아들이고 철수에게 전할 수 있는 상호작용이 있는 것은 아닐까. 수영도 맞은 것에 화를 내고 있지만, 실제는 블록을 빼앗은 것에서 시작되고 있다. 교사가 상호작용의 반성이나 과제를 적었다면 상황이 더 잘 보일 수 있었을 것이다.

기록 ❸

로켓을 만들고 있는 교실이다. 다양한 소재의 종이를 로켓의 토대에 붙이고, 사인펜으로 모양을 그리는 등 현수는 매우 집중하여 작업하고 있었다. 나는 '멋진 로켓이네.'라고 말했다. 그러자 현수는 '아니야, 이 로켓에 소원을 적고, 하늘을 날게 하는 거야.'라고 말하고 소원을 쓴 쪽지를 로켓에 붙였다.
현수의 말을 통해 나는 아동이 작품에 대해 가지고 있는 생각이 저마다 다르다는 것을 실감하였다. 현수의 로켓은 소원이 이루어지도록 하기 위한 것으로, 작품이 현수에게 의미 있는 것이란 점을 깨달았다. 현수만이 아니라 한 사람 한 사람의 작품에 담긴 생각을 더 잘 느끼고 싶었다.

기록 3은 아동이 활동에 참가하는 모습을 보고 교사가 무엇을 알게 되었는지를 기록하고 있다. 우리는 아동의 언어나 모습으로부터 많은 힌트를 얻을 수 있다. 이 깨달음은 아동의 성장일 수도 있고, 교사 자신에 대한 것일 수도 있다. 이러한 순간은 자신의 아동관이나 보육관이 새롭게 형성되는 순간이다. 기록한다는 것은 결국 지금까지 자신이 가지고 있던 아동관이나 보육의 사고방식 등의 틀을 새롭게 형성하는 것을 의미한다.

(2) 주관과 객관의 필요성

보육의 기록은 교사나 아동을 위한 것만이 아니다. 예를 들어, 보호자에게 전달하는 연락장이나 통신문 등도 기록이다. 이 경우는 보호자에게 전달하는 것이 목적이고 앞에서 말한 기록과는 다른 면도 있으나, 공통점은 구체적으로 적는다는 것이다. '즐겁게 잘 놀고 있었다', '아무개는 열심히 놀고 있었다', '활기차게 밖에서 놀았다'라고 적고 끝내는 기록을 보게 된다. 이러한 기록으로 아동의 모습이 어디까지 전달될 수 있을까? '활기차게 밖에서 놀고 있었다'라고 하는 것과 '친구와 소꿉놀이를 한 후 철봉으로 앞구르기를 연습하고 있었다'라고 하는 것은 어떻게 다른가? 또한 '아무개는 열심히 놀고 있었다'라고 하는 것과 '아무개는 최근 자전거로 놀 때는 몰두하고, 항상 아침에는 가장 먼저 자전거로 달려간다. 분명히 아무개는 자전거를 탈 수 있게 된 것을 기뻐하고 있는 것 같다. 그 모습이 전해진다'라고 하는 것은 완전히 다른 것이 된다. 교사의 이해를 첨가함으로써 이 기록은 아동을 어떻게 이해하고 있는지가 전달된다.

이처럼 교사의 주관적인 견해나 느낌이 들어가거나, '나는 이렇게 생각했다'와 같은 견해를 첨가해 넣는다면 구체성이 더하여 기록을 읽는 측에서 그 상황이 이미지로 더 잘 그려지게 된다. 그렇게 함으로써 보육의 실천에 연결될 수 있는 방법이 구체화된다. 아동의 모습을 시계열로 쓰는 것도 중요하지만, 기록을 보육에 생생하게 살리기 위해서는 있는 그대로의 모습과 더불어 교사의 주관과 객관적 시점을 함께 넣는 것이 필요하다.

4) 보육실천을 위한 접근

(1) 기록을 실천에 연결하기

보육은 전문적 지식과 기술이 필요하다. 기록할 때도 아동발달이나 양육환경 또는 다른 사람과의 상호작용 등 아동에 대한 이해를 깊게 할 수 있어야 한다. 아동에 대한 이해를 토대로 실천하는 것이야말로 보육이 발전하는 것이다. 아래의 사례기록을 읽고, 어떻게 보육을 이해하는가를 알아보고, 과제를 발견하는 보육에 대해 생각해 보고자 한다.

기록 ❹

진수는 맘에 드는 친구와 항상 함께 있다. 바깥놀이를 할 때도 반에서 게임을 하는 때도 옆에는 항상 같은 친구이다. 오늘은 다양한 친구와 상호작용해 볼 수 있도록 2인조나 3인조, 4인조 같이 활발한 상호작용을 하도록 노래 부르기 놀이를 했다.

나는 가능한 한 '지금과 다른 친구와 모여보자'라고 하거나 '남자친구와 여자친구로'라고 소리를 쳤다. 그러나 진수는 같은 친구하고만 그룹을 만들었다.

↓

교사의 모습 읽기

아동의 모습 읽기

↓

과제

↓

내일의 개선

다음에 자신의 기록을 적고, 앞의 사례기록과 같은 흐름으로 따라 해보자.

기록 ❺

↓

모습 읽기

↓

과제

↓

내일의 개선

이처럼 기록을 실천하고, 기록으로부터 의미를 발견하면 보통의 보육계획에는 없는 목표나 보육의 내용, 아동의 모습이 더 잘 보일 수 있다. 중요한 것은 읽어내기이다. 한 사람 한 사람이 다른 개별성을 가진 존재라는 것을 기록하고, 기록으로부터 읽어내는 것을 통해 개별적 도움, 결국 실천으로 연결되는 것이다.

(2) 또 하나의 기록: 교사의 포트폴리오

지금까지 서술한 것과 같이 아동의 모습을 기록할 때 아동의 모습이나 교사의 상호작용에 대해서 눈으로 볼 수 있는 것뿐 아니라 눈에 볼 수 없는 것을 기록하는 것도 필요하다.

보육실천에 대한 기록도 같은 방법으로 생각할 수 있다. 예를 들어, 매일 부르는 노래의 목록이나 보육하면서 했던 게임의 목록, 놀이했던 목록 등에 내용이나 아동의 상황, 준비물 등이 상세하게 남겨져 있으면 자신의 재산이 될 수 있다.

교사는 다양한 보육잡지나 책, 인터넷 자료를 기초로 하여 보육내용을 생각하거나, 다양한 보육기술을 항상 실천하지만 이를 어떤 형태로 남기지 않는 경우가 많다(일일보육계획안 등과는 별도로). 형태로 남긴다는 것은 기록과 같은 것으로, 그것 역시 하루하루의 역사로 쌓여간다면 보육에서 중요한 재료로 되살릴 수 있게 된다.

그러나 매일매일의 분주함 때문에 이런 작업은 나중으로 미뤄지는 경우가 많다. 아동의 기록을 돌아보고, 아동에 대한 이해를 위해 그 의미를 읽어내면서 깊이 있는 보육실천을 하는 것도 중요하다. 그를 위한 도구로 앞에서 예를 든 것과 같이 기록을 작성하고 형태로 만드는 것이 자신의 보육 전개와 발전에 도움이 될 것이다.

예 1

〈그림책 리스트〉

3월

4월

5월

⋮

예 2

〈교재 리스트〉

막대인형

인형틀

종이인형

헝겊인형

예 1과 같이 자신의 학급에서 읽었던 그림책을 목록으로 정리해 두면 이를 돌아볼 때에 '아~ 이 그림책을 읽었었구나', '이 그림책은 아동들이 좋아해서 몇 번이고 읽었었지' 등 그림책을 통한 아동과의 상호작용이 생각나면서 반에서 즐거웠던 이야기로 남게 된다.

예 2와 같이 대학생 때부터 자신이 만들었던 것 등을 목록화해 두면 '~한 때는 이런 시청각교재가 사용되었구나'라고 생각이 떠오른다. 또한 이 리스트를 점점 확대해 가면서 자신만의 교재기록을 작성할 수 있게 된다. 이처럼 정리하여 둔 것으로 아동의 흥미를 이끌어 낼 수 있고, 아동과 연결되는 하나의 재료가 될 수도 있다.

예 3과 같이 아동과 즐겼던 놀이를 기록하여 두자. 나이별로 작성하는 것도 좋고, 놀이의 종류에 따라 나누어도 좋다.

예 3

〈놀이 리스트〉

◎ 게임

- 가게놀이

  규칙:

  나이: 3세부터

◎ 바깥놀이

- 술래잡기

  규칙:

  나이: 4세부터

  아동의 모습:

◎ 동요

:

다양한 방법이 있을 수 있으나 자신이 가장 보기 쉽게 쓰고, 점차 덧붙여 써 내려갈 수 있도록 하는 것이 좋다. 다양한 컴퓨터의 저장 프로그램이나 앱을 이용하는 것도 좋은 방법이다.

이처럼 그림책이나 놀이, 교재 등의 목록을 적어 두자. 여기서 중요한 것은 자신의 보육을 구체적인 형태로 남긴다는 점이다. 오늘 아동과 즐거움을 함께 나누고 반에서 놀이하는 것 등은 그 아동과 상호작용하고 있는 교사(담임)만 알 수 있다. 아동들과 함께 만들어 가는 시간이나 사물을 기록하여 구체적인 형태로 만들어 가는 '또 하나의 기록'도 보육의 소중한 기록이다.

3 우리나라의 어린이집 평가제도

1) 보육의 질과 평가제도

보육 프로그램의 질을 결정하는 데에는 교사 대 아동 비율, 집단 크기, 교사의 학력과 경력 등과 같은 구조적인 변인뿐 아니라, 발달에 적합한 활동, 따뜻하고 민감한 보육, 교사의 행동 등 아동이 어린이집에서 직접 경험하게 되는 과정적 변인 및 서비스로서의 질에 이르기까지 다양한 요소들이 관련된다.

우수한 보육의 질은 영유아의 전반적인 발달에 긍정적인 영향을 미치며, 특히 사회경제적으로 취약한 가정의 영유아들이 질적으로 우수한 보육경험을 하는 경우 더 높은 효과를 나타낸다고 볼 수 있다. 평가제도는 이렇게 아동발달에 큰 영향을 미치는 보육의 질적 수준을 높이기 위한 노력의 일환이며, 좋은 보육의 질을 나타내는 평가지표와 지침을 근거로 어린이집 스스로 질적 수준을 가늠하고 향상하는 과정이다. 이러한 보육의 질 관리 시스템 구축은 아동의 건강한 성장과 발달, 국가 미래 인적 자원의 확보 등을 위하여 효율적이고 유용한 대안이라고 할 수 있다(한국보육진흥원, 2015).

2) 평가제도의 시행 경과

2018년 12월에 개정된 「영유아보육법」 제30조에 의해 우리나라는 2019년 6월부터 어린이집 평가제가 시행되고 있다. 평가제 시행은 2005년부터 시행되던 평가인증제도를 의무사항으로 바꾼 점에서 의미가 있다.

정부에서는 어린이집을 양적으로 확충할 뿐 아니라 질적으로도 우수한 어린이집을 만들기 위해 2004년 「영유아보육법」 제30조에 '어린이집 평가인증'의 법적 근거를 마련하고, 보육서비스의 질적 수준 향상 및 유지를 위해 제도 운영과정을 합리적으로 개선해 왔다. 그리고 변화하는 현장의 수준을 반영하여 지표를 개정함으로써 '어린이집 평가제'를 시행하게 되었고 이로써 어린이집에서 지향해야 할 보육서비스의 바람직한 실제를 제시하게 되었다(한국보육진흥원, 2019).

평가제도 시행경과

구분		내용
도입	2003. 4.~12. 2004. 1.	보육시설 평가인증제도 실시모형 개발 관련 연구용역 보육시설 평가인증제도 도입 근거 마련(「영유아보육법」 제30조)
시범운영	2005	평가인증 시범운영 실시
1차 시행	2006~2009	제1차 어린이집 평가인증 시행
2차 시행	2010~2017. 10. 2013. 9. 2014. 11. 2016. 6.	제2차 어린이집 평가인증 시행 어린이집 평가인증 결과공표 시행 3차 시범지표 적용 유치원 어린이집 평가체계 통합방안 발표(국무조정실 영유아교육보육통합추진단)
3차 시행	2017. 11.~ 2019. 6.	제3차 어린이집 평가인증 시행
평가제도	2019. 6.~	어린이집 평가제도 시행

출처: 한국보육진흥원(2019) 재구성.

3) 어린이집 평가제 전환의 의미

평가인증제도 도입 후 저출산 및 양육부담에 대한 사회적 책임 강화로 보육서비스에 투입되는 재정 규모가 크게 증가하였고, 영유아 시기의 중요성 및 아동의 권리에 대한 부모와 사회적 인식은 높아졌다.

반면 평가인증제도는 어린이집의 자발적 신청에 따라 운영되어 미인증 어린이집으로 인한 질 관리 사각지대가 존재하였고, 최근 아동권리, 보호, 아동학대 예방 등 아동인권 및 안전관리 강화에 대한 사회적 요구 증가로 전체 어린이집의 평가 참여 필요성이 제기되어 왔다. 이에 '보육·양육에 대한 사회적 책임강화(국정과제 48-3)' 실현과 영유아의 건강한 성장 및 발달을 위하여 2019년 6월 12일부터 어린이집 평가제가 시행된 것이다.

평가제 시행은 전체 어린이집 질 관리를 위하여 단순한 제도의 변화로서의 평가 자체에 목적을 두기보다 평가를 통해 어린이집의 보육의 질적 수준을 향상시키고, 유지하게 함으로써 영유아의 안전과 건강, 조화로운 성장과 발달을 도모하여 부모가 믿고 맡길 수 있는 안심 보육환경 조성에 기여하고자 한 것이다(한국보육진흥원, 2019).

4) 추진 목적

어린이집 평가제의 시행 목적은 다음과 같다.

첫째, 상시적인 보육서비스 질 관리를 위해 주요 핵심지표를 중심으로 질 관리 표준을 제시하고 어린이집 스스로 질적 수준을 제고하도록 한다.

둘째, 전체 어린이집에 대한 주기적인 평가를 통하여 보육서비스의 품질관리 사각지대를 해소하고, 전반적인 보육서비스 수준을 지속적으로 관리하여 국가의 책무성을 강화하고자 한다.

셋째, 궁극적으로 평가제를 통해 보육서비스의 질 향상을 제고함으로써 영유아의 안전과 건강, 조화로운 성장과 발달을 도모하고자 한다. 이를 위해 영유아의 인권과 놀 권리를 보장하고 영유아가 건강하고 행복하게 성장할 수 있는 안심 보육환경을 조성하며, 보육교직원이 영유아보육에 집중할 수 있는 여건을 조성한다.

5) 주요 특징

평가제는 전체 어린이집을 대상으로 평가가 원활하게 진행되고 결과등급별로 질 관리가 지속되도록 설계되어 있다. 또한 모든 어린이집에 평가의무가 부여되므로 만일 이를 거부, 방해 또는 기피하거나 거짓, 그 밖의 부정한 방법으로 평가를 받을 때는 그에 따른 시행명령 및 행정처분을 받을 수 있다.

평가제의 특징을 평가인증제와 비교하면 다음 표와 같다.

표 10-1

구분	평가인증제	평가제
평가대상	• 평가인증 신청 어린이집	• 전체 어린이집
평가절차	• 어린이집 신청(어린이집) → 기본사항 확인(지자체) → 자체점검(어린이집) → 현장평가(→ 현장관찰자) 종합평가(종합평가위원회)(총 4개월)	• 평가대상 통보(한국보육진흥원) → 기본사항 확인 및 자체점검(지자체, 어린이집) → 현장평가(현장관찰자) → 종합평가(종합평가위원회)(총 3개월)
	• 참여수수료 어린이집 납부	• 참여수수료 전액 국가 부담
	• 기본사항: 필수항목 9개, 기본항목 –필수항목 미준수는 참여 제외, 기본항목 미준수는 차하위 등급 부여	• 기본사항: 사전점검사항 5개, 위반이력사항 –사전점검사항 미준수는 D등급 부여, 위반이력사항 발생 시 차하위 등급 부여
	• 소위원회와 종합평가위원회에서 심의, 등급 결정	• 소위원회와 종합평가위원회에서 심의, 등급 결정 –필수지표 및 요소 미충족 시 A등급 불가
평가결과	• 4등급(A, B, C, D), D등급 불인증	• 4등급(A, B, C, D)

구분	평가인증제	평가제
평가 주기	• (유효기간) 3년(A등급 1년 연장 가능)	• A, B 등급 3년/ C, D 등급 2년
결과 공표	• 평가받은 어린이집의 결과 공시 –평가인증 결과, 인증 이력 등 공개	• 전체 어린이집의 결과 공시 –평가 결과, 평가 이력 등 공개
사회관리 및 등급조정	• 인증 어린이집 사후관리 –연차별 자체점검보고서 제출 –확인점검(무작위, 월 단위 시기 안내) –확인방문(배우자 및 직계존비속 또는 1년 이상 재직교사로 대표자 변경, 주소변경) –인증 유효기간 종료 • 법 위반 및 행정처분 발생 시 인증취소	• 평가등급별 사후관리 –연차별 자체점검보고서 제출 –사후방문지원(C, D 등급 의무 실시) –확인점검(평가 관련 민원 발생, 법 위반 및 행정처분, 정보공시 부실 어린이집 등에 대하여 불시점검) • 평가등급 조정 및 관리 –법 위반 및 행정처분 발생 시 최하위 등급 조정
결과활용	• 인증 어린이집에 대한 행, 재정적 지원	• 평가 등급별 행, 재정적 지원 등 –지도점검 연계(2회 연속 D등급 어린이집)

출처: 한국보육진흥원(2019).

6) 평가지표

평가지표는 제3차 평가인증에서 적용하였던 통합지표를 기반으로 하되, 어린이집 고유한 특성을 반영하고 2020년 시행되는 개정 누리과정 및 개정 표준보육과정의 맥락을 같이 하도록 세부내용을 반영하였다.

주요 평가지표의 내용은 다음과 같다.

첫째, 기존 지표 간 항목 수 차이로 나타났던 불합리성을 해소하여, 지표를 21지표에서 18지표로 79항목에서 59항목으로 축소하였고, 지표별 평가항목 수를 평균 3~4개로 균형 배치하였다.

둘째, '영유아 안전권리 존중', '놀이' 가치 강조를 통해 영유아 중심의 안심 보육환경을 조성하고자, 영유아권리 존중 지표를 필수지표로 지정하여 그 의미를 강조하고, 놀이 중심의 보육과정 운영을 강화하였다. 또한 급간식 위생 및 안전 항목 중 영유아의 등원부터 하원까지 안전하게 생활하는 데 반드시 필요한 필요요소(8개)를 지정하여, 필수지표 또는 필수요소 충족이 최상위 등급을 받을 수 있는 필수조건이 되도록 하였다.

셋째, 보육교직원의 근무 여건 개선과 보육에 집중할 수 있는 보육환경 마련을 위하여 보육교직원의 처우, 스트레스 관리 관련 지표를 강조하고 직무역량 제고를 위한 항목을 강화하였다(한국보육진흥원, 2019).

표 10-2 평가지표의 구성

영역	지표(18)	항목(59)
I 보육과정 및 상호작용	영유아 권리존중 ※필수	2
	보육계획 수립 및 실행	6
	놀이 및 활동 지원	3
	영유아 간 상호작용 지원	4
	보육과정 평가	3
	소계	18

영역	지표(18)	항목(59)
II 보육 환경 및 운영 관리	실내 공간 구성 및 운영	4
	실외 공간 구성 및 운영	3
	기관 운영	4
	가정 및 지역사회와의 연계	3
	소계	14
III 건강 안전	실내외 공간의 청결 및 안전	3
	급·간식	3
	건강증진을 위한 교육 및 관리	3
	등·하원의 안전	3
	안전교육과 사고예방	3
	소계	15
IV 교직원	원장의 리더십	3
	보육교직원의 근무환경	3
	보육교직원의 처우와 복지	3
	보육교직원의 전문성 제고	3
	소계	12

※3-2, 3-4, 3-5 지표 내 필수요소 8개 포함.

7) 운영체계

어린이집 평가과정은 평가대상 어린이집의 선정 및 통보로 시작되며, 기본사항 확인, 자체점검보고서 제출, 현장평가, 종합평가 순으로 진행된다(표 10-1 참조).

8) 평가제도의 효과

평가제도는 보육서비스의 질적 수준을 높이고 원장과 교사의 자부심과 교사 효능감을 높이며, 아동모집 등 어린이집 운영에도 긍정적인 작용을 한 것으로 나타났다. 구체적인 효과는 다음과 같다.

첫째, 평가제도가 어린이집 질 관리의 중요한 수단이라는 긍정적 인식을 하고 있다는 것으로 나타났다.

둘째, 미인증 어린이집들보다 평가인증에 통과한 어린이집들 서비스의 질적 수준이 유의미하게 높게 나타났다.

셋째, 평가제도는 원장이나 교사의 자부심 및 교사 효능감에도 긍정적인 영향을 미치는 것으로 나타났다. 특히 교사 효능감은 평가의 경험에 따른 차이가 뚜렷하게 나타나, 평가가 교사의 효능감에도 긍정적인 영향을 미쳤음을 알게 해준다(육아정책개발센터, 2009). 그 외에도 평가준비를 하는 과정에서 운영 전반을 체계적으로 점검하고, 개선하는 기회를 갖게 되는 효과도 나타나는 것으로 드러났다(이완정, 2019).

보육의 질을 평가한다는 것은 결국 보육의 방향을 어디로 바라보고 어떻게 이끌어 가고자 하는가가 결정되는 중요한 과정이라고 할 수 있다. 따라서 평가의 방향에 대한 지속적인 연구와 평가방법의 개선을 위한 사회적 노력이 아울러 진행되어야 한다.

MEMO

Chapter

11

부모협력과 지역사회 연계

1. 부모와 보육·교육기관과의 파트너십
2. 보육시설과 지역사회의 교류
3. 부모협력의 구체적 내용
4. 부모교육 프로그램의 개발과 운영
5. 부모참여 프로그램의 사례

현대사회의 아동을 둘러싼 다양한 문제들을 생각해 본다면, 부모를 보육공동체의 일원으로 적극적으로 포용하고 협력하는 것은 매우 중요한 일이다. 다시 말해 진정한 의미의 부모와의 파트너십을 만들어 가는 것은 유치원과 어린이집의 중요한 역할 중의 하나라는 것이다. 그리고 이러한 의식을 보다 확장하여 부모를 포함한 지역사회의 다양한 물적·인적 환경을 '보육공동체의 일원'으로 받아들이는 것이 필요하다.

이 장에서는 부모와 보육기관의 협력의 필요성과 방법에 대해 살펴보게 될 것이다.

1 부모와 보육·교육기관과의 파트너십

교사의 관점에서 부모·자녀관계를 바라보면 이해하기 어렵고, 꼭 고쳐주고 싶은 점이 있을 수 있다.

예를 들면, 한 아동이 '어린이집에서 뜀틀 구르기를 할 수 있게 되었어요'라고 정말로 자랑스럽게 말하고 있는데, 부모가 그런 점을 진심으로 공감할 수 없는 것 등이다. 그런 부모를 보면 '좀 더 아동과 함께 기뻐해 주세요'라고 말하고 싶어진다. 그러나 또 부모가 적당한 반응을 유아에게 해주고 싶어도 잘 안 되는 경우도 있다.

거기에는 다음과 같은 주요한 두 가지의 이유가 있다고 생각한다.

하나는 부모가 아동과 함께 기뻐해 주는 것이 중요하다는 것을 알고 있음에도 아동에 대하여 다른 요구를 가지고 있거나, 부모 자신도 살아가는 스트레스로 인해 아동에 대한 공감적인 시선을 잃어버리기 쉽기 때문이다.

다른 하나는 유치원, 어린이집에서 이루어지고 있는 다양한 놀이가 어떤 의미로 아동의 배움과 성장에 관련되는가를 부모가 구체적으로 이해하지 못하기 때문이다. 즉, 이것을 한 마디로 정리해 보면 교사가 너무 당연하게 생각하는 것을 부모가 이해하지 못할 수도 있다는 사실이다.

이와 같은 부모의 입장을 생각한다면 현재의 유치원, 어린이집에서는 다음과 같은 점을 유념해야 한다. 하나는 현대생활에서 부모가 느끼는 양육의 어려움을 공유하고 함께 이야기하면서 공감해야 한다는 것이다. 다른 하나는 유아가 보육과정을 통하여 배우고 자라나는 구체적 모습을 직접 보여주기 등을 통해 부모에게 이해시키는 것이다. 이러한 두 가지 사항은 교사가 부모에게 '가르치는' 형식이 아니라 부모를 '파트너'로 인정하고 상호 간의 힘을 모아야 가능해진다. 그럼으로써 부모는 유치원과 어린이집 보육의 공동체의 일원이 될 수 있다.

2 보육시설과 지역사회의 교류

보육시설의 아동들이 산책하러 나갈 때 이웃의 할아버지가 반갑게 말을 걸어온다. 또한 보육시설 앞을 항상 지나가는 아주머니가 손자를 보육시설에 입학시키고 싶다고 상담해 오는 일도 있다. 이러한 광경은 어느 보육시설에서도 흔히 볼 수 있는 광경이다. 이처럼 보육시설이 지역의 적극적인 지원을 받으면서 운영되는 것은 바람직한 일이다. 보육시설이 지역 풍경의 하나가 되고 있다는 의미이기 때문이다.

지역의 자원봉사자에 의한 보육참가, 지역의 다양한 시설·기관과의 연계는 보육시설을 지지하는 중요한 자원과 환경이 된다.

1) 지역사회의 지원

보육시설에서 이루어지는 여름밤의 캠프활동에 지자체나 경찰서의 사람들이 안내하고 지원하여 준다. 원아들은 샌드위치를 만들어 경로당이나 경찰서를 다니면서 나누어 드리고, 지지와 성원의 말을 들으면서 더욱 신이 난다. 또한 산책하러 나갈 때 만나는 사람들과 인사를 나누는 일도 있고, 보육시설에서 그림책 모임을 하는 것도 가능하다. 보호자나 지역, 농촌의 협력으로 딸기, 고구마, 배 따기 등의 수확체험을 해보거나, 크리스마스에는 원아들이 이웃의 어르신이 계신 복지시설을 방문하고 교류하기도 한다.

보육시설에서 이루어지는 일상적인 보육에 더하여 이러한 지역 사람들의 참가나 협력을 통해 보육의 내용이 더욱 풍부해진다. 한편 보육시설의 원아들에게는 지역의 자연이나 사회의 환경을 아는 기회가 되기도 한다.

2) 지역의 시설, 기관과의 교류

운동회나 발표회는 아동의 성장 모습을 보호자나 가족들에게 보여 주면서 함께하는 행사이다. 참가인원이 늘면 보육시설의 시설만으로는 행사가 어려운 경우도 있다. 이와 같은 경우 지역의 초등학교, 복지시설을 이용하여 행사를 치른다. 이럴 때 충분한 공간이나 안전한 장소, 설비를 확보할 수 있게 되어 효과적으로 행사를 치를 수 있게 된다.

또한 행사를 위해 지역과 연락을 취하는 것뿐 아니라, 보육시설이 아동을 보호하기 위해 방범대책을 갖출 필요성도 증가하고 있다. 최근 사회에서 일어나는 여러 사건 가운데 영유아가 희생되는 예도 적지 않다. 보호자와의 연락체제는 당연하지만, 긴급시의 소방서, 경찰 등의 다양한 기관, 지역 지자체와의 연락도 역시 필요하다.

3) 지역의 육아지원센터 사업과의 연결

앞에서 이야기했던 내용은 각 보육시설에서 창의력을 발휘한 활동들이다. 지역사회의 육아종합지원센터는 급속하게 진행되는 저출산 문제, 핵가족화, 지역사회의 변화 때문에 국가나 지자체가 시행하는 정책 가운데 하나이다.

이러한 지역의 육아지원센터들은 지역의 양육 역량을 높이는 활동, 즉 부모교육, 육아문제 상담, 다양한 보육시설에 대한 정보제공 등을 하고 있다. 그 외 각 지역의 보육시설은 나름대로 지역사회의 양육을 지원하는 사업을 시행하고 있고, 육아지원센터의 활동과의 연계를 통해 창의적인 실천이 이루어지고 있다.

3 부모협력의 구체적 내용

20세기 초반부터 일종의 새교육 운동으로 시작된 부모교육은 점차 자녀교육에 상대적으로 관심이 많은 중산층 부모들의 참여를 높였지만, 저소득층 부모들의 참여는 저조한 편이었다. 1965년 이후 부모교육은 저소득층 부모들을 대상으로 하는 활동을 강조하게 되었고, 부모들을 교육의 장으로 끌어내려 노력하게 되었다. 미국의 헤드스타트 프로그램은 부모의 교육기능을 활성화할 수 있는 방안을 모색하는 촉진제가 되었고, 그 결과 기관 중심 부모교육 프로그램을 다양화하는 데 공헌하게 되었다.

최근 들어 영유아교육기관이 가정 및 지역사회와의 협력을 통해 부모의 양육을 지원해야 한다는 사회적 역할이 더욱 강조되고 있다. 영유아교육기관과 가정 및 지역사회가 협력을 통하여 부모의 육아능력을 강화하고, 부모가 자신감과 신념을 지니고 양육에 임할 수 있도록 지원하는 것이다. 중요한 것은 부모와 기관, 지역사회가 모두 양육을 위한 공동체로서 상호 존중하고 동반자적 관계로 협력하는 것이다. 다음에서 구체적인 프로그램의 필요성과 내용에 대해 살펴보자.

1) 가정연계 프로그램

(1) 목적 및 필요성

가정연계활동이란 부모와의 일상적인 의사소통을 촉진하고, 부모를 교육 프로그램에 적극적인 동반자로 끌어들임으로써 영유아의 발달을 최적화할 수 있도록 하는 활동들을 의미한다. 여기에는 일상적으로 이루어지는 가정통신문, 영유아 적응 프로그램, 인터넷을 통한 게시판이나 카페의 운영, 매일 전달되는 알림장이나 연락장 등 다양한 방법이 있다.

가정이나 지역과의 연계를 촉진하는 전제로는 한 사람 한 사람 아동의 발달이 개별적이라는 것과 마찬가지로 각 아동의 가정이 독특하다는 것과, 지역에 따라 영유아교육에 대한 욕구가 다르다는 것을 인식하는 것이라고 할 수 있다. 중요한 것은 아동과 함께 교사와 보호자가 신뢰관계를 구축하고, 함께 양육을 위한 배움의 기회를 갖는 것이다. 이를 위해 정보를 교환하고, 실천의 과정에서 의견을 교환하고, 양육의 즐거움이나 어려움을 함께 공유한다.

특히 보육은 장시간에 걸쳐서 어린 나이부터 시작되는 경우가 많으므로 가정 못지않게 영유아의 발달에 큰 영향을 미친다. 가정과 영유아교육기관이 유기적으로 일상적인 연계와 상호 협조가 이루어지지 않는다면 가정과 기관이 분리된 경험으로 느껴지게 된다. 이는 매일의 일상적 생활 속에서 영유아로 하여금 스트레스를 받게 하고, 나아가 적절한 정서적 애착관계와 안정감을 유지하기 어려워지게 할 수 있다. 무엇보다도 보육시설에서 이루어지는 모든 활동에 대해 부모와 의사소통이 이루어져야 하고, 절대적인 신뢰관계가 형성되어야 하는 것이 필요하다. 이를 위해서는 영유아가 기관에 등원하는 순간부터 따뜻하고 안정감 있는 인계가 이루어져야 하고, 일과 속에서 이루어지는 다양한 활동과 변화, 기분, 건강상태에 대해 부모와 기관이 상호 의사소통해야 한다. 그리하여 다시 부모의 품으로 돌아갈 때까지의 모든 과정이 순조롭게 이루어지는 것이 필요하다.

이러한 가정과 기관의 연속성과 지속성을 위한 다양한 가정연계 프로그램은 보육의 기본이고 출발이라고 할 수 있다.

(2) 가정연계 프로그램의 예

① 신입 원아 적응 프로그램

영유아교육기관에서의 일과는 크게 발달단계별 교육활동과 일상생활로 이루어진다. 이 모든 활동이 교사들의 보살핌과 교육으로 이루어지지만 부모의 협조가 없이는 원활하게 이루어지기 어렵다. 특히 영유아가 처음으로 기관에서의 생활을 새롭게 시작하는 초기에는 더욱 그러하다. 영유아가 기관을 집과 같이 친숙하게 생각하고 적응하기 위해서는 가정과의 협조가 반드시 이루어져야 한다. 신입 원아들의 경우 가정이 아닌 새로운 환경에서 신체적으로나 사회적, 심리적으로 무리 없이 원만하게 적응하기 위해서는 초기에 적응 기간이 필요하다. 따라서 대부분의 기관에서는 신입 원아를 위한 적응 프로그램을 운영하고 있다.

② 가정통신(뉴스레터)

가정통신문은 기관과 가정을 연계하는 매우 간편한 방법으로서 영유아교육기관에서 다양한 목적으로 가정으로 전달된다.

통신문을 발송하는 목적은 대개 두 가지이다. 첫째, 부모에게 자녀양육의 기술이나 태도, 방법을 알려주기 위한 부모교육 차원의 통신문이다. 예를 들면, '좋은 부모란 어떤 부모인가?', '자녀와의 바람직한 관계를 위한 의사소통 방법' 등의 제목으로 부모의 태도와 자세를 교육하려는 의도를 가진 경우이다. 또한 부모에게 권하는 도서목록이나 박물관 등 지식과 정보를 주려는 의도도 여기에 속한다.

둘째, 부모에게 영유아교육기관에서 이루어지는 교육에 관한 정보와 부모 협조를 요청하는 경우 발송되는 통신문이다. 이런 경우는 주별, 월별 보육계획안 같이 기관에서 이루어지는 보육내용을 알리는 경우가 있고, 부모참여 행사, 견학, 부모상담 같은 행사를 알리는 일도 있다. 또한 부모의 지원과 협조가 필요한 사항에 대해 이를 안내하기 위한 협조문 형태의 통신문을 보내는 경우도 여기에 해당한다. 재활용품 수집 협조문이나 부모님 참여일에 해야 할 부모의 역할 등 다양한 정보제공과 관련된 협조안내문 등의 통신문이 그 예가 될 것이다.

가정통신의 종류는 기관 소개 책자처럼 연간으로 발간되는 것, 보육계획을 알리는 월별, 주간별, 매일 발행하는 것 등 다양한 형태이다. 또한 필요한 경우마다 수시로 발간할 수 있다. 기관에서 특별한 행사를 할 때 안내서, 등록금 고지서, 부모회 등에 대한 안내문 등 모든 필요를 위하여 지면이나 SNS, 온라인 등으로 가장 손쉽게 활용된다. 가능하면 정보가 쉽게 전달될 수 있는 방식으로 간단하고 명확하게 작성되어야 하고, 협조를 요청할 때는 그 목적과 교육적 의의와 당위성을 설득력 있게 설명하는 것이 필요하다. 통신문은 짧고 간결하면서도 필요한 내용을 정확하게 전달하도록 노력해야 한다.

③ 연락장

부모와 교사가 매일 영유아의 상태와 정보를 교환하는 방법으로 연락장을 사용할 수 있다. 연락장 혹은 일일통신문이라고도 한다. 연락장은 영유아의 개인수첩으로서 그날그날의 기분이나 투약사항, 일과 중 특이한 사항 등을 기록하여 부모와 매일 연락하는 것이다. 영아와 유아는 연락장의 내용에서 약간의 차이가 있을 수 있다. 영아는 그날의 기분, 건강 등의 기본 상태와 수유나 식사, 배변, 수면상태 등의 기본 생활과 투약사항이 주요한 내용이 되어 매일 활용된다. 한편 유아는 투약사항이 없으면 통신란을 매일 활용하지 않을 수 있고, 대신 부모와 교사가 하고 싶은 말이나 당부의 말을 적을 수 있고, 특별히 기록하여 전달할 사항이 있으면 관찰일지의 형태로 기록하게 된다. 부모는 유아의 원 생활과 관련하여 교사에게 부탁하고 싶은 말이나 자녀의 특이사항이 있으면 적어서 전달한다.

④ 인터넷 홈페이지

오늘날 젊은 세대의 부모들은 자녀양육과 관련하여서도 상당한 부분의 정보를 인터넷 동호회나 인터넷 육아정보 사이트 등 온라인에 의존하는 경향이 있다. 정보화 사회에 익숙한 부모들은 인터넷 홈페이지와 인터넷 카페 등을 통하여 직접 부모의 문제와 자녀의 교육에 관련된 온라인 상담이 가능하게 되었고, 자녀교육과 관련된 다양한 정보를 접할 수 있게 되었다. 또한 오프라인상의 부모교육에 관련된 정보를 얻을 수 있는 중요한 창구의 기능도 하게 되었다.

뿐만 아니라 영유아교육기관에서 제작한 홈페이지는 다양한 기관의 정보와 공지사항을 전달하는 중요한 매체로 자리 잡고 있다. 지금까지의 부모교육은 대체로 부모가 영유아교육기관을 찾아와서 경험하는 오프라인 형태가 주를 이루었다. 이는 시간적·공간적 제약 때문에 부모참여의 한계를 안고 있었다. 하지만 온라인으로 이루어지는 부모교육은 오프라인이 가지고 있는 한계를 극복할 뿐만 아니라 부모들이 게시판 등에 글을 올리고, 자신의 의견을 개진하는 등 보다 적극적인 기관과의 양방향 상호작용의 통로로도 활용된다는 측면에서 장점이 있다.

그러나 온라인 매체의 활용 역시 인터넷에 적극적으로 접속하지 않는 부모와는 연결이 어렵고 지나치게 보여주는 형태의 형식적인 교류와 접촉이 될 수 있다는 우려가 생길 수 있다. 따라서 온라인과 오프라인의 접속을 적절하게 병행하여 각 매체가 가지는 장단점을 충분히 고려하여 절충하는 것이 필요하다.

중요한 것은 쏟아지는 정보의 홍수 속에서 이를 적절히 선택하고 여과하여 사용할 수 있는 비판적인 시각을 키워 주는 홍보와 교육이 아울러 이루어져야 한다는 점이다.

2) 부모참여 프로그램

(1) 목적 및 필요성

부모참여 프로그램은 부모들을 기관의 운영과 교육활동에 다양한 수준으로 참여하게 함으로써, 가정과 협력하여 영유아를 교육해 나간다는 긍정적인 효과를 얻고자 하는 부모협력 프로그램이다. 기관은 부모를 참관 및 참여수업, 행사참여, 운영위원회의 위원, 자원봉사자 등에 자발적이고 적극적으로 참여하게 함으로써 다양한 효과를 얻을 수 있다.

부모로 하여금 자녀를 양육하면서 높은 자긍심을 갖게 한다면 자녀양육에서 훨씬 더 인내심을 가지고 역경을 이겨 나갈 힘을 갖게 된다. 육아하는 과정에서 겪는 다양한 스트레스에 능동적이고 적극적으로 대처하기 위해서 자녀에게 미치는 영향력을 인식시키고 자아인식을 돕는 활동이 필요하다.

현대사회는 가족구조가 핵가족화, 만혼, 비혼, 저출산 등 다양화하고 있기 때문에 자녀양육에서 자신감을 가지기 어렵다. 따라서 더 많은 지원과 격려가 필요하다고 볼 수 있다. 즉, 영유아교육기관이 부모로서 성장할 기회를 주면서, 인간으로서 자신의 가능성을 실현할 기회를 마련해 줄 필요성을 갖는다.

(2) 부모참여 프로그램의 예

① 운영위원회

최근 국가정책의 하나로 부모를 영유아교육기관에 설치된 운영위원회에 참여하게 함으로써 부모의 의견을 수렴하여 교육이나 보육의 동반자 구실을 하도록 하고 있다. 이런 형태의 참여는 부모를 단순히 관찰자나 봉사하는 사람이 아니라 기관의 여러 가지 문제를 결정하는 주요 세력으로 인정하고, 부모를 대등한 위치의 협력자로 인식한다는 것을 전제로 하는 것이다.

부모를 포함하는 운영위원회를 구성하지 않더라도 부모들의 다양한 의견을 반영할 수 있는 통로는 많이 있지만, 운영위원회를 구성함으로써 형식을 갖추고 비로소 동반자적 관계를 실천할 수 있는 도구가 되는 것이다.

우리나라 유치원 운영위원회는 지역 특성에 맞는 다양하고 창의적인 교육활동을 전개하고, 부모와 기관이 의견을 교환함으로써 기관 운영의 자율성과 투명성을 높이기 위한 제도로, 선진 유아제도 구축의 목적으로 2008년 9월에 도입돼 시행되는 공식적인 기구이다.

어린이집 운영위원회는 어린이집 운영에 학부모의 의사를 적극 반영, 어린이집 운영의 자율성과 투명성을 높여 보육의 질을 개선하는 조치로 2012년부터 적용에 들어갔다.

② 학급별 집단면담

교육기관에서 이루어지는 면담은 크게 개인면담과 집단면담으로 이루어지는데, 개인면담은 부모상담과 일치하는 성격의 면담이라고 볼 수 있다.

부모와 교사 간에 이루어지는 집단면담은 일련의 협력의 과정으로서 영유아의 교육과 보육이 최대한의 효과를 거두게 하는 것이 목적이다.

집단면담은 부모와 교사가 일대 다수로 만나서 함께 자녀에 대해 의견을 나누는 모임이다. 대개는 학급별로 한 학급의 부모 전체가 교사와 면담하기도 하고, 아동의 인원수에 따라서 두 그룹으로 나누어서 실시하기도 한다.

③ 수업참관

수업참관은 부모가 기관에서 시행하는 수업을 관찰하는 것으로 가장 소극적인 형태의 참여행사이다. 수업참관은 정해진 시간에 부모들이 각 반의 참관실에서 자유로이 수업을 참관할 수 있게 한다. 최근에는 가능하면 아버지와 어머니 모두에게 유아를 관찰하고 수업에 참여하는 기회를 많이 제공하고자 하는 기관이 늘고 있다. 수업참관을 하면 유아를 객관적으로 관찰하게 되고, 다른 유아와의 행동의 차이를 파악하는 데 도움이 되고, 교육기관의 지도방법을 이해하는 데도 도움을 줄 수 있어서 유익하다.

④ 수업참여

수업참여는 부모가 자녀와 함께 수업을 해보는 것이다. 이 방법은 적극적인 형태의 부모참여 행사로서 대부분의 기관에서 아버지 참여수업, 어머니 참여수업 혹은 조부모 참여수업 등 다양한 형태의 참여수업을 준비하고 있다. 가능하면 많은 부모가 참여할 수 있는 시간을 택해야 하는데, 그런 까닭에 토요일 등의 주말을 이용하는 경우가 많이 있다.

⑤ 보조교사로 참여

부모들을 활용하여 교사의 프로그램 진행시 교사 역할을 보조하거나 일부 역할을 분담하게 하고, 부모교육활동 시에 부모강사로 참여하게 하는 것 등이 여기에 해당한다. 다양한 부모들의 능력을 활용하여 적절한 방법으로 참여시키거나, 필요하면 보조교사로서의 역할에 대한 교육을 받게 한 후 보조교사로 참여하게 한다.

3) 부모상담

(1) 목적 및 필요성

부모상담은 교사와 부모가 자녀에 대한 의견을 나누는 활동으로서 가장 기본적인 의사소통의 방법이라고 할 수 있다. 상담의 방법은 부모가 기관을 찾아와서 1대1로 만나서 개별 상담의 형식으로 이루어지는 것이 가장 보편적이나, 경우에 따라서는 전화상담이나 가정방문의 형태를 취할 수도 있다.

교사와 부모는 개별적인 만남을 통해서 유아에 관한 정보를 상호 교환하고 유아에 대한 공동의 목표를 수립하게 된다. 이러한 만남은 상호 이해의 기회가 되고 서로 간의 의견을 교환하는 협력의 장이 된다.

부모상담의 운영 형태는 유아들의 학습활동에 지장을 주지 않는 범위 내에서 결정되어야 하고, 부모상담의 유형도 부모의 상태나 특성에 따라 달라져야 한다.

부모상담의 운영 형태는 부모면담, 전화상담, 방문상담, 부모회 등으로 나누어 설명할 수 있다.

(2) 부모상담 프로그램의 예

① 부모면담

부모면담은 교사와 부모가 서로 대면하여 유아의 가정생활과 영유아교육기관에서의 생활 전반에 대해 의견을 교환함으로써 영유아교육기관과 가정이 상호 연계하고 유아의 발달을 돕고자 하는 활동이다.

부모면담은 영유아에게 문제가 있을 때는 물론이고 평상시에도 교사가 부모와 영유아를 더욱 잘 이해하고 그들에게 가장 적합한 교육과 양육을 하기 위해서 필요한 행위이다. 개별 영유아에 대해 구체적으로 의논하면서 개별 영유아에게 맞는 구체적인 양육방안을 함께 생각해 볼 수 있다는 점에서 가장 밀도 있는 의사소통 방법이 될 수 있다. 또한 면담을 통해 가정과 기관이 연계성을 가지고 일관된 교육을 할 수 있게 함으로써 교육의 효과를 극대화할 수 있다.

② 전화상담

전화를 통하여 교사와 부모가 교육에 대한 의견을 교환하는 활동으로서, 현대사회와 같이 바쁘고 복잡한 시대에 적합한 방법이다. 필요할 때마다 수시로 할 수 있으며, 특히 부모가 직업을 가지고 있으면 유용하다. 영유아의 통학버스 운영이라든지, 결석이나 지각을 알릴 때, 혹은 특별한 용건이 없더라도 안부를 물을 때도 친근하게 사용할 수 있다.

전화상담할 때 가능하면 영유아의 활동시간에 지장을 주지 않는 시간대를 고려하여 상담을 하는 것이 좋다. 또한 전화상담이라 할지라도 미리 시간을 예약하고 상담을 하도록 해야 한다. 전화할 때는 상대방의 얼굴을 보지 않고 주변 상황을 파악하기 어려우므로 언어표현 등 전화예절에 더 신경을 써야 한다. 전화상담 중에 심각한 이야기가 나올 경우나 더욱 심도 있는 면담이 필요하다고 판단될 때에는 기관을 방문하여 개별면담을 하도록 유도하고, 다음 상담의 예약을 잡는 것도 필요할 수 있다.

③ 방문상담

교사가 유아의 가정을 방문하여 유아의 가정환경을 이해하고 직접 부모와 상담하여 도움을 주고자 하는 활동이다. 가정방문은 일반적으로 학기 초에 실시하며 부모면담의 형식을 취할 때도 있는데, 부모와 상의하여 실시해야 한다. 가정방문은 유아에 대하여 가장 기초적이고도 중요한 정보를 준다는 의미에서 매우 효과적이다. 유아의 성격이나 행동을 제대로 이해하기 위해서는 유아가 자란 가정환경을 이해하는 것은 필수적이다.

방문 시 주의해야 할 점은 사전에 가정통신문 등을 통해 가정방문의 목적과 시간을 알리고, 방문할 수 있는 날짜와 시간 등을 미리 통신문을 통해 받아두어서 결정하도록 한다. 방문을 앞둔 교사는 미리 질문할 내용을 작성하고, 가정방문 일정을 가정에 알려야 한다. 방문의 날짜와 시간을 미리 정하여 알리고 방문시간은 너무 길어서는 안 되며, 가능하면 자연스럽고 편안한 분위기에서 대화를 이어가고 자녀교육 이외의 이야기는 삼가도록 한다.

④ 부모회(강연회, 학부모 오리엔테이션)

부모회는 우선 매 학기 시작 전에 부모를 위한 오리엔테이션의 형식으로 1년에 2회 실시하며, 주제에 따라 매월 혹은 격월로 실시할 수도 있다. 부모들의 집단모임으로서 부모와 교사, 원장이 협력관계를 형성해 나가는 역할을 한다. 또한 강사를 초빙하여 관심 있는 주제에 대하여 강연을 듣기도 한다.

부모회를 통하여 부모에게 영유아교육기관의 운영방침, 교육철학, 교육 프로그램을 소개하고 이해시킬 기회가 된다. 한 번에 많은 부모를 대상으로 할 수 있기 때문에 선정된 주제를 가지고 강사가 정해진 시간 동안 강의를 통해 전달할 수 있는 장점이 있으나, 부모들의 이해수준과 처한 상황이 다르므로, 철저한 준비가 없다면 기대한 만큼의 효과를 거두기가 어렵다는 단점이 있다.

따라서 사전에 부모가 관심 있어 하는 분야나 알고 싶어 하는 지식을 조사하여 주제를 선정하는 데 참고하는 것이 좋다.

강연의 주제가 될 수 있는 내용은 다음과 같은 것들이 있다.

- 영유아교육의 중요성과 가정의 역할의 중요성
- 영유아발달의 특성
- 바람직한 부모의 역할과 효과적인 대화방법
- 영유아의 기본 생활 습관 지도
- 영유아의 질병 및 영양관리
- 각종 예방접종 및 응급처치
- 영유아의 창의성, 언어, 수, 독서 지도 등
- 영유아의 성교육
- 영유아의 문제행동 유형과 적절한 지도 방법
- 부부관계와 자녀교육
- 각종 여가선용과 문화생활

4 부모교육 프로그램의 개발과 운영

1) 부모교육 프로그램 개발의 목적

부모교육이라는 개념은 부모의 효율적인 부모역할을 지원하기 위해 부모를 교육하거나 훈련한다는 의미이다. 즉, 부모의 행동이나 인식 그리고 상호작용 방법 등을 개선함으로써 보다 효율적이고 민주적인 부모·자녀관계로 변화시키고자 하는 프로그램이라고 할 수 있다.

현대사회는 부부의 불화, 가정폭력, 이혼, 빈곤, 약물 등 자녀의 신체적·정서적·사회적 발달에 부정적 영향을 미치는 환경 요인을 많이 가지고 있다. 이러한 환경이 자녀의 발달에 어느 정도 심각한 영향을 주는지에 대해 부모들이 충분히 깨닫지 못하고 있는 경우가 많은 것이 현실이다. 자녀의 문제 가능성은 한 가지 요인만으로 설명될 수 없으나, 일반적으로 가정 내 환경이 주요 원인으로 지적되고 있다. 이러한 가정환경의 중요성이 자녀의 발달에 미치는 영향에 대해 심각하게 이해하고, 부모의 부정적인 영향을 방지함으로써 자녀의 문제 가능성을 미리 예방하는 데 큰 도움을 줄 수 있다.

결국 부모교육은 부모의 자질 향상을 일차적 목적으로 하고 있지만, 부모역할의 최종 수혜자인 자녀가 건강하고 행복하게 성장하며 발달하도록 하는 데 궁극적 목적이 있다고 볼 수 있다.

부모의 욕구에 맞는 다양한 프로그램으로 개발하여 부모와의 접촉을 유지하면서 부모를 훌륭한 양육의 동반자로 삼고 교육·보육을 실천해 가는 것이 중요하다.

2) 프로그램의 개발

(1) 부모의 요구도 조사

프로그램의 대상자인 부모가 어떤 요구를 하고 있는가를 프로그램 개발에 선행하여 조사해야 한다. 여기에는 부모들의 사회문화적 배경과 경험 등 다양한 배경에 대한 조사와 더불어 교육의 방법, 시간 등의 조사도 이루어져야 한다. 그뿐만 아니라 부모교육자의 전문적인 견해도 반영하는 것이 좋다. 부모들은 인식하지 못하더라도 반드시 포함되어야 할 내용을 반영할 수 있기 때문이다.

(2) 교육목표 및 내용선정

부모교육은 기관의 운영관리에 도움을 주는 방향으로 계획되고 운영되어야 한다. 어떤 유형의 부모교육을 할 것인가는 여러 가지 고려사항이 있을 것이나, 우선은 기관의 교육철학이나 계획, 대상부모의 요구와 능력 및 지역사회의 특수성 등을 종합적으로 고려하여 결정되어야 한다.

프로그램의 목표를 정할 때는 프로그램 개발자의 교육철학, 전문가의 전문적인 견해, 학습자인 부모의 특성과 그들이 요구하는 주제 그리고 사회적 요구를 반영해야 한다(정계숙 외, 2010). 이러한 목표들을 달성하기 위하여 새로운 지식을 참고하여 교육내용을 선정하게 된다. 교육내용은 부모들의 실생활에 적용 가능한 것으로 즉각적이고 실제적인 것이 될 수도 있고, 부모의 태도나 가치관 등에 의미 있는 변화를 가져오는 것으로 내용을 삼을 수도 있다.

(3) 프로그램의 실행

부모교육 프로그램은 부모들의 자발적이고 적극적인 참여를 이룰 수 있는 방향으로 유도되어야 하는데, 아동들이 다르듯이 부모들도 욕구나 사정, 직업, 학력, 생활수준 등도 다양한 특성이 있으므로, 이를 어떻게 융합하고 공통적인 관심을 유도할 수 있을지에 대해 충분히 숙고해야 한다. 또한 가능하면 단발적인 행사나 이벤트성으로 끝날 것이 아니라 장기적 계획을 세우고 실천 가능하고 구체적인 것에서부터 점차 그 내용과 폭을 넓혀 가는 긴 안목의 프로그램을 구성하는 것도 좋다.

결국은 이러한 프로그램을 통해 보육시설과 교사와 부모들이 원만한 인간관계를 형성하고, 나아가 아동의 보육을 위한 공동체를 형성하는 데 이바지할 수 있다는 것이 가장 중요한 사항이라고 말할 수 있다.

Gestwicki(2000, 정계숙 외 역, 재인용 p. 268)는 '부모들이 교사와 영유아교육기관으로부터 알기를 원하는 것'을 다음과 같이 제시하였다. 부모들이 교사에게 바라는 것이 무엇인지를 말해 주고 있는데, 교사들은 부모와의 관계에서 부모의 마음에 공감하고, 이에 응하고자 하는 마음가짐을 가지는 것이 무엇보다 중요하다고 생각한다.

부모들이 교사와 영유아교육기관으로부터 알기를 원하는 것

- 부모들은 소속되기를 원한다.
  - 나는 소속되고 싶어요.
  - 유치원, 어린이집으로 나를 불러 주세요.
  - 나를 초대해 주세요: 원에서 주도해 주세요.
  - 유치원이나 어린이집의 활동 중에서 내가 어떻게 참여하면 좋을지 알려 주세요.

- 나는 학부모자문위원회나 운영위원회, 부모참여모임의 구성원이 되고 싶어요.

• 부모들은 교사가 접촉하기를 원한다.
- 나는 우리 아이의 선생님께서 나에게 전화해 주는 것이 좋아요.
- 나는 직장에 나가기 때문에 저녁에 선생님과 의논하는 것이 좋아요.
- 나의 자녀가 어떤 공부를 하고 있는지 알게 해주세요.
- 나는 적어도 한 달에 한 번 정도는 선생님을 만나길 원해요.
- 너무 전문적인 의사소통보다는 분명하고 짧고 단순하게 지속해 주세요.
- 문제가 있을 때만 연락하지 말고 좋은 소식도 알려 주세요.

• 부모들은 정보를 원한다.
- 원의 교육철학, 책임자와 만나는 방법, 아이들이 배우고 있는 활동의 일반적인 목표를 말해 주세요.
- 선생님에게 전화하기에 좋은 시간과 담당자의 이름과 전화번호를 알려 주세요.
- 학교 행사, 지역사회 자원, 보충 프로그램 등을 알려 주는 소식지를 한 주에 한 번 혹은 한 달에 한 번은 보내 주세요.
- 부모교육 워크숍을 해주세요.

• 부모들은 도와주기를 원한다.
- 내 자녀가 원에서 배우는 것을 보충해 주는 방법을 알려 주세요.
- 교사로서 당신이 내 자녀에게 기대하는 것이 무엇인가요?
- 내가 학급을 위해 무엇을 도울 수 있을까요?

- 부모들은 교사들이 자녀들을 사랑하기를 원한다.
  - 내 자녀가 자신을 좋게 생각할 수 있도록 해주세요.
  - 당신은 내 자녀의 인생에 큰 영향을 미치는 존재라는 것을 항상 기억해 주세요.
  - 내가 어떤 불평을 하더라도 그것을 나의 자녀와는 관련짓지 말아 주세요.
  - 우리 아이를 가족과 똑같다고 받아들이지 말아 주세요.
  - 나의 아이를 잘 돌보아 주세요.

(4) 부모교육 프로그램의 평가

부모교육 프로그램을 수행하고 나면 프로그램에 대한 평가를 하게 된다. 평가는 다음 프로그램을 계획하고 진행하는 데 참고자료가 되고, 프로그램의 성공도를 판단하는 중요한 근거가 되므로 중요한 과정이다. 프로그램을 평가하는 방법은 기록, 설문지, 평가회, 개별적인 진술 등의 방법이 있다. 각각을 살펴보면 다음과 같다.

① 객관적인 기록

가장 기본적이고 손쉬운 평가의 방법은 프로그램의 출석 정도를 확인하는 것이다. 이러한 지각, 결석 등의 출석률은 프로그램의 성패를 알려 주는 중요한 지표가 된다. 전체 참가인원의 수, 반별 참가인원, 프로그램의 주제 또는 방법별 참여 정도를 파악할 수 있다. 이러한 지표는 여러 해 동안 축적되면 부모교육의 방향과 개선점에 중요한 자료가 될 수 있다.

② 설문지

프로그램이 끝날 때마다 프로그램에 대한 평가를 묻는 설문지를 활용할 수 있다. 설문지는 신뢰도와 타당도를 전문적으로 확보하기 어려우므로 기성의 도구를 활용할 수 있다. 예를 들어, 자녀양육에 대한 방법을 교육한 후 양육에 대한 효능감을 묻는 개발된 척도를 사용하여 교육의 전과 후를 비교할 수 있다. 그러나 이러한 개발된 척도를 사용하지 않더라도 기관에서 필요한 내용에 대해서 의견을 묻는 간단한 설문지를 준비하여 다음 프로그램 계획에 활용하는 자료로 삼을 수 있다.

③ 평가회

프로그램이 끝난 후 평가회를 하는 자리를 마련할 수 있다. 참여수업이나 자원봉사활동 등 부모가 참여하는 활동에 대해 활동이 끝난 즉시 간단한 평가회를 가진다. 여기서는 프로그램의 목표가 제대로 달성이 되었는지, 프로그램을 통해 부모가 느낀 점은 무엇인지 이야기하고, 다음 프로그램에서 개선되어야 할 점 등을 중점적으로 논의하게 된다. 평가회는 프로그램에 참가한 사람들의 경험을 기초로 이루어지는 것이기 때문에 참여에 따른 결과를 바탕으로 개선점을 찾아가는 데 도움이 된다.

④ 개인적 진술

프로그램에 대해 비공식적으로 부모들의 의견을 모은 것이다. 프로그램이 끝나고 돌아가는 길에 '참 좋았어요', '도움이 많이 되었어요' 또는 '집에서 해볼 수 있을 것 같아요' 등 정서적인 표현의 감상이 여기에 해당한다. 또한 이러한 평가는 프로그램을 준비한 교사에게 격려가 될 수 있다.

프로그램이 끝나고 인터넷 카페나 홈페이지에 올린 개인적인 게시글도 여기에 해당한다. 이러한 비공식적인 평가는 객관적인 평가자료를 보충하는 추가자료로 활용하는 것이 좋다.

비형식적 쪽지를 남기게 하는 것도 이러한 개인적인 진술을 얻는 하나의 방법이 될 수 있다. 프로그램이 시작하기 전에 쪽지를 나누어 주고 돌아가면서 자유롭게 자신의 의견을 적도록 하여 의견을 받아보는 것이다.

5 부모참여 프로그램의 사례
– 일본의 도쿄 가쿠게이대학 부속유치원의 부모·지역사회와의 파트너십 사례

다음의 사례는 일본의 국립 도쿄 가쿠게이대학의 부속유치원에서 부모와의 파트너십 형성을 위해 실행하고 있는 구체적인 프로그램을 소개한 것이다. 양육을 지원하는 시스템은 사회나 국가적 차원에서도 이루어져야 하겠지만, 가까이는 지역에 존재하는 교육기관에서 협력 관계를 형성하고, 파트너십을 발휘하는 것이 우선적인 노력의 시작이 된다.

프로그램에 참여했던 학부모들의 소감을 통해서 아동의 연령이 증가하면서 부모들의 시야도 넓어지는 것을 느낄 수 있다. 자신의 아이에게 집중되어 있던 관심과 시야가 점차 다른 아이들, 더 넓게는 원 전체와 지역사회로까지 확장되었다. 육아의 부담을 함께 나누는 측면에서도 부모가 함께 성장한다는 측면이나 생애학습의 차원에서도 부모와의 파트너십을 수립하는 것은 중요하다.

1) 수업참관, 개인면담

유아가 불안정한 신학기나 교육 실습 기간 등 특정 시기를 제외하고 매주 화요일은 보호자의 날로 설정한다.

교육시간 중에는 언제라도 참관을 할 수 있도록 해두고, 희망자에게는 교육 종료 후 개인면담(때로는 그룹면담)을 한다. 이때 면담은 담임교사에게만 한정하지 않고 원내의 누구에게라도 받을 수 있다.

보호자가 원에서 생활하는 아동의 모습을 참관하거나 교사와 면담을 함으로써 한 사람 한 사람의 유아에 대해 교사와 부모가 함께 이야기하고 공유할 수 있다.

한편 교사는 가정에서의 유아의 모습이나 보호자를 파악할 수 있게 되므로, 원에서의 생활 지도를 위해서도 많은 도움을 받을 수 있게 된다.

2) 각 학년 부모참여수업

- 3, 4세 아동반: 가정별로 1년에 2회씩 참여수업에 참가한다. 이때 형식적인 횟수는 3, 4세아 학년이 같으나, 4세 아동 학년부터는 인원수가 증가하고, 활동도 더욱 역동적이 되기 때문에 보호자가 보다 많은 유아와 상호작용하는 것이 가능해진다.
- 5세 아동반: 각 가정에서 한 학년에 1회씩 교육에 참가한다. 그 외 매월 실시하는 생일잔치에 생일을 맞은 유아의 보호자가 참가하여 행사의 운영을 돕는다. 학년에 따라서 비정기적인 자원봉사나 원 전체의 활동에 참가하는 등 자주적인 교육 참가가 증가하기 때문에 정기적인 참가는 줄어든다.

이런 활동의 의미는 교사가 계획한 교육활동에 보호자가 교사로서 참가하는 것이다. 다양한 유아의 모습이나 교사의 의도적, 계획적인 교육운영에 대해 이해할 수 있게 한다. 그 외 부모·자녀관계가 좋아지는 것이나 원에 대한 신뢰감, 협력 의식이 커 가는 것을 알 수 있다.

보호자의 수업 참가 후 감상

(3세아 학년)

- 솔직한 기분은 아이와 모처럼 신나게 놀았다는 기분이 든다. 다른 친구들과의 상호 접촉도 무척 즐거웠다.
- 내 아이의 하루 생활을 볼 수 있어서 안심했다. 친구와 관계 맺기, 놀이, 표정, 이야기 나누기 등 즐거워 보였다.
- 헤어지기 전 노래를 매우 잘 불러서 감동하였다.

(4세아 학년)

- 아무 일도 아닌 일로 다투는 것을 보았지만, 잘 중재하는 아이가 있는 것에 감동하였다. 또 곧 친구로 지내는 걸 보고 안심했다.
- 옆 반에는 아버지가 참가하고 있었는데, 남편도 반드시 참가하게 하고 싶었다.
- 제일 깜짝 놀란 것은 도시락 시간에 딸아이 옆 테이블의 아이가 '여기 오세요.'라고 말하는 소리를 들었을 때이다. 어른과 아동 사이에 신뢰관계가 형성되는 진실한 환경에 놓여 있다는 실감을 하였다.
- 보통의 생활에서 자기 아동만 본다면 큰 변화가 있다는 것을 느끼기 어려울 텐데 교육 참가를 하는 가운데 다양한 모습을 볼 수 있는 것이 제일 귀중했다.
- 집에서는 내 아이밖에 없어서 남자아이의 노는 모습이 매우 신선하고 즐거웠다.

(5세아 학년)

- 이번에는 아버지가 많이 참가하여 아버지들의 교류도 이루어졌다. 부모의 적극성이 아동의 원 생활에는 매우 중요하다는 생각이 든다. 선생님 이외에도 대학의 교수님이나 대학생에게도 많은 신세를 졌는데, 기획, 준비 등 매우

감사했다.

- 참가해서 느낀 것은 '스스로 하는 것의 중요성', '결과를 서두르지 않는 것', '모두가 함께 사용하는 공동작품 만들기'였다. 여러 가지를 배우는 모양을 볼 수 있었고, 실제로 해보는 기회를 주는 것이 필요하다는 것을 다시 깨달았다.
- 유치원에서의 교육도 평생교육의 일환이라는 생각이 들고, 지역에서 귀중한 체험이나 능력을 갖추고 있는 여러분의 힘을 교육에 끌어들이는 것이 매우 좋다고 생각한다.

12

보육에서의 건강과 안전

1. 아동의 건강과 보육
2. 보육시설 건강·안전활동의 내용

보육시설은 영유아가 일찍부터 집단생활을 시작하고 장시간에 걸쳐서 생활이 이루어지는 곳이라는 점에서 건강과 안전의 배려는 특히 중요하게 다루어져야 한다.

특히 아동은 미숙하고 발달이 급속하게 이루어지는 성숙의 과정에 있다는 점에서 양육환경에서 건강과 안전을 확보하는 것은 아동의 성장과 발달에 다른 어떤 조건보다 중요하고 본질적인 문제라고 할 수 있다.

이 장에서는 건강과 안전이 보육에서 차지하는 비중을 확인하고, 그것을 확보하기 위해 필요한 다양한 내용과 주의점을 확인할 것이다.

1 아동의 건강과 보육

1) 아동 건강의 정의와 범위

아동의 발달적 특징은 ① 미숙하고, 성장·발달이 급속하게 이루어지는 성숙의 과정에 있다는 점, ② 개인차가 크다는 점, ③ 아동의 건강이 환경조건, 특히 양육환경의 영향을 받는다는 점이다. 여기서 말한 양육환경이란 양육 받고 있는 장소와 양육하는 사람을 말하고, 그런 의미에서 보육은 아동의 건강과 안전을 확보하는 데 중요한 조건이다.

세계보건기구(WHO)[1]에서는 건강을 다음과 같이 정의하고 있다.

> '건강이란 단순히 질병이 없는 상태가 아니라 신체적, 정신적, 사회적으로 양호한 상태(well-being)에 있는 것'이다. 그리고 이는 또한 양호의 향상, 심리적 질병의 예방 그리고 마음의 질병으로부터 영향을 받은 사람의 치료와 회복과 관련이 있다.

이것을 아동에게 맞게 적용한다면 개별 아동들이 자신의 조건에 맞게 순조롭게 발육·발달할 수 있어야 하고, 발달에 적합한 생활에 지장을 받지 않으면서 그 생활이 다음 단계의 발달을 촉진하는 것이어야 한다고 말할 수 있다.

그러나 이런 양호한 상태가 모든 아동에게 균일하지 않아서 각

1) WHO's definition of health: "A state of complete physical, mental and social well-being, and not merely the absence of disease". It is related to the promotion of well-being, the prevention of mental disorders, and the treatment and rehabilitation of people affected by mental disorders. (who.int/en)

아동에 따라서 다르다는 것, 또한 아동의 성숙단계에 따라서도 다르다는 것을 아는 것이 중요하다.

2) 보육시설의 건강 책임

보육시설은 아동에게 중요한 생활의 장소이다. 더욱이 중요한 것은 아동이 집단생활을 하고 있다는 점이다. 이는 아동의 건강에서 매우 중요한 의미를 가진다.

「영유아보육법」에서는 어린이집의 건강관리와 응급조치에 대해 다음과 같이 규정하고 있다.

제31조 (건강관리 및 응급조치)

① 어린이집의 원장은 영유아와 보육교직원에 대하여 정기적으로 건강진단을 하는 등 건강관리를 하여야 한다.

② 어린이집의 원장은 영유아에게 질병·사고 또는 재해 때문에 위급상태가 발생하면 즉시 응급의료기관에 이송하여야 한다.

또한 치료 및 예방조치에 대해서도 다음과 같이 규정하고 있다.

제32조 (치료 및 예방조치)

① 어린이집의 원장은 제31조에 따른 건강진단 결과 질병에 걸렸거나 감염될 우려가 있는 영유아에 대하여 그 보호자와 협의하여 질병의 치료와 예방에 필요한 조치를 하여야 한다.

② 어린이집의 원장은 제31조에 따른 건강진단의 결과나 그 밖에 의사의 진단 결과 감염병에 감염 또는 감염된 것으로 의심되거나 감염될 우려가 있는 영유아, 어린이집 거주자 및 보육교직원을 보건복지부령으로 정하는 바에 따라 어린이집으로부터 격리시키는 등 필요한 조치를 할 수 있다.

이는 아동 건강의 유지 증진에 대한 어린이집의 책임을 이야기하고 있는 것이다. 결국 보육은 아동의 건강과 밀접한 관련이 있는 것을 의미한다.

한 사람의 아동에게 건강상에 문제가 일어날 때 본인이 직접적인 장해를 받는 동시에 보호자나 가족의 생활과 건강에도 영향을 미친다. 게다가 보육현장에서는 다른 원아의 건강이나 생활을 위협할 수 있고, 때로는 보육 자체가 어려워질 위험성도 있다. 나아가 지역 아동들의 건강과 생활에 영향을 미치는 일도 있으므로, 보육시설의 건강문제는 지역보건의 문제와도 연결된다는 것을 인식해 두어야 한다.

2 보육시설 건강·안전활동의 내용

보육시설의 건강·안전활동의 기본적 이념은 아동이 보육시설에 있는 동안 건강을 유지 증진하고 그 생활의 질을 적절하게 향상하는 것이다. 이를 위해서는 아동이 건강한 때와 건강상의 장해나 상해를 받았을 때의 양쪽 모두에서의 대응이 필요하다. 그리고 그 보건대책은 종합적인 보건활동으로서 건강의 향상[2]의 개념이 도입될 필요가 있고, 보육현장이 지역의 보건소 혹은 소아 의료기관과 연계해야 할 필요성이 제기된다.

결국 보육현장에서의 보건활동은 아동의 상태에 대한 정확한

2) health promotion)(Health promotion is the process of enabling people to increase control over, and to improve, their health. It moves beyond a focus on individual behaviour towards a wide range of social and environmental interventions (who.int/en)

파악을 기본으로 하면서 나아가 다음과 같은 내용을 다루어야 한다.

① 건강의 유지 증진
② 영양섭취와 식생활 대책 및 개선
③ 질병 발생시 대응과 예방대책
④ 사고 발생시 대응과 사고방지, 안전대책

이들 활동은 아동 한 사람 한 사람을 대상으로 실천하는 경우와 아동집단을 대상으로 실천하는 경우 두 가지 모두 필요하다. 그리고 이 활동은 다양한 보육시설이 가진 조건뿐 아니라 대상아동의 조건, 대상아의 보호자 또는 가정의 조건, 지역의 조건, 시대의 조건 등에 대응하여 이루어지는 것이 바람직하다. 각각의 내용에 대해 살펴보자.

1) 건강의 유지 증진

(1) 건강과 영양의 배려

세상에 태어난 아동은 몸과 마음이 건전한 인간으로 성장, 발달해 가기 위하여 건강에 대한 보호와 증진이 보장되지 않으면 안 된다.

3세 미만의 유아가 어린이집에서 생활하게 될 경우, 영유아의 건강한 생활을 위해서 시설설비의 최저기준, 건강관리의 중요성, 직원의 배치기준이나 운영 등이 규정되어 있다. 그리고 위생관리, 영양, 급식, 건강진단 등을 철저히 하도록 규정하고 있다. 그 외에도 일상생활에서의 보건활동도 철저히 하도록 하고 있는데, 예방접종, 질병에 관한 이해와 대응, 만성질환 아동에 대한 대응, 사고 방지 등이 그 예이다(부록 p. 378~385 참조).

아동은 원래 면역 시스템이 충분히 발달하지 못해서 감염증에 약하고, 동시에 면역질환에 걸리기 쉬운 존재이다. 따라서 면역질환에 대한 적극적인 예방대책도 중요하다.

결국 감염경로가 무엇인가와 관계없이 '손 씻기'가 가장 기본이 되어야 한다. 이를 위해 교사가 먼저 정성스럽고 바른 손 씻기를 해야 한다. 또한 교사는 연령에 맞는 바른 손 씻기 방법을 아동들에게 지도해야 한다. 특별한 경우 교사가 바쁘고 힘들다면 알코올(젤 상태) 소독액으로 대체할 수도 있다.

한편 우리나라의 「영유아보육법」에서는 어린이의 예방접종에 대해 다음과 같이 제안하고 있다.

제31조의3 (예방접종 여부의 확인)

① 어린이집의 원장은 영유아에 대하여 최초로 보육을 한 날부터 30일 이내에 특별자치도지사·시장·군수·구청장 또는 영유아의 보호자로부터 「감염병의 예방 및 관리에 관한 법률」 제27조에 따라 특별자치도지사·시장·군수·구청장 또는 예방접종을 한 자가 발급한 예방접종증명서 또는 그 밖에 이에 준하는 증명자료를 제출받아 영유아의 예방접종에 관한 사실을 확인할 수 있다.

② 어린이집의 원장은 제1항에 따른 확인 결과 예방접종을 받지 아니한 영유아에게는 필요한 예방접종을 받도록 보호자를 지도할 수 있으며, 필요한 경우 관할 보건소장에게 예방접종 지원 등의 협조를 요청할 수 있다.

③ 어린이집의 원장은 영유아의 예방접종 여부 확인 및 관리를 위하여 제29조의2에 따른 어린이집 생활기록에 예방접종 여부 및 내역에 관한 사항을 기록하여 관리하여야 한다.

아동의 감염증 예방을 위해서 필요한 예방접종에 대해서는 대한소아과학회의 예방접종 표 12-1을 보도록 한다.

한편 아동은 끊임없이 성장, 발달하는 존재이지만, 인간은 특히 대뇌의 발달이 다른 생물들에 비해 특별하다. 출생 후 대뇌를 시작으로 중추신경계는 급속하게 발달한다. 중추신경의 발육, 발달에는 충분한 수면이 필수적이다. 인간의 성장 호르몬은 깊은 수면 시에 분비되기 때문에 수면의 중요성은 더욱 크다(매슈 워커 저·이한음 역, 2019).

표 12-1 영유아 나이별 예방접종 스케줄(2008년 대한소아과학회 추천)

나이	기본접종
출생 시	B형간염
0~4주	BCG(결핵)
1개월	B형간염
2개월	DTaP(디프테리아 파상풍, 백일해 혼합), 폴리오(소아마비), Hib(뇌척수막염백신, 국가필수접종사항은 아니나 대학소아과학과 추천 백신)
4개월	DTaP, 폴리오(소아마비), Hib
6개월	B형간염, DTaP, 폴리오(소아마비), 인플루엔자엔지(독감)
12~15개월	MMR(홍역, 유행성 이하선염, 풍진), 수두, Hib
12~23개월	일본뇌염
15~18개월	DTaP
4~6세	DTaP, 폴리오, MMR
6세	일본뇌염

출처: http://www.pediatrics.or.kr

최근 아동에게 수면이 부족하다는 점이 많이 지적되고 있다. 유아기는 나이에 따라 다르지만, 평균 11시간의 충분한 수면이 필요하다. 최근에 성인의 라이프스타일이 야간형으로 바뀌면서 현재는 아동의 수면을 충분하게 확보하는 것이 뜻밖에 어려운 일이 되었다. 또한 취업하고 있는 어머니는 어쩔 수 없이 저녁 시간이 늦어지고, 따라서 취침 시간이 늦어지고 있다. 영유아의 건강과 안전한 생활을 위해서도 충분한 수면을 위한 배려가 이루어져야 할 것이다.

아동의 건강을 생각할 때 아동은 끊임없이 성장·발달하는 존재라는 것을 인식하는 것은 매우 중요하다. 아동이 끊임없이 성장·발달한다는 것은 성인과 달리 생명유지에 더하여 성장, 발달을 위한 에너지가 필요하다는 의미이다. 따라서 이런 에너지를 확보하기 위해 영양(식사)도 성인 이상으로 중요하다. 아동의 건강을 지키기 위한 영양의 기초적인 사항에 대해서 알아두어야 한다.

우선 아동은 기초대사량이 많다(섭취에너지의 약 50%). 기초대사량은 우리가 살아가는 데 필요한 에너지이다. 아동이 결식(조식 결식 등)이나 아동학대(아동방임) 등으로 식사가 충분하게 주어지지 않는다면 생명의 위험에 처하게 될 수 있다. 또한 생명에 지장이 없다 해도 아동의 성장·발달에 지장을 가져올 수 있다.

(2) 영유아의 건강상태 평가

영유아기는 신장, 체중, 머리둘레 등이 급속히 발달하는 시기이다. 정기적으로 이를 측정하고 표준적인 성장과 비교하는 것이 필요하다. 표준적인 성장과 비교해서 심하게 늦어지는 경우는 건강한 상태라고 말할 수 없다. 또한 아동 한 사람 한 사람의 성장방식을 주의 깊게 관찰하는 것도 중요한데, 지나치게 표준보다 늦어지는 경우가 아니라면 개인차가 있으므로 기다리고 지켜보는 것도 필요하다.

영유아의 건강상태 중 몸의 전반적 상태를 파악하는 것이 무엇보다 우선돼야 한다. 영유아는 자신의 몸 상태를 스스로 호소하기 어렵다. 따라서 주위의 교사는 영유아의 전신 상태를 살펴봄으로써 건강상태를 파악하지 않으면 안 된다. 잘 어울려 노는 정도, 얼굴색이나 피부색, 식사하는 방식 등 하루 중 아동의 상태에 변화가 보이는 때에는 주의한다.

다음으로 일상생활에서의 생리현상에 대한 평가이다.

영유아의 생리현상이란 체온, 호흡, 맥박, 배변, 배뇨와 같은 생체의 상황을 말한다. 체온은 나이에 따라, 측정하는 시간대에 따라서도 변화한다. 영유아가 열이 나면 감염과 같은 질환 때문이 아닌지 의심해야 하는데, 일사병 등을 생각해 볼 수 있다. 또는 이 시기는 체온조절이 미숙하므로, 갑자기 더워질 때 체내에 생기는 열을 체외에 방출할 수 없어서 나타나는 결과일 수 있다. 또 정상 체온도 일반 성인보다 약간 높은 상태이기 때문에, 37.5도 정도까지는 반드시 발열이라고 판단하지 않아도 좋다.

호흡은 호흡중추에 의해 조절된다. 수면 중에는 일정하고 규칙적인 리듬으로 호흡이 이루어지지만, 영유아는 호흡중추가 미숙하므로 약간 불규칙적이다. 영유아의 호흡은 횡격막을 사용한 복식 호흡이지만, 3세가 지나면서 흉식 호흡으로 변화되어 간다. 영유아기는 호흡수가 약 30회/분이지만, 운동 등 대사가 활발하게 되면 호흡수가 증가하고, 산소를 더 많이 들여오게 한다. 감염증 등 질병에 걸린 경우에도 신체 대사가 활발해져 호흡수가 증가한다.

또한 호흡기계에 문제가 생기는 때에도 호흡수가 증가한다.

배변과 변성, 배변습관에 대해서도 관찰이 필요하다. 변의 횟수는 모유를 수유하는 영아는 하루에 여러 번 하는 경우도 많다. 하루 중 배변상황이 심하게 변할 때는 주의할 필요가 있다.

2) 영양섭취와 식생활 대책

태어난 직후의 신생아기부터 영유아기는 활발한 성장과 발달이 이루어지는 시기로 영양, 즉 식생활이 매우 중요하다. 현대는 과잉 영양섭취의 시대라고 할 수 있는데, 특히 영유아기는 편중된 식생활이 되지 않도록 유의하는 것이 무엇보다 중요하다. 즉, 이 시기 식생활의 습관이 평생의 영양과 건강을 좌우한다는 것을 유념할 필요가 있다.

필요한 영양소로는 지방, 단백질, 탄수화물, 무기질과 비타민류 등이다. 지방은 리놀산이나 리놀레산 등이 체내에서 합성되지 않아서 반드시 음식물을 통해 섭취되지 않으면 안 된다. 그래서 이런 것들을 필수지방산이라고 부른다. 모유나 인공유는 총 칼로리에 대한 지방의 비율이 45%이고, 영유아의 에너지원으로서 지방이 중요한 역할을 담당하고 있다.

단백질은 신체를 구성해 주는 반드시 필요한 영양소이고, 아미노산으로 구성되어 있다. 발린, 류신, 트립토판 등은 체내에서 합성되지 않아서 식사를 통하여 섭취해야 한다. 이와 같은 아미노산을 필수아미노산이라 하는데, 8종류가 있다. 8종류의 필수아미노산 전부가 균형 있게 충분히 포함된 경우 그 단백질의 아미노산 점수는 100이고, 제일 좋은 단백질로 평가한다. 주로 동물단백질에 아미노산이 많이 포함되어 있지만, 영유아에게는 모유가 이상적인 성분이라 할 수 있다. 식품으로서는 우유, 치즈, 계란이나 대두 등이 양질의 단백질을 함유하고 있다.

당류, 섬유질 등을 일컫는 탄수화물은 주로 간이나 근육에 축적되어 있다가 필요할 때 에너지원으로서 방출되고, 단백질이나 지방으로 전환된다. 탄수화물이 부족하면 활력이 떨어지지만, 섭취가 많으면 지방으로 전환되어 피하지방으로 쌓여서 비만의 원인이 된다.

무기질은 칼슘, 인, 나트륨, 칼륨, 철, 구리, 아연 등이다. 칼슘은 뼈나 치아의 성분이 되지만, 운동하는 정도에 따라 뼈에 축적되어 뼈를 강하게 하므로 운동이 중요하다. 철은 혈액 중의 혈색소의 성분으로, 몸 전체로 산소를 운반하는 중요한 역할을 담당하고 있다. 철이 부족하면 몸이 노곤하고 쉽게 피로해지는 증상이 나타난다. 철분은 우유나 생선살, 대두 등에 많이 함유되어 있으나 흡수율에는 차이가 있다. 시금치에 철분이 많이 있지만, 그 흡수율은 쇠고기의 20분의 1이다. 아연의 부족은 성장에 영향을 주는데, 특히 신장의 성장에 나쁜 영향을 주고, 피부염이나 탈모의 원인이 된다.

한편 어린이집과 유치원에서의 급식은 아동들의 성장기에 중요한 영양 공급원이 되고, 올바른 식생활 습관을 형성하는 중요한 경험이 되기 때문에 균형 잡힌 식단과 위생적인 관리가 매우 중요하다. 또한 아동은 운동량이 많아서 에너지의 필요량이 많지만 그에 비해 위의 용량이 적은 편이라 하루 세 번의 식사만으로는 충분한 칼로리를 섭취하는 것이 불가능하다. 따라서 반드시 간식이 필요하다. 간식으로서 하루 필요 칼로리의 5분의 1 정도를 주는 것이 적당하다.

간식은 에너지원의 보급으로서의 의미뿐 아니라 유아에게 기쁨과 즐거움을 준다는 의미에서도, 1일 2회 정도 주는 것이 적당하다. 시간과 양을 적당하게 정하고, 너무 달지 않은 것으로 소화가 잘되는 탄수화물이나 단백질을 주는 것이 좋다. 과일 등을 주는 것도 적당하다. 수분을 보충하는 것도 중요하지만, 주스나 우유에 치우치지 않게 물이나 보리차를 주는 것이 좋다.

어린이집에서 하루의 대부분을 보내는 3세 미만 아동에게는 식사, 배설, 수면 등의 기본적인 생활을 통한 건강의 중요성은 아무리 강조해도 지나치지 않다. 3세 미만은 발육이 매우 급속하게 이루어지는 시기이기 때문에 여러 면의 발육에서 세심한 주의를 기울여야 한다.

3) 사고의 예방과 안전에 대한 대책

영유아기부터 성인에 이르기까지 가장 큰 사망의 원인은 '불의의 사고'를 들 수 있다. 아동의 사고를 예방하는 것은 성인의 책임이고, 이를 위해 매일의 안전관리 방식에 관심과 노력을 기울이는 것은 매우 중요한 일이다. 사고의 예방과 안전관리에는 두 개의 원칙이 있다.

① 아동을 둘러싼 환경에서 아동의 안전을 확립해야 하는 안전관리

② 아동에게 위험에 대한 인식과 안전의 습관이나 태도를 몸에 익히게 하는 교육이다.

다음에서 내용을 살펴보자.

(1) 보육환경의 안전관리

미국 질병통제예방센터(Centers for Disease Control and Prevention: CDC)에서 제시한 가이드라인인 '아동의 건강과 안전을 지키기 위한 ABC'의 사고 예방 개요를 참고하면 다음과 같다(https://www.cdc.gov).

아동의 건강과 안전을 지키기 위한 ABC

- **유치원이나 어린이집에서 아동을 돌려보낼 때**
  데리러 오는 사람의 파일(이름, 주소, 전화번호)을 만든다. 문서에서 부모의 승인을 얻은 사람한테만 보내준다(유아 유괴를 방지하기 위해).

- **유치원 또는 어린이집에서 버스나 자동차를 타고 내릴 때**
  함께 타는 교사는 차에 올라타서 아동이 제대로 안전벨트를 묶었는지를 확인한다. 또한 함께 타는 교사는 아동이 차에서 나올 때는 차도에 나가는가에 주의한다. 함께 타는 교사는 차량을 떠나기 전에 아동 전원이 내렸는가를 확인한다.

- **보육환경에 관한 배려**
  유치원 혹은 어린이집에서는 아동의 손이 닿는 범위에 있는 전기의 차단구에는 아동의 손으로 열리지 않는 커버를 부착한다.
  유치원 또는 보육시설의 난방에서, 화상이나 화재예방의 관점에서, 이동 가능한 석유스토브나 가스스토브를 사용해서는 안 된다. 대체로 사용할 수 있는 전기스토브는 아동들의 손에 닿지 않는 장소에 방호벽을 하고, 커튼, 지류, 가구에서 적어도 1미터 떨어져야 한다.

유치원이나 보육시설에서 아동용 풀장, 놀이터는 지면과의 간격이 10센티미터 정도 높이에 1.2~1.5미터 이상의 펜스나 자연의 벽으로 둘러싸여야 한다. 또한 세균이나 바이러스로부터 감염이 염려되기 때문에 휴대용 비닐은 사용해서는 안 된다. 풀의 수온은 27.8~33.8도를 유지한다.

- 원 밖에서 보육할 때

  오전 10시~오후 2시는 원 밖에서의 보육활동시간을 제한한다(자외선이 많기 때문).

  유아의 탈수나 일사병 등의 예방을 위해 원외에서 놀고 있는 동안에는 음료수를 준비해 둔다.

  해로운 자외선으로부터 아동을 지키기 위해 원외에서 장시간 태양광을 쏘일 때는 모자, SPF 15 이상의 자외선 차단제, 긴 소매와 바지, 선바이저 등으로 아동을 지킨다.

(2) 0세 영아의 사고와 안전관리

영아는 아장아장 걷기 전까지는 거의 침대나 요 위에서 생활하고 있기 때문에 7개월까지는 거의 사고를 보기 어렵다. 이 시기 사고의 대부분은 수동적인 상태에서 일어나고, 자신의 움직임으로 발생하는 경우는 드물다. 7개월경까지의 사고의 종류는 '질식'이 압도적으로 많다. 사례는 '수유 후 가스배출'을 시키지 않은 경우, 깨진 장난감, 동전, 구슬을 삼키는 것 등 사소하게 여기는 이물질을 잘못 삼키는 사고가 자주 발생한다.

영아는 자신이 본 물건, 만진 물건은 뭐든지 입으로 가져가는 특성이 있다. 따라서 집단으로 보육하는 경우 가정에서의 1대1 관계와는 다르므로 놀잇감의 선택이나 놀잇감의 점검과 관리에 특별히 신경 써야 하고, 환경에 대한 교사의 충분한 배려가 있어야 한다.

또한 수면 시에도 관찰에 소홀하지 않도록 주의해야 한다. 수면 확인에 관한 체크리스트를 작성하고, 보육시설 내부에서 수면 중 안전 확보의 증명을 남기도록 이를 의무사항으로 만들어 두는 것이 바람직하다.

표 12-2 영아돌연사증후군 예방을 위한 체크리스트

주요 수칙	세부 점검사항
영아의 건강을 체크한다.	• 영아들의 건강상태가 양호한지 확인한다.
	• 평소 허약하거나 최근 병원 진료를 다녀온 영아가 있는지 확인한다. ※ 현재 감기나 호흡기질환, 기타 질환이 있는 영아는 특별히 주의해야 함.
등을 대고 똑바로 눕혀 재운다.	• 엎드려 자거나 옆으로 누워 자는 영아가 있는지 확인한다.
영아 주변에 숨이 막힐 수 있는 물건을 설치하지 않는다.	• 영아의 주변에 부드러운 물건 및 인형, 느슨한 이불, 베개 등은 없는지 확인한다.
적정한 수면환경을 조성한다.	• 적절한 실내 온도(22~23도)를 유지한다.
	• 어린이집 주변에 흡연자가 있는지 확인한다.
	• 영아 관찰이 쉬운 조명, 안전거울, 문의 투명창 등을 설치한다.
	• 영아 낮잠 시 반드시 보육교사가 상주하여 관찰하며, 자리를 비울 시에는 동료 보육교사에게 인계한다.

참고: 한국보육진흥원(2015). p. 298 재인용.

아동이 아장아장 걷기 시작하면 행동범위가 넓어지는데 훈육을 시작해야 할 시기일 뿐 아니라 안전교육을 해야 하는 시기이기도 하다.

1세 가까이 되어 기어 다니거나 걸어 다니기 시작하면 아동의 행동은 항상 아슬아슬하다. 그래서 언어가 충분히 통하지는 않아도 자주 큰 소리로 '위험해', '안 돼'라고 소리를 지르는 경우가 많다. 그러나 이런 금지의 언어도 항상 사용하게 되면 효과가 없어진다.

이즈음의 아동에게는 위험한 이유를 알려 주면서 교육하는 것이 바람직하다. 예를 들어, '안 돼'에 이어서 '위험하기 때문이야', '다치면 아프지' 등과 같이 한 가지씩 더하는 것도 중요하다.

이처럼 영아기의 안전관리 책임은 전적으로 보호자나 교사에 달려 있고, 안전한 환경, 환경 구성에 대하여 세심한 주의가 필요하다. 아동의 안전에 대한 자질을 키워 주는 것은 물론이고, 보호자에 대한 안전교육과 계몽활동도 병행하는 것이 필요하다.

(3) 1세 영아의 사고와 안전관리

1세 영아는 걷기 시작하기 때문에 현저하게 행동범위가 넓어지면서 탐구심이 강해지고 어떤 물건에나 손을 내민다. 그러나 신체 움직임의 기능은 매우 미숙하고, 무엇이 위험한지 그 이유가 무엇인지 이해도 잘 안 된다. 이러한 특징 때문에 1세 영아의 사고발생률이 가장 높다.

보행이 안정되면서 보육시설의 생활은 간식 → 수면 → 식사 → 놀이 → 수면으로 하루 두 번 수면이 이루어지도록 되어 있다. 걷기 시작하면 육체적·정신적으로 상당한 에너지가 소모된다.

많은 경우 이 시기에 충분한 수면이 이루어지도록 환경을 배려해 준다면 사고도 예방이 된다.

보행이 자유로워지면서 사고의 종류는 '추락', '전도', '추돌'이 많아진다. 또한 욕조에서의 익사나 교통사고도 있다. 이 가운데 추락사고의 내용을 보면 '계단에서' 가장 많고, '창문에서'가 그 뒤를 잇고 있다. 계단이 없는 경우에도 1세아는 행동 특성상 다양한 장소에 올라가는 것을 좋아한다. 예를 들어, 의자를 사용하여 테이블에 올라가서 추락하는 경우 등이다.

또한 운동능력이 생기기 시작하는 시기에 활동과 운동신경의 미숙함으로 넘어지는 사고가 발생하는 경우가 많다. 넘어지는 장소는 방 안이 압도적으로 많다. 그러나 안전관리를 아무리 중시한다 해도 비품이나 생활용품 등 모든 가구의 모서리를 둥글게 하는 것은 불가능한 경우가 많다. 또한 전도사고를 염려하여 야외활동을 안 한다든지, 소극적이 되는 것은 아동의 성장발달을 방해하게 된다.

또 이즈음에는 아동들의 '깨물기'가 가장 많아진다. 놀잇감을 빼앗거나 부딪치고, 사이좋게 놀다가 갑자기 깨물기도 한다. 원인은 에너지 발산이 부족하거나 놀이공간이 협소하기 때문인 경우도 있는데, 이럴 경우에는 에너지의 발산과 충분한 수면과 휴식을 위한 넓은 공간이 확보되어야 한다.

(4) 2세 이상 아동의 사고와 안전관리

영아기에는 본격적인 교육은 불가능하지만, 성장함과 더불어 안전교육의 효과를 기대할 수 있다. 영아기의 정신적 특징 가운데는 선천적인 공포의 기제가 있다. 안전에 대한 교육은 위험물과 이

공포심을 연결하는 것에서 시작한다.

3세 미만의 아동은 대근육의 발달이 충분하지 않기 때문에 사고에 대한 인식이나 방어능력이 떨어지고, 많은 행동에는 위험이 내포돼 있다. 그러나 2세가 지나면 성인의 언어를 이해할 수 있기 때문에 위험한 것에 대해 위험의 정도를 언어나 몸놀림, 손놀림의 표현으로 알려 주는 것이 중요하다.

아동이 언어를 습득하여 가는 과정에서 보육시설에서 최초로 습득하는 언어가 '안 돼요'와 '그만' 등의 금지어가 가장 많다고 한다. 그것은 1세부터 2세 아동의 보육에서 얼마나 위험한 행동이 많고, 무방비한 상황에 있는가를 알 수 있게 해준다. 2세 이상의 나이가 든 아동에게는 나이에 대응하여 차츰 본격적인 안전교육을 실시하는 것이 좋다.

4) 안전교육, 시설의 안전관리와 점검

보육시설뿐 아니라 사회복지시설은 자기판단능력이 부족한 약자를 맡아 돌보고 있다는 특징을 가지고 있다. 따라서 설비나 소재에 대한 기준이 엄격하게 되어 있고, 그곳에서 지도하는 직원의 최대한의 배려가 무엇보다 중요하다. 또한 보육서비스의 질을 보장하는 첫째 조건이 조직 내에서 건강과 안전에 대한 문제의식을 공유하는 것이라는 점을 인식하는 것이 중요하다.

아동의 사고예방대책의 기본은 안전관리체제를 갖추는 것을 기본으로 하여, 연령에 대응하는 교육내용과 방법을 통해 아동을 교육하는 것이다. 4, 5세 아동에게는 그림책이나 안전교육을 위한 방송녹화자료(CD, 비디오, DVD 등)를 활용하여 설명하거나, 구체적 현장에서 실제 장면에 적합한 안전행동을 체험하고, 이를 이해시키는 교육이 중요하다.

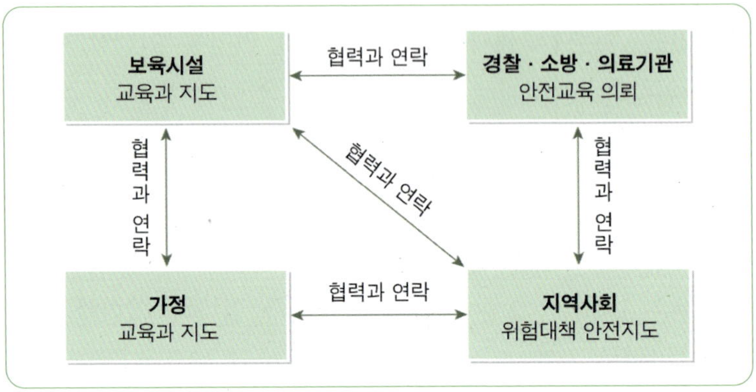

그림 12-1 **보육시설을 중심으로 한 안전교육의 연결관계**

(1) 안전에 대한 교육

아동의 안전교육은 보육시설에서만 이루어지는 것이 아니라, 가정의 교육을 포함하여 지역사회나 관계기관과의 연락도 중시할 필요가 있다. 개별적인 환경으로서의 가정과, 집단으로 생활하는 보육시설에서 아동은 위기에 대한 인식과 판단이 다른 경우가 많이 있다. 이러한 이유 때문에 보육시설에서는 그림 12-1과 같은 관계를 구축하여 아동을 사고로부터 지키고, 아동 자신이 안전의식을 획득하여 건강하게 자랄 수 있도록 안전교육의 환경을 정비하는 것이 중요하다.

(2) 안전에 대한 환경과 체제의 정비

안전한 보육환경에는 시설 및 설비와 같은 물리적 환경뿐만 아니라, 원장과 교사가 영유아의 일상생활 전반에 걸쳐 안전하게 지낼 수 있도록 보호하는 것까지도 포함된다. 따라서 원장과 교사는 영유아가 놀잇감을 안전하게 사용하며 또래와 안전하게 놀이할 수 있도록 지도하고, 항상 성인의 보호 아래 있도록 하며, 영유아를 안전하게 부모에게 인계하여야 한다. 또한 다양한 안전교육과 정기적인 소방훈련을 통해 영유아와 보육교직원 모두 위험 상황에 적절히 대처하는 방법과 사고를 예방하는 지식 및 태도를 기를 수 있도록 해야 한다(한국보육진흥원, 2015).

우리나라의 보육시설 평가에서는 보육시설이 갖추어야 하는 시설 설비의 기준과 안전관리에 대한 내용을 제시하고, 이를 기본사항으로 반드시 지키도록 하고 있다.

비상사태를 대비한 안전시설 및 설비와 대처 방안과 관련하여 지켜야 할 요소는 다음과 같다.

- 소화시설: 소화기, 스프링클러, 간이 스프링클러
- 경보설비: 비상경보시설, 자동화재탐지설비, 자동화재속보설비, 가스누설경보기 등
- 피난설비: 비상구, 비상계단 또는 영유아용 미끄럼대, 피난구, 유도등 등
- 소화기
  - 층마다 최소 1개씩 갖춰져 있어야 하며, 눈에 잘 띄는 곳에 비치한다.
  - 소방약제가 충분하고, 압력이 정상 범위 내에 있도록 관리한다.
- 유도등
  - 비상시 어린이집 내 모든 유도등이 정상적으로 작동하도록 관리하여야 한다.

- 비상구
  - 비상구는 잠그지 않거나 평소 잠가두어도 잠금장치가 안쪽에 있어 성인이 쉽게 열 수 있어야 한다.
  - 비상구나 비상계단을 교구장으로 막거나 통로 등에 짐을 쌓아두는 경우 등은 바람직하지 않다.
- 보육교직원은 대피시설과 설비를 바르게 작동하는 방법을 숙지하는 것이 바람직하며, 실습 등을 통해 소화기 등 소화설비를 작동시키는 방법을 알고 있어야 한다.

  어린이집에는 화재 등 비상상황에 대한 대처방안이 마련되어 있으며, 보육교직원은 자신의 역할과 대처방안을 숙지하여야 한다.
- 비상시 긴급하게 연락할 수 있는 전화번호(소방서, 구조대, 파출소, 병원이나 보건소 등), 응급전화를 걸 때 말해야 할 주요 내용(간략한 사고 내용, 어린이집의 이름과 위치 등), 이외 비상시 연락해야 할 어린이집 보육교직원의 비상연락망, 보호자의 연락처 등이 전화기 옆에 게시되어 있는 것이 바람직하다.

MEMO

Chapter 13

보육의 과제와 미래의 전망

1. 아동을 어떻게 바라보아야 할 것인가?
2. 보육을 둘러싼 당면 과제들
3. 보육의 질 향상에 대한 지속적 요구
4. 글을 맺으며

아동이 성인이 되는 미래의 시점에도 현재의 사회가 같은 모양으로 존속하게 될 것이라면, 교육의 목적은 성인사회의 필요에 의해 결정되어야 할 것이다. 그런 경우 교육의 목적은 문화의 전달이다. 직업도 지위도, 부모가 아동에게 물려주는 것이 된다. 아동은 가능한 한 빨리 성인사회에 참여하여 장래 필요한 지식이나 기능을 실제로 배워야 할 것이다. 실제로 그것은 루소의 시대에 수백 년에 걸쳐 이루어졌던 교육의 방식이었다.

그러나 우리가 지금 기르고 가르치고 있는 아동들은 어쩌면 우리가 한 번도 경험해 보지 못했던 새로운 세상에서 살아가게 될지도 모른다. 과연 이들을 어떤 시각으로 바라보고, 무엇을 가르쳐서 그들이 살아가는 세상에 적응하고, 창조하고, 이끌어 가는 사람으로 자라게 할 수 있을까?

이 장에서는 보육의 과제와 미래의 전망에 대해 예측해 보고 보육의 나아갈 방향을 생각해 봄으로써 이 책을 맺고자 한다.

1 아동을 어떻게 바라보아야 할 것인가?

1) 아동기의 실종

20세기는 '아동의 세기'라고 하였듯이 잊힌 아동기에 대한 반동으로 아동에 대한 연구가 활기를 띠었다. 여성과 마찬가지로 사회의 피지배 집단에 속해 있던 아동의 권리에 대해 눈을 돌리게 된 것이다.

그러나 과거에 아동기가 잊혀졌다면 현대는 아동기가 실종되었다고 하는 또 다른 문제를 제기하고 있다. 아동이 나름대로 스스로 고유의 성장을 하지 못하고 성인세계에 곧장 진입한다는 것이다. 한 살이 되면 성인의 필요에 의해 고안된 보육시설 등의 교육기관에 들어가 사회체계를 배우고 적자생존의 사회상을 접하게 된다.

또한 현대에 들어와서 아동의 능력에 대한 많은 연구가 성과를 얻게 되면서, 그 결과 아동은 우리가 지금까지 생각한 것보다 많은 능력을 지닌 존재로 인식되게 되었다. 이러한 인식이 불행하게도 아동기의 실종을 더욱 부채질하는 결과를 빚었다고 할 수 있다. 많은 학자들이 아동에 대해 많은 것을 밝혀 주었으나 부모들은 그들의 의견을 달리 해석하여 자녀에게 무리한 요구를 하게 된 것이다.

그리하여 부모들이 자녀에게 과잉으로 자극을 주려 하는 나머지, 진정한 아동기를 누리며 성장할 권리를 빼앗고 있다. 즉, 아동이 자신의 고유한 시기에 누릴 것을 누리지 못하고, 아동기 동안 아동일 수 있는 권리마저 빼앗기는 아동기의 실종 현상을 나타내는 것이 현 사회의 하나의 신드롬이 되고 있다.

아동기의 소멸이라고 하는 새로운 시대에서 누가 아동의 보호와 양육의 책임을 질 것인가? 이 중요한 물음이 우리 앞에 놓여 있다.

근대사회는 세 개의 장치에 의해서 아동을 보호하고, 양육하는 것이 가능하였다. 첫 번째는 지역공동체이고, 두 번째는 가족이고, 세 번째는 학교였다. 그러나 이 세 장치는 여러 가지 원인에 의하여 아동에 대하여 감당하던 보호와 양육의 기능이 쇠퇴하거나 약화되었다.

가장 먼저 해체된 것은 지역공동체였다. 그 변화는 동네 마당에서 놀던 아이들이 점차 공원의 놀이터로, 다시 공원의 놀이터에서 아이들이 노는 모습이 사라져 가고 있는 것에서 볼 수 있다. 그 다음은 가족의 교육기능이 해체되었다. 거기다가 현재 학교의 교육기능 쇠퇴문제가 더해지고 있다. 유아교육·보육의 미래는 아동의 보호와 양육의 책임을 담당할 새로운 공동체의 네트워크 만들기로부터 시작되어야 할 것이다.

2) 아동의 최선의 이익

다른 경제 선진국과 같이 우리나라도 이미 아동의 환경이 복잡하게 변하고 있다. 한국 사회에 이미 나타나고 있는 기혼 여성의 사회진출, 출산율 저하, 고령화 사회의 도래, 국제화, 정보화는 이미 상당히 진전되어 있는 상태이다.

또한 가정의 양육기능이 축소되고 가족의 인간관계가 점점 소원화되는 현상은 교육기관에 대한 기대를 더욱 확대하고 있다. 사회에 적응하고 이바지할 수 있는 민주시민을 육성하고, 더불어 살아가는 심성을 키우고자 하는 내용을 교육기관에 더 많이 기대하게 된다. 대상도 영유아기에서 시작하여 점점 저연령화되고 있다.

아동권리가 확대되는 또 다른 한편에서는 보호자로서 다양한 욕구를 실현하고자 하는 성인의 권리도 확대·전개되고 있다. 겉으로는 양측의 의사가 상반될 가능성이 있는 것도 사실이다. 영유아교육기관에서의 교육시간의 연장, 야간보육, 영아보육은 경우에 따라서는 아동의 의사표명권을 보장하는 것이라고 볼 수 없다. 아동의 권리를 보장하면서 동시에 부모의 다양한 욕구에 대응하고 남녀가 함께 참여하는 사회를 실현하기 위하여 여러 가지 노력이 앞으로 이루어져야 하는 실정이다.

국제연합의 '아동의 권리에 관한 조약'(1989)에 규정되어 있듯이 아동을 기르는 책임은 일차적으로는 보호자에게 있다. 동시에 사회(행정, 지역사회, 민간조직)는 아동의 권리를 보장하기 위하여 부모를 지원할 책임이 있다.

모든 교육과 보육의 기본적인 자세는 아동의 이익이 최대한 존중되도록 배려하는 것이다. 이것을 대전제로 양육환경을 정비하고 사회 전체가 양육을 지원하는 시스템을 구축하는 방향으로 나아가야 할 것이다.

2 보육을 둘러싼 당면 과제들

1) 보육수요의 다양화와 저출산에 따른 다양한 보육서비스의 요구

최근 핵가족화나 라이프스타일의 변화, 여성취업의 확대, 취업형태의 변화 등을 반영하여 보육수요는 다양화되고 있고, 수요의 변화에 대응하기 위한 새로운 보육사업이 점차 정비되고 있다. 보육시설은 필요한 때 이용 가능하고, 이용자의 시점에 서서 서비스를 제공할 수 있도록 체제를 정비할 필요성이 제기되고 있다. 이미 선진국의 공보육 체계는 부모들의 다양한 요구에 부응하여 다양한 선택지 가운데 처지와 선호에 맞는 방법으로 자녀를 양육하도록 배려하고, 이를 지원하는 방향으로 나아가고 있다.

우리나라도 최근에 경제상황의 악화가 보육의 세계에도 영향을 주게 되었다. 사람들의 라이프스타일만 보아도 그 다양성을 알 수 있다. 결혼의 여부, 정규채용취업의 여부, 아동출산의 여부, 직장복귀의 여부 등 사람들의 라이프스타일의 다양성이 우리 생활의 주변에서 확대되고 있다. 이러한 가운데 다양한 사람들의 보육욕구를 충족하기 위하여서도 다양한 보육형태를 구축하는 적극적인 자세가 요구되고 있다. 어찌 됐건 현실은 점점 각박하게 되고, 이들의 보육 요구는 충분하게 충족되고 있지 못하다.

따라서 우리나라 보육정책의 방향도 보육시설의 수용 역량을 확보하여 두는 것과 함께 다양한 수요에 세밀하게 대응할 수 있는 보육서비스의 선택지를 준비하는 것이 요구된다. 최근 보육정책에서도 '공보육 기반 조성, 부모의 육아 부담 경감, 다양한 보육서비스 제공, 아동 중심의 보육환경 조성, 보육서비스 관리체계 강화' 등 이용자의 다양한 수요에 대응하는 보육서비스를 기본 방침의 하나로 두고 있다. 이 안에서 보육서비스의 질을 정비하는 보육정책을 진행하고 있다.

2) 21세기 보육의 키워드 '건강과 안전'의 확보

우리나라는 최근에 건강과 안전에 관한 법적 조항을 늘리면서 보육시설에서의 안전문제 등에 관하여 다양한 제도적 보완을 하고 있다.

21세기 보육시설의 과제 중 하나는 보육현장에서 필요한 아동의 건강이나 안전을 위한 철저한 대응이다. 또한 응급처치 등 안전교육에 대한 내용을 숙지하고 신속하게 대응하는 것의 중요성도 제기되고 있다.

최근 들어 먹거리의 중요성이 더욱 강조되고 있는 시대다. 많은 아동은 최근 충분한 조식을 먹지 않고 등교하므로 건강을 해치는 사례가 적지 않다고 보고되고 있다. 그렇기 때문에 보육시설의 급식문제도 더 중요해지고 있다. 보육시설의 식사를 충실하게 하기 위해서는 지역의 보건소, 의료기관, 학교나 사회교육기관, 지역의 상점이나 급식산업, 게다가 지역의 영양, 실생활에 관한 인재나 직종의 연계와 협력을 얻는 것도 중요하다.

3) 장애아동에 대한 보육기회의 확대

장애가 있는 아동에 대해서는 특히 의료기관이나 치료기관과의 연락이 필수적이다. 장애교육이나 치료 전문가들을 통해 전문적인 대응이나 지식, 기술을 배우는 것이 필요하고, 보육시설에서 하루하루의 아동의 모습을 전달하는 정보교환을 통해 아동의 이해를 깊게 하는 것이 중요하다. 또한 장애통합에 대한 사회적 요구를 반영하고, 이의 요건을 강화하는 방향으로 나아가는 일도 더욱 중요해지고 있다.

4) 학대예방에 관한 노력

학대방지는 최근 긴급한 교육의 과제이다. 보육현장에서는 부적절한 양육이나 학대 등의 의심이 있는 아동이나 위험군의 아동을 발견할 때는 신속하게 지자체의 관계기관(보건소, 아동복지센터) 등에 연락하는 것이 필요하다. 또한 경우에 따라서는 아동상담소에 연락하여 조기에 아동을 보호하거나 보호자에 대한 대응이 이루어지는 것이 중요하다. 게다가 지방자치단체가 설치한 각종 지역사회 육아지원센터에 보육시설이 적극적으로 참여하고 협력하는 것도 요구된다.

5) 지역교류와 정보공개 책임

(1) 지역사회와 교류

보육시설은 지역에 열려진 사회자원이다. 그러므로 지역의 사람들이나 여러 기관과 연락하는 것이 필요하다. 그뿐만 아니라 다음 세대의 지원을 위해서나 세대 간 교류라는 차원에서도 초중학교의 학생들을 자원봉사자 등으로 받아들이고, 고령자와 교류하도록 하는 사업이 전개될 필요가 있다.

(2) 정보의 공개

보호자나 지역사회에 대한 보육교사의 설명 책임이다. 보육시설은 보육의 내용에 관한 사항 등에 대하여 정보를 공개하고, 보호자가 적절하게 이용 가능하도록 규정되어 있다. 일방적인 '설명'이 아니라 알기 쉽게 반응적인 '설명'이 이루어지는 것이 바람직하다. 보육의 장면이나 시설을 공개하고 보육의 내용에 대해 함께 나누는 것은 시대적 요청이고, 이에 대한 교사의 전환적인 사고가 요구되는 시점이다.

보육시설의 평가에 대해서는 보육교사 한 사람 한 사람의 자발적인 자기평가를 기반으로 직원 전원이, 공통의 이해를 하고 대응해 가는 것이 요구된다. 우리나라는 2005년부터 보육시설 평가인증제도가 시행되고 있는데, 그것을 통해 보육시설의 조직성이나 직원의 의식이 높아지고, 보육의 질적 향상으로 이어지는 것이 기대된다.

6) 재해 발생 시의 대응

최근 들어 화재나 불의의 사고가 자주 발생하고 있다. 그러한 상황 가운데 보육시설 내외의 사고 발생, 재해 발생이나 재해 훈련 혹은 불량자의 침입 등의 사고에 대비하여 상시에 보호자, 이웃주민, 지역의 의료기관이나 보건소나 경찰, 소방서 등과의 밀접한 협력이나 지원에 관한 연락체제를 정비해 두는 것이 필요하다.

7) 다문화, 국제화에 대응하는 보육의 과제들

21세기를 맞이한 한국에서는 국제화가 다양한 방면에서 진전되고 있다. 수도권의 도시뿐 아니라 농어촌에서도 관광객만이 아니라 그 지역에서 생활하고 있는 외국인의 모습을 보는 것은 드문 일이 아니다. 이와 관련하여 부모가 외국 국적인 아동이나 탈북자녀 등 다문화 환경에서 자란 아동이 한국에서 생활하는 경우가 증가하고 있다.

한국에 이러한 국제화의 시대가 오면 다음과 같은 문제가 예상된다. 하나는 상호작용의 어려움, 결국 언어의 문제이다. 둘째는 외국인의 자녀를 받아들이는 경우 종교나 문화적 관습에 관한 배려사항을 들 수 있다. 지금처럼 국제화가 진전되고 있다면 아동이 한국어를 이해하지 못하거나 부모가 한국어를 이해하지 못하는 사례도 보육현장에서 볼 수 있다고 지적하고 있다. 이 경우 교사에게 시간과 노력이 필요한 일이지만, 교사가 먼저 아동이나 부모와 상호 교류의 장을 만들기 위해 노력하는 일이 필요하다.

8) 예비부모교육의 중요성

최근의 신문기사에는 '아동학대' 등에 관한 사건이 자주 보도되고 있다. 그뿐만 아니라 아동상담소에서 아동학대의 상담처리 건수는 급증하고 있으며 다양한 측면에서의 아동학대가 사회문제가 되고 있다. 또한 출생아수의 감소는 매년 진행되고, 인구구성의 감소는 국가의 장래의 모습을 좌우할 정도로 심각한 문제가 되었다. 지금부터 여러 문제에 대한 예방대책의 하나로서 '예비부모교육'의 중요성이 점차 지적되고 있다. 특히 최근에 적극적으로 '예비부모교육'을 추진하는 것을 강하게 제언하고 있다. 학교교육에서 '부모교육'은 과거에 '가정과 교육'의 보육 영역이 주로 담당했다. 그러나 이후는 '저출산'에 대한 대응이나 '아동학대' 등의 왜곡된 부모·자녀관계 예방 등 사회적 요청을 받아들여 '부모체험학습' 등을 기대하고 있다. 이런 의미에서도 현재 '부모교육'은 시대의 요청에 부응하는 것으로 새로운 인재개발과 학문적 심화를 위한 노력이 요구되고 있다.

3 보육의 질 향상에 대한 지속적 요구

최근 보육의 질에 대한 다양한 논의가 진행되고 있는 가운데 평가제도가 실행되고 있다. 2005년부터 시행된 평가인증은 보육시설의 질적 향상을 위해 확실히 이바지한 바 있고, 그 외에도 더욱 효율적이면서 본질적인 질적 향상을 위한 시도와 연구가 이어지고 있다. 아울러 보육의 질을 보장하는 가장 중요한 방법의 본질로 교사에 대한 처우개선과 질 높은 교사양성을 위한 교육적 관심에 대한 논의가 한창이다. 특히 보육교사의 인성과 관련된 관심과 요구는 교사양성교육에 대한 보다 강화된 요구를 반영하고 있다. 결과적으로 2017년 시행되는 교사양성제도의 개선은 교사로서의 인성을 갖추기 위한 인성교육의 중요성을 강화하고, 이를 교사교육의 기본 전제로 제시하고 있다. 이러한 교사에 대한 다양한 사회적 요구는 앞으로도 계속될 전망이다.

또한 보육을 배우는 학생의 자각을 통하여 교사교육의 근간을 세우는 논의도 많이 이루어지고 있다. 대학에서 배운 지식이나 보육실습의 경험은 사회인이 되어 현장에서 일하는 경우 중요한 규준이 되고, 실천의 근간이 되는 것은 말할 필요도 없다. 그러나 그러한 지식이나 경험만으로는 보육이나 유아교육의 실천 현장에서 충분하지 않다. 사회인이 되고 나서 진정한 학습이 또다시 시작되는 것을 인식하지 않으면 안 된다. 또한 언뜻 보기에 보육과 무관한 일반적인 교양도 현장에서의 보호자나 다양한 관계자와 교류할 때 필요한 경우가 많다. 보육을 더욱 깊게 하기 위해서는 다양한 보육강좌나 세미나에 적극적으로 참가하고 보육에 관한 최신의 지식을 흡수하는 것도 유의미한 일이다. 그 지식을 다시 현장에서 피드백한다면 보육이 더욱더 깊어질 뿐 아니라 아동들에게도 더욱 행복한 보육이 될 것이다.

4 글을 맺으며

근대 '아동기'의 발견은 루소의 '에밀'에 나타나 있듯이 아동의 '자연'을 발견하는 것으로서, '자연'이라는 이념으로 보편화하였던 '아동기의 발견'이었다. 그의 이념과 실태가 해체되어 가고 있는 현재, 고유성을 가진 구체적인 아동을 재발견할 필요가 있다.

지금의 3세 아동기는 3세의 인생을 충실하고 행복하게 살아가는 것도 아니고, 장래의 인생을 행복하게 살아가는 것을 보장받는 것도 아니라고 생각한다. 아동 한 사람 한 사람은 성인과 같이, 인생의 지금 현재를 자유롭게 창조하며 충실하게 살아갈 권리를 갖고 있다. 그 권리를 실현하는 것이, 보육·교육의 제일의 목적이 되어야 한다.

아동을 성인과 마찬가지로 창조성을 발휘하고 배우면서 살아가는 능력을 갖춘 존재로 재인식하는 것이 오늘날 필요하다. 무엇보다도 아동 한 사람 한 사람의 존엄성을 재인식할 필요가 있다.

아동보육·유아교육의 미래를 '배움의 공동체' 만들기에서 찾고자 하는 실천은 실험적이지만, 몇몇 공사립 유치원과 어린이집, 연구기관, 공동육아기관 등에서 전개되고 있다.

미래를 준비하는 영유아교육은 아동들의 존엄과 발달하는 권리를 보장하고, 부모와 시민과 교사의 연계를 통해 '내 아이만의 양육'에서 벗어나 부모와 아동과 교사를 해방하는 것이어야 한다. 그리고 아동의 현재와 미래를 지지하는 새로운 '보육·교육 공동체 만들기'를 향해 나아가야 할 것이다.

부록

「영유아보육법」

어린이집의 운영기준

개정 2020. 9. 10. 어린이집의 운영기준(제23조 및 제34조 관련)

1. 명 칭

가. 어린이집의 명칭은 "○○어린이집"으로 한다.

나. 이 명칭은 국공립어린이집이나 특별자치도지사·시장·군수·구청장의 인가를 받아 설치되는 어린이집만 사용할 수 있으며, 동일한 시·군·구에서는 동일한 명칭을 사용할 수 없다.

다. "○○어린이집"이라는 명칭 외에 다른 기관으로 오인할 수 있는 별도의 명칭을 표기하거나 병기하여서는 아니 된다.

2. 어린이집의 운영

가. 반 운영

1) 어린이집은 같은 연령의 영유아로 구성된 반을 운영해야 한다. 다만, 보육과정의 운영상 필요한 경우에는 보건복지

부장관이 정하는 바에 따라 서로 다른 연령의 영유아로 구성된 반을 운영할 수 있다.

2) 어린이집은 가능한 한 2세 미만 영아반, 2세 영아반과 3세 이상 유아반을 동시에 운영해야 한다. 다만, 장애아가 있는 경우에는 장애아만으로 구성된 반을 운영할 수 있다.

3) 법 제24조의2제1항에 따라 보육시간을 구분하여 운영하는 경우 에는 보육시간별로 반을 구분하여 운영할 수 있다.

나. 어린이집 이용신청자 명부의 비치: 어린이집의 원장은 신청순위에 따라 별지 제17호의2서식의 이용신청자명부를 비치하여 이를 열람할 수 있도록 하여야 한다.

다. 어린이집의 운영일, 운영시간 및 보육시간

1) 어린이집은 주 6일 이상, 하루에 12시간 이상 운영하여야 한다. 다만, 보호자의 근로시간 등을 고려하여 보호자 및 그 영유아에게 불편을 주지 않는 범위에서 어린이집의 운영일 및 운영시간을 조정하여 운영하는 경우로서 어린이집의 원장이 미리 영유아의 보호자에게 동의를 받은 경우에는 그러하지 아니하다.

2) 어린이집은 천재지변이나 감염병의 발생 등 어린이집을 정상적으로 운영할 수 없는 등 정당한 사유 없이 휴원(休園)하여 영유아 및 부모에게 심한 불편을 주어서는 아니 된다.

3) 어린이집은 기본보육 시간을 하루 7시간으로 운영해야 하고, 연장보육 시간은 보건복지부장관이 정하는 바에 따라 기본보육 시간이 종료된 후부터 운영해야 한다.

라. 운영규정: 어린이집의 원장은 조직·인사·급여·회계·물품, 그 밖에 시설의 운영관리에 관하여 필요한 규정을 제정·시행하여야 한다.

마. 보육료 수납: 어린이집의 원장은 보육 영유아의 보호자 등이 보육료를 낼 수 있도록 보육료 납부 통지를 하여야 한다.

바. 비용의 지출

1) 어린이집의 지출은 계좌 입금 또는 신용카드를 사용하는 것을 원칙으로 한다.

2) 국공립어린이집, 법인어린이집 등 보육교직원의 인건비를 지원받는 어린이집의 원장은 해당 보육교직원의 인건비를 지급할 때에 보건복지부장관이 정하는 보육교직원 봉급표를 기준으로 지급하되, 지방자치단체에서 따로 지급하는 교사 처우개선비, 건강보험료 등을 추가로 지급하여야 한다.

3) 보육교직원 인건비의 지급은 반드시 계좌 입금하여야 하며 보육교직원에게는 봉급명세서를 발급하여야 한다.

4) 어린이집의 비용 지출에 관하여 이 규칙 및 보건복지부장관이 별도로 정한 바가 있는 경우를 제외하고는 「사회복지법인 및 사회복지시설 재무·회계 규칙」을 따른다.

사. 보험(공제)가입

1) 어린이집의 원장은 법 제31조의2에 따라 어린이집 안전공제회(이하 "공제회"라 한다)에 가입하고 영유아의 생명·신체에 대한 피해를 보상하기 위하여 공제회에서 정한 공제료를 납부하여야 한다.

2) 어린이집의 원장은 어린이집의 재산상의 피해를 보상하기 위한 공제료를 공제회에 납부할 수 있다.

3) 어린이집의 대표자는 보육교직원을 위하여 「국민연금법」에 따른 국민연금, 「국민건강 보험법」에 따른 건강보험, 「고용보험법」에 따른 고용보험 및 「산업재해보상보험법」에 따른 산재보험에 가입하여야 한다.

4) 어린이집의 대표자는 어린이집에서 차량운행을 하는 경우 자동차보험에 가입하여야 한다.

아. 장부 등의 비치

어린이집에는 다음의 장부 및 서류를 갖춰 두어야 한다(전자적 방식으로 확인이 가능한 경우 전자문서로 보존할 수 있다). 다만, 상시 영유아 20명 이하인 어린이집으로서 어린이 집의 원장이 보육교사를 겸임하는 어린이집의 경우에는 1)·3)·4)·5)·6)·8)·9)·11) 및 12) 외의 장부 및 서류(전자문서를 포함한다)는 갖춰 두지 아니할 수 있다.

1) 재산목록과 그 소유를 증명하는 서류(부동산을 임차하는 경우에는 임대차 계약서를 포함한다)
2) 어린이집 운영일지 및 출석부
3) 보육교직원의 인사기록카드(채용구비서류, 이력서 및 사진을 포함한다)
4) 예산서 및 결산서
5) 총계정원장 및 수입·지출 보조부
6) 금전 및 물품출납부와 그 증명서류
7) 소속 법인의 정관 및 관계 서류
8) 어린이집 이용신청자 명부
9) 생활기록부, 영유아보육일지
10) 보육교직원의 인사·복무 및 어린이집 운영에 관한 규정 등
11) 통합안전점검표
12) 영상정보 열람대장
13) 그 밖에 어린이집 운영에 필요한 서류

자. 어린이집 입소 및 퇴소

1) 법 제28조 및 영 제21조의4에 따라 국공립어린이집, 사회복지법인어린이집, 법인·단체 등 어린이집, 가정어린이집, 민간어린이집은 법 제28조제1항 각 호 또는 이 규칙 제29조제2항 각 호의 어느 하나에 해당하는 영유아가 우선적으로 어린이집을 이용할 수 있도록 하여야 한다.
2) 어린이집 원장은 어린이집의 정원의 범위 내에서 어린이집 입소를 신청한 영유아에 대 하여 입소를 거부하여서는 안 된다. 다만, 영유아의 질병 또는 어린이집의 폐지 등 정당한 사유가 있고, 관할 특별자치시장·특별자치도지사·시장·군수·구청장의 승인을 받은 경우에는 그렇지 않다.
3) 어린이집 원장은 보육료 지원 신청 또는 입소 신청 등과 관련하여 보호자가 거짓이나 그 밖의 부정한 방법을 사용하도록 요구하거나 안내하여서는 안 된다.
4) 어린이집 원장은 어린이집에 재원 중인 영유아를 보호자의 의사에 반하여 퇴소시킬 수 없다. 다만, 영유아의 질병 또는 어린이집의 폐지 등 정당한 사유가 있고, 관할 특별자치시장·특별자치도지사·시장·군수·구청장의 승인을 받은 경우에는 그렇지 않다.

차. 어린이집 차량의 운행: 법 제38조에 따라 어린이집을 이용하는 사람으로부터 비용을 받아 차량을 운행하는 경우에 는 정당한 사유 없이 차량 운행을 중단해서는 아니 된다. 다만, 차량의 고장 등 불가피한 사유로 차량 운행이 불가능하여 어린이집의 원장이 보호자에게 사전통지를 한 경우에는 그러하지 아니하다.

카. 전자출결시스템의 설치·운영

연장보육반을 운영하는 어린이집은 영유아의 등·하원 시간을 자동으로 확인할 수 있는 전자출결시스템을 설치·운영해야 한다.

3. 안전 · 급식 및 위생관리

가. 안전관리

1) 어린이집의 원장은 통합안전점검표 양식에 따라 일정기간별로 시설의 안전점검을 시행 하여 화재·상해 등의 위험발생 요인을 사전에 제거하여야 한다.
2) 각 놀이시설물에 대하여 적절한 점검 일정을 세워 점검하여야 한다. 이 경우 놀이시설물의 볼트·너트 등 이음장치, 울타리, 구조물의 부식 여부 등은 매일 점검하고, 움직이는 부분들이 서로 맞물리는 놀이시설물의 경우 영유아의 신체 일부분이 놀이기구에 끼지 아니하도록 맞물림의 형태 등을 점검하여야 한다.
3) 어린이집의 원장은 소방계획을 작성하고 매월 소방훈련을 하여야 한다.
4) 어린이집의 원장은 「아동복지법」 제31조제1항에 따라 매년 안전교육계획을 수립하여 보육 영유아에 대하여 안전교육을 실시한 후, 그 사실을 특별자치도지사·시장·군수·구청장에게 보고하여야 하며 보육교직원에게도 안전교육을 하여야 한다.
5) 어린이집의 원장은 보호자와의 비상연락망을 확보하고, 사고에 대비하여 보육 영유아에 대한 응급처치 동의서를 받아 갖춰 두어야 한다.
6) 어린이집의 원장은 영유아에 대한 사고가 발생한 경우에는 즉시 영유아의 보호자에게 알리고, 사고가 중대한 경우 특

별자치도지사·시장·군수·구청장에게 보고하여야 하며, 사고보고서를 작성하여 갖춰 두어야 한다.

7) 보육교직원는 영유아에게서 아동학대의 징후 등을 발견하였을 때에는 「아동학대범죄의 처벌 등에 관한 특례법」 제10조제2항에 따라 즉시 아동보호전문기관 또는 수사기관에 신고하여야 한다.

나. 급식관리

1) 어린이집의 원장 및 어린이집에서 급식을 조리·제공하는 보육교직원(이하 이 목에서 "원장 등"이라 한다)은 어린이집에서 식중독 환자가 발생하지 않도록 위생관리를 철저히 하여야 한다.

2) 원장 등은 영유아가 필요한 영양을 섭취할 수 있도록 영양사가 작성한 식단에 따라 급식을 공급하여야 한다. 이 경우 영양사(5개 이내의 어린이집이 공동으로 두는 영양사를 포함한다)를 두고 있지 아니한 100명 미만의 영유아를 보육하고 있는 어린이집은 육아 종합지원센터, 보건소 및 「어린이 식생활안전관리 특별법」 제21조에 따른 어린이집 급식관리지원센터 등에서 근무하는 영양사의 지도를 받아 식단을 작성하여야 한다.

3) 원장 등은 영유아에 대한 급식을 어린이집에서 직접 조리하여 제공하여야 한다. 다만, 공공기관이나 사회복지관 안에 설치된 어린이집의 경우에는 같은 건물에 있는 조리실을 사용하여 급식을 제공할 수 있다.

4) 원장 등은 식기, 도마, 칼, 행주, 그 밖에 주방용구를 정기적으로 세척·살균 및 소독하는 등 항상 청결하게 유지·관리하여야 하며, 어류·육류·채소류를 취급하는 칼·도마는

각각 구분하여 사용하여야 한다.

5) 원장 등은 유통기한이 지나거나 상한 원료 또는 완제품을 조리할 목적으로 보관하거나 이를 음식물의 조리에 사용하여서는 아니 되며 이미 급식에 제공되었던 음식물을 재사용하여서는 아니 된다.

6) 원장 등은 식품 등의 원료 및 제품 중 부패·변질이 되기 쉬운 것은 냉동·냉장시설에 보관·관리하여야 한다.

7) 조리원 등 음식물의 조리에 직접 종사하는 보육교직원은 위생복·앞치마·위생모를 착용하는 등 개인위생관리를 철저히 하여야 한다.

다. 위생관리

1) 조리실, 식품 등의 원료·제품 보관실, 화장실 및 침구 등을 정기적으로 소독하고, 항상 청결하게 관리하여야 한다.

2) 어린이집의 음용수는 상수도 및 간이상수도를 사용하는 경우에는 물을 끓여 사용하는 것을 원칙으로 하고, 정수장치를 설치하는 경우에는 정기적인 필터 교환 등으로 수질을 관리하여야 하며, 음용수로 지하수를 사용하는 경우에는 「먹는물 수질기준 및 검사 등에 관한 규칙」 제3조에 따라 수질검사를 신청하여야 하며, 수질검사기관으로부터 발급받은 먹는물 수질검사성적서를 갖춰 두어야 한다.

3) 보육교직원은 영유아의 위생에 영향을 미치는 감기, 독감, 홍역 등 유행성질환 감염 여부, 영유아의 피부, 머리, 손톱·발톱, 치아상태, 어린이집의 청소상태, 침구 및 기저귀 등의 위생상태, 욕실 및 화장실의 청결상태, 세면도구 등의 위생상태 등에 대하여 수시로 점검하여야 한다.

4) 동물을 두는 때에는 미리 부모에게 그 사실을 알리고, 동

물로부터 영유아가 알레르기 및 질병, 상해를 입지 아니하도록 정기적으로 수의사를 통해 면역조치 등을 받아야 하며, 동물·곤충 또는 배설물 등을 접촉한 경우에는 접촉 부위를 씻어야 한다.

5) 어린이집 내부의 쾌적한 공기질을 유지하기 위하여 수시로 환기 및 청소 등을 하여야 한다.

라. 차량안전관리(차량을 운영하는 경우)

1) 차량은 9인승 이상 자동차로 한정하며 「도로교통법」 제52조에 따라 미리 어린이통학 버스로 관할 경찰서장에게 신고하고 신고필증을 발급받아야 한다.

2) 운전기사는 채용 시 건강진단서를 제출하여야 한다.

3) 어린이집에서 운행 중인 모든 차량에는 차량 내에 안전수칙을 부착하고, 차량용 소화기 및 구급상자를 갖추어야 하며, 통합안전점검표에 의한 안전점검을 하여야 한다.

4) 차량 운행 시 보육교사 등 영유아를 보호할 수 있는 사람이 동승하여야 하고, 36개월 미만 영아를 탑승시키는 경우에는 보호자가 동반하거나 보호 장구를 착용하도록 하여야 한다.

5) 교사와 영유아는 차량 운행이 시작되기 전에 안전벨트를 착용하여야 한다.

6) 운전자는 음주, 휴대전화 또는 이어폰 사용 등 운전 판단 능력에 영향을 미치는 행위를 하여서는 아니 된다.

7) 등원·퇴원 차량 운행 시 운전기사와 보육교사 등 차량에 동승하는 사람은 영유아가 안전하게 담당 보육교사나 부모 등 보호자에게 인도될 수 있도록 조치하여야 하고, 모든 영유아가 안전하게 인도되었는지 여부를 확인하여야 한다.

어린이집의 종류

제10조 (어린이집의 종류) 신구조문관련판례

어린이집의 종류는 다음 각 호와 같다. [개정 2011. 6. 7., 2011. 8. 4., 2016. 2. 3., 2017. 3. 14.] [시행일 2017. 3. 14.]

1. 국공립어린이집: 국가나 지방자치단체가 설치·운영하는 어린이집
2. 사회복지법인어린이집: 「사회복지사업법」에 따른 사회복지법인(이하 "사회복지법인"이라 한다)이 설치·운영하는 어린이집
3. 법인·단체 등 어린이집: 각종 법인(사회복지법인을 제외한 비영리법인)이나 단체 등이 설치·운영하는 어린이집으로서 대통령령으로 정하는 어린이집
4. 직장어린이집: 사업주가 사업장의 근로자를 위하여 설치·운영하는 어린이집(국가나 지방자치단체의 장이 소속 공무원 및 국가나 지방자치단체의 장과 근로계약을 체결한 자로서 공무원이 아닌 자를 위하여 설치·운영하는 어린이집을 포함한다)
5. 가정어린이집: 개인이 가정이나 그에 준하는 곳에 설치·운영하는 어린이집
6. 협동어린이집: 보호자 또는 보호자와 보육교직원이 조합(영리를 목적으로 하지 아니하는 조합에 한정한다)을 결성하여 설치·운영하는 어린이집
7. 민간어린이집: 제1호부터 제6호까지의 규정에 해당하지 아니하는 어린이집

[전문개정 2007. 10. 17.]

[본조제목개정 2011. 6. 7.] [시행일 2011. 12. 8.]

보육교직원의 배치기준

<개정 2019.12.31.> 보육교직원의 배치기준(제10조 관련)

1. 어린이집에 두어야 하는 보육교직원과 그 수

가. 어린이집의 원장 1명. 다만, 영유아 20명 이하를 보육하는 어린이집은 어린이집의 원장이 보육교사를 겸임할 수 있다.

나. 보육교사. 이 경우 보육교사는 다음의 구분에 따라 배치되어야 하고, 보육 교사의 업무 부담을 경감할 수 있도록 보조교사 등을 둔다.

1) 만 1세 미만의 영유아 3명당 1명을 원칙으로 한다.
2) 만 1세 이상 만 2세 미만의 영유아 5명당 1명을 원칙으로 한다.
3) 만 2세 이상 만 3세 미만의 영유아 7명당 1명을 원칙으로 한다.
4) 만 3세 이상 만 4세 미만의 영유아 15명당 1명을 원칙으로 한다.
5) 만 4세 이상 미취학 영유아 20명당 1명을 원칙으로 하며, 영유아 40명당 1명은 보육교사 1급 자격을 가진 사람이어야 한다.
6) 취학아동 20명당 1명을 원칙으로 한다.
7) 장애아 보육은 장애아 3명당 1명을 원칙으로 하되, 장애아 9명당 1명은 특수교사 자격소지자로 한다.
8) 법 제24조의2제1항에 따라 보육시간을 구분하여 운영하는 경우 기본보육의 보육교사는 1)부터 7)까지의 규정에 따라 배치되어야 하고, 연장보육의 보육교사는 다음의 구분에

따라 배치되어야 한다.

가) 만 3세 미만의 영유아 5명당 1명을 원칙으로 한다. 다만, 만 1세 미만의 영유아만을 대상으로 하는 경우에는 영유아 3명당 1명을 원칙으로 한다.

나) 만 3세 이상 미취학 영유아 15명당 1명을 원칙으로 한다.

다) 장애아 보육은 장애아 3명당 1명을 원칙으로 한다.

다. 간호사: 영유아 100명 이상을 보육하는 어린이집의 경우 간호사(간호조무사를 포함한다. 이하 같다) 1명을 두어야 한다.

라. 영양사: 영유아 100명 이상을 보육하는 어린이집의 경우에 영양사 1명을 두는 것을 원칙으로 하되, 어린이집 단독으로 영양사를 두는 것이 곤란한 경우에는 같은 시·군·구의 5개 이내 어린이집이 공동으로 영양사를 둘 수 있다.

마. 조리원: 영유아 40명 이상 80명 이하를 보육하는 어린이집의 경우 조리원 1명을 두며, 영유아가 80명을 초과할 때마다 1명씩 증원한다.

바. 그 밖의 보육교직원: 어린이집의 규모와 특성에 따라 의사(또는 촉탁의사), 사회복지사, 사무원, 관리인, 위생원, 운전기사, 치료사 등의 보육교직원을 둘 수 있다.

사. 어린이집의 원장이 간호사 또는 영양사 자격이 있는 경우에는 간호사 또는 영양사를 겸직하게 할 수 있다.

2. 보육교직원의 복무

가. 어린이집의 원장은 전임이어야 하며, 다른 어린이집, 사회복지시설, 유치원 및 종교시설 등의 업무를 겸임할 수 없다.

나. 반을 담당하는 보육교사의 근무시간은 평일 8시간 연장보육

담당하는 보육교사의 경우에는 평일 4시간을 원칙으로 하고, 그밖에 전후로 연장되는 시간은 어린이집의 원장과 보육교사가 교대 근무하며, 초과근무수당을 지급하여야 한다.

다. 보육교직원의 휴가: 보육교직원의 휴가는 보육 공백을 최소화할 수 있도록 순번제로 실시하고, 보수교육, 출산휴가 등으로 어린이집의 원장, 보육교사 또는 그 밖의 보육교직원의 공백이 생기는 경우에는 이를 대체할 수 있는 대체원장, 대체교사 또는 그 밖의 인력을 각각 배치하여야 한다.

제17조(보육교직원의 배치)〈개정 2019. 4. 30.〉

① 어린이집에는 보육교직원을 두어야 한다. [개정 2011. 6. 7.] [시행일 2011. 12. 8.]

② 제24조의2제1항에 따라 보육시간을 구분하여 운영하는 어린이집은 같은 항 각 호에 따른 보육시간별로 보육교사를 배치할 수 있다. [신설 2019. 4. 30.] [시행일 2020. 3. 1.]

③ 어린이집에는 보육교사의 업무 부담을 경감할 수 있도록 보조교사 등을 둔다. [신설 2015. 5. 18., 2019. 4. 30.] [시행일 2020. 3. 1.]

④ 휴가 또는 보수교육 등으로 보육교사의 업무에 공백이 생기는 경우에는 이를 대체할 수 있는 대체교사를 배치한다. [신설 2015. 5. 18., 2019. 4. 30.] [시행일 2020. 3. 1.]

⑤ 보육교직원 및 그 밖의 인력의 배치기준 등에 필요한 사항은 보건복지부령으로 정한다. [개정 2008. 2. 29. 제8852호(「정부조직법」), 2010. 1. 18. 제9932호(「정부조직법」), 2011. 6. 7., 2015. 5. 18., 2019. 4. 30.] [시행일 2020. 3. 1.]

[전문개정 2007. 10. 17.]

[본조제목개정 2011. 6. 7.] [시행일 2011. 12. 8.]

제24조의2 (보육시간의 구분)

① 어린이집은 다음 각 호와 같이 보육시간을 구분하여 운영할 수 있다.

1. 기본보육: 어린이집을 이용하는 모든 영유아에게 필수적으로 제공되는 과정으로, 보건복지부령으로 정하는 시간 이하의 보육
2. 연장보육: 기본보육을 초과하여 보호자의 욕구 등에 따라 제공되는 보육

② 제1항에 따른 보육시간 운영기준과 내용에 관한 사항은 보건복지부령으로 정한다.

[본조신설 2019. 4. 30.] [시행일 2020. 3. 1.]

보육 관련 교과목 및 학점

[별표 4] <개정 2019. 6. 12.>보육 관련 교과목 및 학점(제12조제1항 관련)

1. 대학 등에서 이수하여야 할 교과목 및 학점 일반

영역		교과목	이수과목 (학점)
가. 교사 인성		보육교사(인성)론, 아동권리와 복지	2과목 (6학점)
나. 보육 지식과 기술	필수	보육학개론, 보육 과정, 영유아 발달, 영유아 교수방법론, 놀이지도, 언어지도, 아동음악(또는 아동동작, 아동미술), 아동수학지도(또는 아동과학지도), 아동안전관리(또는 아동생활지도)	9과목 (27학점)
	선택	아동건강교육, 영유아 사회정서지도, 아동문학교육, 아동상담론, 장애아 지도, 특수아동 이해, 어린이집 운영 관리, 영유아 보육 프로그램 개발과 평가, 보육정책론, 정신건강론, 인간행동과 사회 환경, 아동간호학, 아동영양학, 부모교육론, 가족복지론, 가족관계론, 지역사회복지론	4과목 (12학점) 이상
다. 보육 실무		아동관찰 및 행동연구, 보육실습	2과목 (6학점)

※ 비고

1. 교과목의 명칭이 서로 다르더라도 교과목의 내용이 비슷하면 같은 교과목으로 인정하고, 다목의 교과목 중 보육실습은 교과목 명칭과 관계없이 보육실습기관과 보육실습기간의 조건을 충족하면 보육실습으로 인정한다.
2. 각 교과목은 3학점을 기준으로 하되, 최소 2학점이여야 한다.
3. 17과목 이상, 51학점 이상 이수하여야 한다.

2. 대면 교과목

영역	교과목
가. 교사 인성	보육교사(인성)론, 아동권리와 복지
나. 보육 지식과 기술	놀이지도, 언어지도, 아동음악(또는 아동동작, 아동미술), 아동수학지도(또는 아동과학지도), 아동안전관리(또는 아동생활지도)
다. 보육 실무	아동관찰 및 행동연구, 보육실습

※ 비고

1. 대면 교과목은 8시간 이상 출석 수업과 1회 이상 출석 시험을 실시한다.
2. 다목의 교과목 중 보육실습에 관한 기준은 다음 각 목에 따른다.
   가. 보육실습은 이론수업과 보육현장실습으로 운영한다.
   나. 보육현장실습은 6주 이상 240시간 이상을 원칙으로 하되, 2회에 나누어 실시할 수 있다.
   다. 보육교사의 자격을 취득하려는 사람이 보육실습을 시작하는 때에 보육정원이 15명 이상이고 법 제30조제1항에 따른 평가에서 보건복지부장관이 정하는 등급 이상을 받은 어린이집 또는 방과후 과정을 운영하는 유치원에서 보육교사 1급 또는 유치원 정교사 1급 자격을 가진 사람이 보육실습을 지도해야 한다. 이 경우 실습 지도교사 1명당 보육실습생은 3명 이하로 한다.
   라. 보육실습은 평일 오전 9시부터 오후 7시 사이에 한 경우에만 인정하며, 보육실습시간은 하루 8시간으로 한다. 다만, 부득이한 사유가 있다고 보건복지부장관이 인정하는 경우로서 하루에 실습한 시간이 6시간 이상인 경우에는 실제로 실습한 시간을 인정한다.
   마. 보육실습의 평가는 보건복지부장관이 정하는 보육실습일지와 보육실습 평가서에 근거하여 하되, 평가점수가 80점 이상인 경우에만 보육실습을 이수한 것으로 인정한다.

보수교육 실시기준

<개정 2019. 6. 12.>

보수교육 실시기준(제20조제4항 관련)

1. 교육의 구분 및 대상자

가. 직무교육

교육 대상자에 따라 일반직무교육과 특별직무교육으로 구분하여 실시하되, 직무교육을 이수하여야 하는 연도에 직무교육을 이수하지 못한 경우에는 그 다음 연도 12월 31일까지 이수하게 하여야 하며, 특별직무교육을 이수한 경우에는 일반직무교육을 이수한 것으로 본다. 다만, 1) 다)의 장기 미종사는 직무교육은 다시 그 업무에 종사하기 전까지 이수해야 한다.

1) 일반직무교육
   가) 보육교사 직무교육: 현직에 종사하고 있는 보육교사로서 보육업무 경력이 만 2년이 지난 사람과 보육교사 직무교육(승급교육을 포함한다)을 받은 해부터 만 2년이 지난 사람
   나) 어린이집의 원장 직무교육: 현직에 종사하고 있는 어린이집의 원장으로서 어린이집의 원장의 직무를 담당한 때부터 만 2년이 지난 사람과 어린이집의 원장 직무교육을 받은 해부터 만 2년이 지난 사람
   다) 장기 미종사자 직무교육 : 어린이집 원장의 자격 또는 보육교사 자격을 가진 사람으로서 만 2년 이상 보육업무에 종사하지 않다가 다시 그 업무에 종사하려는 사람
2) 특별직무교육
   가) 영아보육 직무교육: 영아보육을 담당하고 있는 일반직무교육 대상자와 영아보육을 담당하려는 보육교사 및 어린이집의 원장
   나) 장애아보육 직무교육: 장애아보육을 담당하고 있는 일반직무교육 대상자와 장애아보육을 담당하려는 보육교사 및 어린이집의 원장
   다) 방과후보육 직무교육: 방과후보육을 담당하고 있는 일반직무교육 대상자와 방과후보육을 담당하려는 보육교사 및 어린이집의 원장

나. 승급교육

1) 2급 보육교사 승급교육은 3급 보육교사 자격 취득 후 보육업무 경력이 만 1년이 지난 사람

2) 1급 보육교사 승급교육은 2급 보육교사 자격 취득 후 보육업무 경력이 만 2년 이상이 경과한 사람. 다만, 보육교사 2급 자격을 취득한 후 보육 관련 대학원에서 석사학위 이상을 취득한 경우는 보육업무 경력이 만 6개월이 지난 사람

3) 승급교육을 받은 사람은 일반직무교육을 이수한 것으로 본다.

2. 보수교육의 평가

가. 보수교육은 해당 교육시간을 모두 출석한 경우에만 이수한 것으로 본다.

나. 본인 또는 배우자의 직계혈족 및 형제자매의 사망·사고 또는 결혼 등으로 인한 결석이나 본인의 사고·질병 등으로 인한 결석의 경우에는 교육시간의 최대 10퍼센트 범위에서 출석한 것으로 인정할 수 있다. 다만, 출석 인정을 받기 위해서는 반드시 관련 서류를 제출하여야 한다.

다. 승급교육 대상자 중 출석기준은 충족하였으나 평가시험에서 80점 이상을 받지 못한 경우에는 승급교육을 이수한 것으로 인정할 수 없다.

3. 교육비

가. 교육생은 시·도지사가 정하는 바에 따라 교육기관에 수강료를 납부하여야 한다.

나. 가목에 따른 수강료는 교육에 필요한 실비의 범위에서 정하여

야 한다.

다. 국가 및 지방자치단체는 직무교육 및 승급교육에 필요한 교육비를 보조할 수 있다. 이 경우 교육비의 보조는 해당 금액을 교육기관 등에 지급한다.

4. 수료증 등

교육기관은 보수교육을 수료한 사람에게 수료증을 발급하여야 하고, 보수교육 실시에 관한 기록을 작성하여 작성한 날부터 2년 동안 보존하여야 한다.

제23조 어린이집 원장의 보수교육

① 보건복지부장관은 어린이집 원장의 자질 향상을 위한 보수교육(補修教育)을 실시하여야 한다. 이 경우 보수교육은 집합교육을 원칙으로 한다. [개정 2008. 2. 29. 제8852호(「정부조직법」), 2010. 1. 18. 제9932호(「정부조직법」), 2011. 6. 7., 2011. 12. 31., 2015. 5. 18.] [시행일 2015. 9. 19.]

② 제1항에 따른 보수교육은 사전직무교육과 직무교육으로 구분한다.

[개정 2011. 12. 31.] [시행일 2012. 7. 1.]

③ 삭제 [2011. 8. 4.] [시행일 2012. 2. 5.]

④ 제1항에 따른 보수교육에는 다음 각 호의 사항에 관한 내용을 포함하여야 한다. [신설 2015. 5. 18., 2015. 12. 29.]

1. 성폭력 및 아동학대 예방
2. 실종·유괴의 예방과 방지
3. 감염병 및 약물의 오남용 예방 등 보건위생 관리
4. 재난대비 안전

5. 교통안전
6. 어린이집 원장의 인성함양(영유아의 인권보호 교육을 포함한다)
7. 그 밖에 보건복지부령으로 정하는 사항

⑤ 그 밖에 보수교육의 기간·방법 등에 필요한 사항은 보건복지부령으로 정한다. [개정 2008. 2. 29. 제8852호(「정부조직법」), 2010. 1. 18. 제9932호(「정부조직법」), 2011. 8. 4., 2015. 5. 18.] [시행일 2015. 9. 19.]

[전문개정 2007. 10. 17.]

제23조의2 (보육교사의 보수교육)

① 보건복지부장관은 보육교사의 자질 향상을 위한 보수교육(補修敎育)을 실시하여야 한다. 이 경우 보수교육은 집합교육을 원칙으로 한다. [개정 2015. 5. 18.] [시행일 2015. 9. 19.]

② 제1항에 따른 보수교육은 직무교육과 승급교육으로 구분한다.

③ 제1항에 따른 보수교육에는 다음 각 호의 사항에 관한 내용을 포함하여야 한다. [신설 2015. 5. 18., 2015. 12. 29.]

1. 성폭력 및 아동학대 예방
2. 실종·유괴의 예방과 방지
3. 감염병 및 약물의 오남용 예방 등 보건위생 관리
4. 재난대비 안전
5. 교통안전
6. 보육교사의 인성함양(영유아의 인권보호 교육을 포함한다)
7. 그 밖에 보건복지부령으로 정하는 사항

④ 그 밖에 보수교육의 기간·방법 등에 필요한 사항은 보건복지부령으로 정한다. [개정 2015. 5. 18.] [시행일 2015. 9. 19.]

[본조신설 2011. 12. 31.] [시행일 2012. 7. 1.]

보육과정

제29조 보육과정 (보육과정)

① 보육과정은 영유아의 신체·정서·언어·사회성 및 인지적 발달을 도모할 수 있는 내용을 포함하여야 한다.

② 보건복지부장관은 표준보육과정을 개발·보급하여야 하며 필요하면 그 내용을 검토하여 수정·보완하여야 한다. [개정 2008. 2. 29. 제8852호(「정부조직법」), 2010. 1. 18. 제9932호(「정부조직법」)] [시행일 2010. 3. 19.]

③ 어린이집의 원장은 제2항의 표준보육과정에 따라 영유아를 보육하도록 노력하여야 한다. [개정 2011. 6. 7.] [시행일 2011. 12. 8.]

④ 어린이집의 원장은 보호자의 동의를 받아 일정 연령 이상의 영유아에게 보건복지부령으로 정하는 특정한 시간대에 한정하여 보육과정 외에 어린이집 내외에서 이루어지는 특별활동프로그램(이하 "특별활동"이라 한다)을 실시할 수 있다. 이 경우 어린이집의 원장은 특별활동에 참여하지 아니하는 영유아를 위하여 특별활동을 대체할 수 있는 프로그램을 함께 마련하여야 한다. [신설 2013. 8. 13.] [시행일 2014. 2. 14.]

⑤ 제1항에 따른 보육과정, 제4항에 따른 특별활동 대상 영유아의 연령 및 특별활동의 내용 등에 필요한 사항은 보건복지부령으로 정한다. [개정 2008. 2. 29. 제8852호(「정부조직법」), 2010. 1. 18. 제9932호(「정부조직법」), 2013. 8. 13.] [시행일 2014. 2. 14.]

[전문개정 2007. 10. 17.]

어린이집 평가

제30조 (어린이집 평가)

① 보건복지부장관은 영유아의 안전과 보육서비스의 질 향상을 위하여 어린이집의 보육환경, 보육과정 운영, 보육인력의 전문성 및 이용자 만족도 등에 대하여 정기적으로 평가를 실시하여야 한다.

② 보건복지부장관은 제1항에 따른 평가 결과에 따라 어린이집 보육서비스의 관리, 보육사업에 대한 재정적·행정적 지원 등 필요한 조치를 할 수 있다.

③ 보건복지부장관은 제1항에 따른 어린이집 평가등급 등 평가 결과를 공표하여야 한다.

④ 보건복지부장관은 제1항에 따라 평가를 받은 어린이집에 다음 각 호의 어느 하나에 해당하는 사유가 발생한 경우에는 그 평가등급을 최하위등급으로 조정하여야 한다.

1. 거짓이나 그 밖의 부정한 방법으로 평가를 받은 경우
2. 어린이집의 설치·운영자가 이 법을 위반하여 금고 이상의 형을 선고받고 그 형이 확정된 경우
3. 제40조제2호 또는 제3호에 따라 보조금의 반환명령을 받았거나 제45조, 제45조의2 또는 제46조부터 제48조까지의 규정에 따른 행정처분을 받은 경우로서 보건복지부령으로 정하는 경우
4. 어린이집의 대표자 또는 보육교직원이 「아동복지법」 제17조를 위반하거나 「아동·청소년의 성보호에 관한 법률」 제2조제2호의 아동·청소년대상 성범죄를 저지른 경우

⑤ 보건복지부장관은 제1항에 따라 평가를 받은 어린이집의 보육서비스의 질 관리를 위하여 필요한 경우 확인점검을 실시하여

제1항의 평가등급을 조정할 수 있다.

⑥ 제1항, 제3항 및 제5항에 따른 평가시기 및 방법, 확인점검의 대상 및 방법, 그에 따른 평가등급 결정·조정, 평가결과 공표의 내용 및 방법 등 필요한 사항은 보건복지부령으로 정한다. [전문개정 2018. 12. 11.] [시행일 2019. 6. 12.]

표준보육과정

「영유아보육법」 시행규칙 제30조 (보육과정)

법 제29조제2항에 따른 표준보육과정은 별표 8의4와 같다. 다만, 영 제22조제1항제1호에 따른 공통의 보육·교육 과정의 내용은 보건복지부장관과 교육부장관이 협의하여 정하는 바에 따른다. <개정 2012. 2. 3., 2013. 3. 23., 2014. 3. 7., 2017. 9. 15.>

건강·영양 및 안전

제31조 (건강관리 및 응급조치)

① 어린이집의 원장은 영유아와 보육교직원에 대하여 정기적으로 건강진단을 실시하되, 「국민건강보험법」 제52조 및 「의료급여법」 제14조에 따른 건강검진으로 갈음할 수 있다. 다만, 영유아의 경우 보호자로 하여금 그 검진결과 통보서를 제출하도록 하고 제29조의2에 따른 어린이집 생활기록부에 기록하여 관리하는 등 건강관리를 하여야 한다. <개정 2020. 12. 29.> [시행일 2020. 12. 29.]

② 어린이집의 원장은 영유아에게 질병·사고 또는 재해 등으로 인하여 위급 상태가 발생한 경우 즉시 응급의료기관에 이송하여야 한다. [개정 2011. 6. 7.] [시행일 2011. 12. 8.]

③ 제1항에 따른 건강진단의 구체적인 기준과 내용 등 필요한 사항은 보건복지부령으로 정한다. <개정 2008. 2. 29., 2010. 1. 18., 2017. 3. 14.> [시행일 2017. 9. 15.]

[전문개정 2007. 10. 17.]

제31조의2 (어린이집 안전공제사업 등)

① 어린이집 상호 간의 협동조직을 통하여 어린이집의 안전사고를 예방하고 어린이집 안전사고로 인하여 생명·신체 또는 재산상의 피해를 입은 영유아 및 보육교직원 등에 대한 보상을 하기 위하여 보건복지부장관의 허가를 받아 어린이집 안전공제사업(이하 "공제사업"이라 한다)을 할 수 있다. [개정 2010. 1. 18. 제9932호(「정부조직법」), 2011. 6. 7, 2011. 8. 4.] [시행일 2012. 2. 5.]

② 공제사업을 위하여 설립되는 어린이집 안전공제회(이하 "공제회"라 한다)는 법인으로 하며, 주된 사무소의 소재지에 설립등기를 함으로써 성립한다. [개정 2011. 6. 7.] [시행일 2011. 12. 8.]

③ 어린이집의 원장은 공제회의 가입자가 된다. [개정 2011. 8. 4.] [시행일 2012. 2. 5.]

④ 공제회에 가입한 어린이집의 원장은 공제사업의 수행에 필요한 출자금과 다음 각 호의 공제료 등을 공제회에 납부하여야 한다. 다만, 제2호와 제3호의 공제료는 어린이집의 원장이 선택하여 납부할 수 있다. [신설 2011. 8. 4.] [시행일 2012. 2. 5.]

1. 영유아의 생명·신체에 대한 피해를 보상하기 위한 공제료
2. 보육교직원 등의 생명·신체에 대한 피해를 보상하기 위한 공제료
3. 어린이집의 재산상의 피해를 보상하기 위한 공제료

⑤ 공제회의 기본재산은 회원의 출자금 등으로 조성한다. 다만, 보건복지부장관은 공제회의 주된 사무소의 설치 및 운영에 필요한 비용의 일부를 지원할 수 있다. [개정 2010. 1. 18. 제9932호(「정부조직법」), 2011. 8. 4. [시행일 2012. 2. 5.]

⑥ 공제회의 회원자격, 임원에 관한 사항 및 출자금의 부담기준에 관한 사항은 정관으로 정한다. [개정 2011. 8. 4.] [시행일 2012. 2. 5.]

⑦ 공제회의 설립허가 기준 및 절차, 정관기재사항, 운영 및 감독 등에 관하여 필요한 사항은 대통령령으로 정한다. [개정 2011. 8. 4] [시행일 2012. 2. 5.]

⑧ 공제회는 공제사업의 범위, 공제료, 공제사업에 충당하기 위한 책임준비금 등 공제사업의 운영에 관하여 필요한 사항을 포함한 공제규정을 정하여 보건복지부장관의 허가를 받아야 한다. 공제규정을 변경하고자 하는 때에도 또한 같다. [개정 2010. 1. 18. 제9932호(「정부조직법」), 2011. 8. 4.] [시행일 2012. 2. 5.]

⑨ 공제회에 관하여 이 법에 규정된 것을 제외하고는 「민법」중 재단법인에 관한 규정을 준용한다. [개정 2011. 8. 4.] [시행일 2012. 2. 5.]

⑩ 이 법에 따른 공제회의 사업에 대하여는 「보험업법」을 적용하지 아니한다. [개정 2011. 8. 4.] [시행일 2012. 2. 5.]

⑪ 어린이집의 원장이 제4항제3호의 공제료를 납부하는 경우 「사회복지사업법」 제34조의3에 따른 보험가입의무를 이행한 것으

로 본다. <신설 2011. 8. 4., 2018. 12. 24.> [시행일 2018. 12. 24.]

⑫ 제7조제5항에 따라 공제회에 가입한 육아종합지원센터의 장은 제4항 각 호의 공제료를 선택하여 납부할 수 있다. 다만, 시간제보육 서비스나 영유아의 체험 및 놀이공간을 제공하는 육아종합지원센터의 장은 제4항제1호의 공제료를 의무적으로 납부하여야 한다. <신설 2020. 12. 29.> [시행일 2020. 12. 29.]

[본조신설 2008. 12. 19.]

[제목개정 2011. 6. 7.]

제31조의3 (예방접종 여부의 확인)

① 어린이집의 원장은 영유아에 대하여 매년 정기적으로 「감염병의 예방 및 관리에 관한 법률」 제33조의4에 따른 예방접종통합관리시스템을 활용하여 영유아의 예방접종에 관한 사실을 확인하여야 한다. 다만, 영유아에 대하여 최초로 보육을 실시하는 경우에는 보육을 실시한 날부터 30일 이내에 확인하여야 한다. <개정 2018. 12. 24., 2020. 12. 29. [시행일 2020. 12. 29.]>

② 어린이집의 원장은 제1항에 따른 확인 결과 예방접종을 받지 아니한 영유아에게는 필요한 예방접종을 받도록 보호자를 지도할 수 있으며, 필요한 경우 관할 보건소장에게 예방접종 지원 등의 협조를 요청할 수 있다.

③ 어린이집의 원장은 영유아의 예방접종 여부 확인 및 관리를 위하여 제29조의2에 따른 어린이집 생활기록에 예방접종 여부 및 내역에 관한 사항을 기록하여 관리하여야 한다.

[본조신설 2011. 8. 4.]

제32조 (치료 및 예방조치)

① 어린이집의 원장은 제31조에 따른 건강진단 결과 질병에 감염되었거나 감염될 우려가 있는 영유아에 대하여 그 보호자와 협의하여 질병의 치료와 예방에 필요한 조치를 하여야 한다. [개정 2011. 6. 7.] [시행일 2011. 12. 8.]

② 어린이집의 원장은 다음 각 호의 어느 하나에 해당하는 영유아, 어린이집 거주자 및 보육교직원을 보건복지부령으로 정하는 바에 따라 어린이집으로부터 격리시키는 등 필요한 조치를 할 수 있다. <신설 2011. 8. 4., 2020. 12. 29.> [시행일 2020. 12. 29.]

1. 제31조에 따른 건강진단의 결과나 그 밖에 의사의 진단 결과 감염병에 감염 또는 감염된 것으로 의심되거나 감염될 우려가 있는 자
2. 「감염병의 예방 및 관리에 관한 법률」 제2조제15호의2에 따른 감염병의심자

③ 어린이집의 원장은 제1항의 조치를 위하여 필요하면 「지역보건법」 제10조와 제13조에 따른 보건소 및 보건지소, 「의료법」 제3조에 따른 의료기관에 협조를 구할 수 있다. [개정 2011. 6. 7., 2011. 8. 4., 2015. 5. 18. 제13323호(지역보건법)] [시행일 2015. 11. 19.]

④ 제2항에 따라 협조를 요청받은 보건소·보건지소 및 의료기관의 장은 적절한 조치를 취하여야 한다. [개정 2011. 8. 4.] [시행일 2012. 2. 5.]

⑤ 어린이집의 원장은 간호사(간호조무사를 포함한다)로 하여금 영유아가 의사의 처방, 지시에 따라 투약행위를 할 때 이를 보조하게 할 수 있다. 이 경우 어린이집의 원장은 보호자의

동의를 받아야 한다. [신설 2016. 2. 3.] [시행일 2016. 8. 4.]

[전문개정 2007. 10. 17.]

제33조 (급식 관리)

어린이집의 원장은 영유아에게 보건복지부령으로 정하는 바에 따라 균형 있고 위생적이며 안전한 급식을 하여야 한다. [개정 2008. 2. 29. 제8852호(「정부조직법」), 2010. 1. 18. 제9932호(「정부조직법」), 2011. 6. 7.] [시행일 2011. 12. 8.]

[전문개정 2007. 10. 17.]

제33조의2 (어린이집 차량안전관리)

어린이집의 원장은 영유아의 통학을 위하여 차량을 운영하는 경우 「도로교통법」 제52조에 따라 미리 어린이통학버스로 관할 경찰서장에게 신고하여야 한다.

[본조신설 2013. 8. 13.] [시행일 2014. 2. 14.]

제15조의3 (비상재해대비시설)

① 어린이집을 설치·운영하는 자는 반드시 1층과 2층 이상 등 종류별 비상재해대비시설을 설치하여야 하며 설치에 관한 기준은 보건복지부령으로 정한다.

② 제1항에도 불구하고 특별자치시장·특별자치도지사·시장·군수·구청장은 2009년 7월 3일 이전에 이미 인가받은 어린이집("기인가 어린이집"이라 한다. 이하 이 조에서 같다)이 비상재해대비에 지장이 없다고 판단할 경우 종전 인가당시 기준을 적용할 수 있다. 이 경우, 특별자치시장·특별자치도지사·시장·군수·구청장은 기인가 어린이집이 비상재해 대비에 지장이 없

는지 여부를 판단하기 위해 비상재해대비시설기준 심의위원회를 구성·운영하여야 하며 해당 위원회의 심의를 반드시 거쳐야 한다. <개정 2019. 12. 29> [시행일 2019. 12. 29.]

③ 제2항에 따른 비상재해대비시설기준 심의위원회의 위원은 5명 이상으로 하며 다음 각 호의 어느 하나에 해당하는 사람 중에서 특별자치시장·특별자치도지사·시장·군수·구청장이 임명하거나 위촉한다. 이 경우 전체 위원의 2분의 1 이상은 제1호부터 제4호까지에 해당하는 사람으로 구성하여야 하며 위원장은 위원 중에서 호선한다. <개정 2020. 12. 29.> [시행일 2020. 12. 29.]

1. 소방공무원
2. 소방기술사
3. 소방시설관리사
4. 「화재예방, 소방시설 설치·유지 및 안전관리에 관한 법률」 제4조의2에 따른 소방·방재 분야에 관한 전문지식을 갖춘 사람
5. 보육 관련 업무를 담당하는 공무원
6. 「고등교육법」 제2조에 따른 학교에 재직하고 있는 보육 관련 분야 교수

④ 위원의 임기, 운영 및 회의 등에 필요한 사항은 제6조에 따른 지방보육정책위원회 관련 규정을 준용한다.

[본조신설 2011.12.31]

제15조4 (폐쇄회로 텔레비전의 설치 등)

① 어린이집을 설치·운영하는 자는 아동학대 방지 등 영유아의 안전과 어린이집의 보안을 위하여 「개인정보 보호법」 및 관련 법령에 따른 폐쇄회로 텔레비전(이하 "폐쇄회로 텔레비전"이라 한다)을 설치·관리하여야 한다. 다만, 다음 각 호의 어느

하나에 해당하는 경우에는 그러하지 아니하다. <개정 2020. 12. 29.> [시행일 2020. 12. 29.]

1. 어린이집을 설치·운영하는 자가 보호자 전원의 동의를 받아 특별자치시장·특별자치도지사·군수·구청장에게 신고한 경우
2. 어린이집을 설치·운영하는 자가 보호자 및 보육교직원 전원의 동의를 받아 「개인정보 보호법」 및 관련 법령에 따른 네트워크 카메라를 설치한 경우

② 제1항에 따라 폐쇄회로 텔레비전을 설치·관리하는 자는 영유아 및 보육교직원 등 정보주체의 권리가 침해되지 아니하도록 다음 각 호의 사항을 준수하여야 한다.

1. 아동학대 방지 등 영유아의 안전과 어린이집의 보안을 위하여 최소한의 영상정보만을 적법하고 정당하게 수집하고, 목적 외의 용도로 활용하지 아니하도록 할 것
2. 영유아 및 보육교직원 등 정보주체의 권리가 침해받을 가능성과 그 위험 정도를 고려하여 영상정보를 안전하게 관리할 것
3. 영유아 및 보육교직원 등 정보주체의 사생활 침해를 최소화하는 방법으로 영상정보를 처리할 것

③ 어린이집을 설치·운영하는 자는 폐쇄회로 텔레비전에 기록된 영상정보를 60일 이상 보관하여야 한다.

④ 제1항에 따른 폐쇄회로 텔레비전의 설치·관리기준 및 동의 또는 신고의 방법·절차·요건, 제3항에 따른 영상정보의 보관기준 및 보관기간 등에 필요한 사항은 보건복지부령으로 정한다.

[본조신설 2015. 5. 18.] [시행일 2015. 9. 19.]

참고문헌

OECD 편/이옥 외 역(2008). OECD **영유아 교육 · 보육정책** 2. 육아정책개발센터.

교육부 https://if-blog.tistory.com/9042 [교육부 공식 블로그]

김연진, 한성심, 서지영, 김현자(2016). **보육학개론**. 서울: 태영출판사.

김원지(2014). 보육시설 유형별 보육과정 내용에 따른 물리적 실내공간 계획-표준보육과정 및 누리과정 중심으로- 경성대학교 대학원 석사학위 청구논문.

김윤경(2002). 어린이집 보육실의 내부공간 계획에 관한 연구-교구시설을 중심으로. 건국대학교 산업대학원 석사학위 청구논문.

김은영, 최경숙(2011). 유치원과 어린이집의 시설 설비 사례 연구. 육아정책연구, 제5권 제2호 65-95.

김인자(2007). 시설장과 보육교사의 인식을 통한 보육시설평가인증제도의 개선방안 연구. 공주대학교 대학원 석사학위논문.

김정희, 김현주, 정인숙(2001). **아동발달심리**. 서울: 동문사.

김형목(2010). 중앙유치원의 근대유아교육사상 위상. 中央史論. 제32집(2010년 12월), pp.105-148. 中央史學硏究所. 2010.12.31.

김혜란(2006). 저출산 대응정책에 관한 비교연구-역사적 제도주의 접근법을 중심으로. 연세대학교 행정대학원 석사학위논문.

매슈 워커 저, 이한음 역(2019). **우리는 왜 잠을 자야 하는가**. 서울: 열린책들.

문무경 편역(2006). **스웨덴의 육아정책: 유아교육과 보육, 학교교육의 통합을 중심으로**. 서울: 육아정책개발센터.

미국 질병통제예방센터(Centers for Disease Control and Prevention:CDC) https://www.cdc.gov

민희식 역(2006). **에밀**. 서울: 육문사.

박복매(2005). 보육시설 평가인증제도에 관한 시설장의 인식 연구. 가톨릭대학교 교육대학원 석사학위논문.

박은희(2017). **대구광역시 보육정책 비전과 정책과제**. 대구경북연구원.

박진영(2012). 유아교사의 DAP 교육신념과 직무만족도가 교사−유아의 상호작용에 미치는 영향. 중앙대학교 사회개발대학원 석사학위 청구논문.

백영애, 심성경, 최대훈, 박주희(2005). 보육시설 평가인증제에 대한 교사의 인식 및 실태. **영유아교육연구**, 8, 203-218.

보건복지부·교육부(2019). 2019 개정 누리과정 누리과정 놀이실행 자료.

보건복지부·교육부(2019). 2019 개정 누리과정 해설서.

보건복지부(2013). 영유아보육법 제1조. 제3차 표준보육과정.

보건복지부(2016). 보육사업안내.

보건복지부(2020). 제4차 표준보육과정 해설서.

부산광역시 보육정보센터 편(2002). **세계의 보육제도**. 부산보육정보, 통권 제7호(2002 11-12). p8-13.

서문희, 이세원(2006). 2007 보육 유아교육지원 정책. **육아정책포럼**. 겨울(3), 36-44.

서문희, 이세원(2006). 보육 유아교육지원 정책. **육아정책포럼**. 겨울(3), 36-44

성현란, 이현진, 김혜리, 박영신, 박선미, 유연옥, 손영숙(2001). **인지발달**. 서울: 학지사.

신용주, 윤혜경, 강인재(1997). **부모교육 및 상담**. 경기: 양서원.

여성가족부(2006). **보육시설평가 지침서**.

여성가족부(2006). **연도별 보육통계**.

유희정(2006). 일본보육정책 동향. 육아정책개발센터.

육아정책개발센터(2007). **보육 프로그램개발**. 여성가족부.

육아정책개발센터(OECD)(2008). 영유아 교육·보육정책. 서울: 육아정책개발센터.

윤혜경(2013). **부모교육의 이론과 실제**. 서울: 동문사.

윤혜경(2016). **보육실습 워크북**. 서울: 동문사.

이경진(2006). 평가인증제 기준에 의한 보육시설의 질적 수준과 개선 가능성 분석. 원광대학교 교육대학원 석사학위논문.

이난이(2014). 3-5세 연령별 누리과정 운영 및 편성에 대한 부모의 인식과 요구도 조사 총신대학교 교육대학원 석사학위논문.

이민규(2008). 보육시설의 지역연계 활성화 방안연구. 동국대학교 행정대학원 석사학위 청구논문.

이삼식(2012). 외국의 보육 양육정책: 스웨덴 사례를 중심으로. 한국보건사회연구원.

이순자(2007). 보육시설평가인증에 대한 한·일간 비교연구. 동국대학교 교육대학원 석사학위논문.

이완정(2019). 「누리과정 개정과 유치원과 어린이집 공동평가지표: 어린이집 평가인증제의 추진 경과와 의무평가제의 방향」에 대한 토론. **정기학술대**

회 논문집, vol. 2019. No. 1.

이재완, 류수현(2006). 보육시설 평가인증에 관한 보육시설장의 인식연구. **한국영유아보육학**, 6, 361-381.

임재택, 하정연, 신주연(2011). **(아이들과 함께 하는) 생태유아교사들의 실천기록**. 경기: 공동체.

입법정책연구회(2014), 우리나라의 바람직한 보육정책 방안. 2014년도 국회사무처 연구용역보고서.

장경희(2014). "1990년대 중반 이후 일본보육정책의 규제완화에 나타난 문제점과 과제: 모든 영 유아에게 동등한 수준의 보육의 질을 제공하기 위한 관점에서." 日本研究論叢 39.-: 255-284.

장휘숙(2005). **아동발달-아동의 심리적 세계**. 서울: 박영사.

정계숙, 문혁준, 김명애, 김혜금, 심희옥, 안효진, 양성은, 이정희, 이희선, 정태희 외(2012). **부모교육**. 경기: 창지사.

정성희(2012). 참여정부와 MB정부의 보육정책 비교: 새싹 플랜과 아이사랑플랜을 중심으로. 경상대학교 대학원 석사학위 청구논문.

조남신(2012). 사회복지사의 전문직 정체성에 영향을 미치는 요인에 관한 연구, 인천대학교 박사학위 청구논문.

통계청(2013). **통계자료**.

통계청(2017). **통계자료**.

통계청(2019). **통계자료**.

하정연, 이연주(2009). **(월별로 살펴보는) 생태유아교육 프로그램**. 경기: 공동체.

하정연, 임재택, 배은진, 박현윤, 이연주(2012). 아이들과 함께 하는 산책: 생태유아교사들의 실천기록. 경기: 공동체.

한국 소아과의학회 http://www.pediatrics.or.kr

한국보육진흥원(2014). **어린이집 평가인증 안내-3차지표시범사업용**. 보건복지부.

한국보육진흥원(2015). **어린이집 평가인증 안내: 40인 이상 어린이집**. 보건복지부.

한국여성개발원(2004). 저출산시대 여성과 국가 대응전략.

현대경제연구원(2016). 출산율 2.1시대를 향한 낯선 경제학 <전자자료>: 제3차 저출산대책의 주요 내용과 과제/헤럴드 경제, 현대경제연구원.

홍금자(2006). 일본의 보육 및 아동양육지원 서비스 전달체계에 관한 연구. **한국영유아보육학**, 46, 117-145.

황윤경(2014). 유보통합에 대한 유치원 교사와 어린이집 교사의 인식비교. 총

신대학교 교육대학원 석사학위 청구논문.

Baker, B. L. & Walter Burke & Zaner-Bloser.(1980). *Basic skills in kindergarten: Foundation for formal learning*. Columbia.

Baldwin, D. A. & Moses, I. J.(1996). The ontogeny of social information gathering. *Child Development*, 67, 1915-1939.

Bandura, A.(1977). Self-Efficacy: Toward a unifying theory of behavioral change, *Psychological Review*, 84, 191-215.

Bawlby, J.(1969, 1982). *Attachment and loss*. Vol. 1. Attachment. New York: Basic Books.

Becker, W. C.(1964). Consequences of different kind of parental discipline. In M. L. Hoffman & L. W. Hoffman(Eds.), *Review of child development research*(Vol. 1). NY: Russell Sage Foundation.

Belsky, J.(1988). The effects of infant daycare reconsidered. *Early Childhood Education Querterly*, 3, 235-273.

Berger, P. L. & Luckmann, T.(1966). *The Social Construction of Reality: A Treatise in the Sociology of Knowledge*, Doublwday.

Berk, L. & Winsler, A.(1995). *Scaffolding children's learning: Vygotsky and early childhood education*. NW: National Association for the Education of Young Children.

Blankenhom, D.(1995). *Fartherless America: Confronting our most urgent social problem*. NY: Basic Books.

Bruner, J.(1996). *Toward a Theory of Instruction*. Harvard University Press.

Bruner, J.(1966). Toward a Theory of Instruction. Cambridge. MA: Harvard University Press.

Campbell, J. J. & Lamb, M. E. & Hwang, C. P.(2000). Early child-care experience and children's social competence between 1.5 and 15 years of age. *Applied Developmental Science, 4*, 166-176.

Cole, M. & Cole, S. R.(1993). *The development of children*(2nd.). NY: Scientific American Books.

Crain, W.(1992). *The theories of development: Concepts and application* (3rd.). Englewood Cliffs, NJ: Prentice Hall

Douville-Watson, L., MA., & Wilson, L. C.(2003). *Infants & Toddlers:*

Curriculum and Teaching Clifton Park, NY: Thompson Delmar Learning.

Edward, C., Gandini, L., & Forman, G.(1998). *Hundred Languages of Children: The Reggio Emilia Approach to Early Childhood Education-Advanced reflections*. Maryland Heights, MO: Elsevier Science.

Fantz.(1961). *The origin of form perception. Fantz, Robert L.* Scientific American, Vol 204(5), 1961, 66-72.

Fine, M. J.(1980). The parent education movement: An introduction. In M.J. Fine(Ed.), *Handbook on parent education*(pp. 3-26). NY: Academic Press.

Fine, M. J. & Brownstein, C.(1983). Parent Education: Problems, promises, and implications for school social workers. *Social Work in Education, 6*, 44-55.

Flavell, J. H., Miller, P. H., & Miller, S. A.(1993). *Cognitive development.* Englewood Cliffs, NJ: Prentice-Hall.

Gesell, A. & Ilg, F.(1943). *Infant and child in the culture of today*. New York: Harper and Brothers Publishers.

Hortacsu, N.(1995). Parents' education levels, parents' beliefs, and child outcomes. *J. of Genetic Psychology, 156(3)*, 373-383.

Howes, C. & Olenick, M.(1986). Family and child care influences on toddler compliance. *Child Development, 57*, 202-216.

Judi Pack. Teaching Young Children, Vol 9. No2. NAEYC. ORG/TYC.

Kamii & DeVries, R.(1997). Piaget's social theory. Educational Researcher, 26(2), 4-18.

Key, E.(1909). *The Century of the Child*. NY: G. P. Putnam's Sons.

Lorenz, K.(1970). *Studies in Animal and Human Behaviour*. v.1. (R. Martin, Transl.). Cambridge, Massachusetts: Harvard University Press

Martin-Korpi, B.(2005). “The Foundation for Lifelong Learning”, in Children in Europe Issue 9, September 2005: *Curriculum and Assement in the Early Years*, Edinburgh, Children in Scotland.

Martin-Korpi, B.(2005a). “The Foundation for Lifelong Learning”, in Children in Europe, Curriculum and Assessment in the Early Years, Issue 9, September,

Martin-Korpi, B.(2005b). "Early Childhood Education and Care in Sweden – A Universal Welfare Model", Learning with Other Countries: International Models of Early Education and Care, Daycare Trust, London.

Mcmillan, M.(1904). *Education Through Imagination.*, London: Swan Sonnenschein, 1904, pp. 195-196.

NAEYC.(2006). National Association for the Education of Young Children, *New NAEYC Program Standards and Accerediation Creteria*, www.naeyc.org/accreditation/standardscreteria/.

NAEYC.(2009). Where we stand. Naeyc and naecs/sde.

NAEYC, Catzs.(2000). Projects and Young Children, Copyright © 2011 by Teachers College, Columbia University

NAEYC.(1997). Code of ethical conduct and statement of commitment. Rev. ed. Brochure. Washington, DC: Author. Online: www.naeyc.org/about/positions/pdf/pseth98.pdf.

Neugebauer, R.(1992). "Child Care 2000" In B. Spodeck & O. N. Saracho (Eds.), Issues in Child Care., Teachers College Press, p.2.

Newsweek, Dec. 2, 1991.

Phillips, D. A., Howes, C., & Whitbeck, M.(1992). The social policy context of child care: Effects on quality. *American J. of Community Psychology, 20(1)*, 25-51.

Piaget, J.(1966). *The psychology of intelligence*. Totowa, NJ: Little field, Adams.

Piaget, J., & Inhelder, B.(1969/2000). *The Psychology of Child*. NY: Basic Books.

Rutter, M.(1985). Family and school influences on cognitive development. *J. of Child Psychology and Psychiatry, 26(5)*, 683-704.

Scarr, S. & McCartney, K.(1983). How people make their own environments: A theory genotype environment effects. *Child Development, 54*, 424-435.

Scarr, S.(1992). Developmental theories for the 1990s: Development and individual differences. *Child Development, 63*, 1-9.

Scarr, S.(1993). Biological and cultural diversity: The legacy of Darwin for

Development. *Child Development, 64*, 1333-1353.

Schon, 1983 Schön, D.(1983). The Reflective Practitioner: How professionals think in action. London: Temple Smith.

Shaffer, D. R.(1994). *Social and personality development.* CA: Brooks & Cole Publishing Company.

Siegler, R. S.(1991). *Children's thinking*(2nd ed.). Englewood Cliffs, NJ: Prentice-Hall.

Skolverket.(2000). Child Care in Sweden. P. 3.

Snow, C.(1998). *Infant development*(2nd ed.). Englewood Cliffs, NJ: Prentice-Hall.

Spock, B.(1946). *The common sense book of baby and child care*. NY: Pocket Book.

Spock, B.(1957). *The pocket book of baby and child care*. NY: Pocket Book.

Spodeck, B.(1986). "Introduction", In B. Spodek(Ed.), Today's Kindergarten., Teachers College Press, p. 4.

Te Wha-riki.(1996). Ministry of Education.

Thomas & Chess.(1956). An approach to the study of sources of individual difference in child behavior. J Clin Exp Psychopathol 1957; 18: 347-357.

Vygotsky, L. S.(1978). Mind and Society: *The development of higher psychological Process* (ed. M. Cole et al.). Harvard University Press.

Watson, J.(1928). Psychological care of infant and child. New York: Norton.

Wenar, C.(1994). *Developmental Psychology: from infancy through adolescence*, Third ed. McGraw-hill.

www.naeyc.org/positionastatements/cape

広岡義之(2013).『新しい保育幼児教育方法』. ミネルヴァ書房.

米山岳廣, 由田 新(2013).『保育学の展望』. 博文社.

小田 豊, 神長美律子, 森 眞理 共編著(2003).『保育原理』. 光生館.

日本保育學會(2016).『保育學講座 3』, 東京大學出版部.

網野武博, 迫田圭子(2012).『保育所運營マニュアル』. 中央法規.
マクェンド、C.E/望田幸夫監訳(1993). 近代 ドイツの 専門職-官吏, 辯護士, 義師, 聖職者, 教師, 技術者. 東洋書房.
日本全國保育團體聯合會·保育研究會 編(2008). 保育年報.
金玟志(2009). 新人保育者による省察の意味と變容お支える支援のあり方－保育實踐後の保育者間の話し合い(對話)の中から。保育學研究, 47(1). 66-78.
白川蓉子, 北野幸子, 奥山登美子, 稱壇由子(2004).『育ちあ乳幼兒教育保育』, 有斐閣.
無藤隆, 安藤智子(2008).『子育て支援の心理学』. 有斐閣コンパクト.
柏木恵子(2008).『子どもが育つ条件』. 岩波新書.
森田明美(2001).『幼稚園が変わる保育所が変わる』. 明石書店.
汐見捻幸(2008).『子育て支援の潮流と課題』. きょうせい.
全国保育団体連絡会(2007).『保育百書』. 保育研究所編. ひとなる書房.
児童福祉施設など評価基準検討会(2002). 児童福祉施設において福祉サ—ビスの第三者評価基準などに関する報告書 参照.
花沢成一(1992).『母性心理学』. 医学書院.
厚生労動省雇用均等·児童家庭局(2006). 保育所檢討資料.
桜井慶一(2006).『保育制度改革の諸問題』. 新読書社.
お宮勇雄(2006).『保育の質を高める』. ひとなる書房.
網野武博, 迫田圭子(2012).『保育所運營 マニュアル』. 中央法規.
桜井慶一(2006).『第三者評価と保育園－保育園は変化するか』. 新読書社.
이름없음(2006).『保育制度改革の諸問題』. 新読書社.
お宮勇雄(2006).『保育の質を高める』. ひとなる書房.
小宮山子(2005).『保育園保育所保育総合施設は今からどうなるか』. チャイルド本社.
森田明美(2001).『幼稚園が変わる保育所が変わる』. 明石書店.
普光院亞紀(2007).『変わる保育園』. 岩波ブックレットNo.709.
全国保育団体連絡会(2007).『保育百書』. 保育研究所編. ひとなる書房.
厚生労動省雇用均等·児童家庭局(2006). 保育所檢討資料.
全国保育師養成協議会 http://www.hoyokyo.or.jp
i-子育てネット http://www.i-kosodate.net
全国保育師養成協議会 http://www.hoyokyo.or.jp

찾아보기

ㅇ

저자소개

■ **윤혜경**

서울대학교 가정대학 가정관리학과 졸업(학사)
숙명여자대학교 아동복지학과 석사·박사(아동복지 전공)
현 경민대학교 아동보육과 교수

〈저서〉
보육실습 워크북 (2016, 동문사)
보육실습일지 (2016, 동문사)
부모교육의 이론과 실제 (2014, 동문사)
함께 키우는 신육아론 (2008, 학지사)
보육학개론 (2005, 공저, 동문사)
유아사회교육의 이론과 실제 (2003, 공저, 창지사)
영유아발달의 이론과 실제 (2001, 공저, 동문사) 외 다수

제4차 표준보육과정 반영

보육학개론 3판

초판 1쇄 발행 / 2017년 2월 28일
초판 2쇄 발행 / 2018년 8월 30일
초판 3쇄 발행 / 2019년 4월 30일
2 판 1쇄 발행 / 2019년 12월 30일
3 판 1쇄 발행 / 2021년 2월 25일

저 자 / 윤 혜 경
발행인 / 이 중 수
발행처 / **동 문 사**

서울특별시 서대문구 홍제원 1길 12
(홍제동 137-8)
Tel: 02)736-3718(대), 736-3710, 3720
Fax: 02)736-3719
등록번호: 1974.04.27 제9-17호
가격: 20,000원

ISBN: 979-11-6328-267-9(93370)
E-mail: dong736@naver.com
www.dongmunsa.com